전통과 현대가 공존하는
서울시티투어

돌아보면 알게 되고, 알고 나면 사랑이 넘치는 곳!

전통과 현대가 공존하는
서울시티투어

한국관광공사 지음

팩컴북스

머 | 리 | 말

서울은 전통과 현대가 공존하는 도시입니다.
　　　　　　　　　　　　　　단순히 어느 한 지역에 국한된 문화만 보이는 것이 아니라 각 지방에서 모인 다양한 문화와 생활방식이 서로 어우러져 종합적인 문화 공동체를 형성하고 있습니다. 그리고 초고층 빌딩, IT산업단지 등 최첨단을 달리는 도심 한복판에 경복궁, 덕수궁, 창덕궁 등 고즈넉한 역사의 무게를 느낄 수 있는 전통이 함께 숨쉬는 '자연과 사람, 전통과 현대'가 공존하는 도시이기도 합니다. 그래서 서울은 갈 곳도 많고, 볼 것도 많은 도시입니다. 한때는 모두들 갈 곳이 없다고 말했지만, 지금은 곳곳에 많은 명소들이 생겨나고, 또 복원되고 있습니다. 무작정 멀리 떠나는 여행보다 가까이에 있는 서울을 돌아보는 건 어떨까요?
　《서울시티투어》를 만들면서 서울을 다시 살펴보았습니다. 전국 어느 곳을 가든지 그곳에 얽힌 이야기와 사람들의 생활이 있듯이, 서울에도 참 많은 볼거리가 있습니다. 마음만 먹고 나가면 쇼핑도 하고, 고궁도

산책하고, 갤러리도 둘러보며, 공원을 거닐다 맛있는 밥 한 끼 먹고 돌아올 수도 있습니다. 친구를 만나러 가는 길에 잠깐의 기다림이 생기는 동안 서점에서 책을 볼 수도, 길거리 쇼핑을 즐길 수도 있습니다.

　서울은 낯선 것에 대한 설레임보다는, 익숙하지만 잘 몰랐던 곳에 대한 안타까움이 더 많습니다. 내가 살고 있는 서울을 좀 더 들어가서 자세히 살펴보면 다른 이들이 겪어온 삶의 애환과 지나간 이들이 남겼던 발자취에 가슴 뿌듯함을 느끼곤 합니다. 서울의 여러 곳을 돌아다니면서 "우리 동네에 이런 곳이 있었구나.", "아, 이곳에는 다음에 꼭 가봐야겠다.", "이곳에 도서관이 들어서면 어떨까?", "이곳을 좀 더 다르게 고치면 어떨까." 등의 이야기를 서로 나눌 수 있었습니다.

　이 책을 만들면서 들었던 생각은 서울의 많은 곳들이 자주 바뀐다는 것이었습니다. 작년에 갔던 곳을 기억해서 다시 찾아갔지만 어느새 없어지고 전혀 다른 장소가 되어 시간만 낭비한 적이 많았습니다. 거기엔 여러 가지 이유가 있겠지만, 우리가 좋은 추억으로 간직하고 있는

　추억의 장소가 사람들의 무관심으로 인해 점점 사라지는 것이었습니다. 그들이 같은 곳에서 30년, 50년, 100년의 전통을 가지며 그 자리를 지킬 수 있도록 우리가 관심을 가지는 것은 어떨까요? 길가에 있는 풀 한 포기도 사랑으로 지켜주면 잘 자라듯이, 아름다운 서울을 잘 지켜갈 수 있도록 같이 노력하면 어떨까요?

　서울을 구석구석 살펴보면서 새롭게 알게 되는 것들이 참 많았습니다. 무료로 이용되는 서울문화예술탐방 프로젝트를 통하여 서울 곳곳에 숨어 있는 문화예술 명소를 둘러보면서 서울의 문화적 가치를 재발견하는 기쁨을 누릴 수도 있습니다. 고궁을 돌면서 문화해설가에게 그곳의 역사와 사연을 듣는 코스도 예약만 하면 가능합니다. 해외에서 손님이 오더라도 보여줄 곳이 너무 많습니다. 가까이에 있어 너무 익숙해져버린 서울의 모습을 지우고 낯선 이방인의 눈으로 다시 한번 살펴보십시오. 새로운 낯섦이 우리에게 더 큰 기쁨과 감동을 안겨줄 것입니다.

　마지막으로《서울시티투어》가 세상에 나올 수 있도록 소중한 기회를 제공해주신 팩컴코리아㈜ 김경수 대표님, 기획과 편집을 맡아 수고해주신 박향미 편집장님, 서울의 곳곳을 촬영해주신 작가님들, 그리고 팩컴코리아㈜의 가족들에게 깊은 감사의 마음을 전합니다.

한국관광공사 사장
이참

Contents

머리말 / 004

서울이 주는 선물 1. 아지트

서울의 관광 일번지 **명동** / 014
6백 년 역사가 살아 있는 서울의 중심지 **광화문** / 030
예술적 향취가 묻어나는 **삼청동** / 037
젊은 여성들의 쇼핑 거리 **이대** / 044
대학생들의 패기가 넘치는 **신촌** / 051
낭만과 열정이 넘치는 **홍대** / 059
세계가 모이는 글로벌타운 **이태원** / 070
우리나라 행정과 문화의 중심 **종로** / 079
전통과 예술의 거리 **인사동** / 085
공연의 에너지가 가득한 **대학로** / 93
서울의 대표적인 변화가 **강남** / 103
세련된 유럽풍 거리 **신사동 가로수길** / 111
스타일의 본거지 **압구정동과 청담동** / 118

서울이 주는 선물 2. 쇼핑

실내에 펼쳐진 또 하나의 도시 **영등포 타임스퀘어** / 128

강남 몰링의 대표 **삼성동 코엑스** / 136

관광 명소 명동에 자리한 **롯데백화점** / 146

쇼핑과 예술이 어우러진 **신세계백화점** / 149

패션의 중심 압구정동에 위치한 **현대백화점** / 152

서울을 대표하는 종합시장 **남대문시장** / 154

국제적인 패션 명소 **동대문시장** / 162

서울이 주는 선물 3. 역사

조선 제일의 으뜸 궁궐 **경복궁** / 174

우리나라 근대 역사가 남아 있는 **덕수궁** / 181

자연과 어우러진 아름다운 **창덕궁** / 189

왕실의 생활을 볼 수 있는 **창경궁** / 195

신성한 왕실의 사당 **종묘** / 202

한옥에서 느끼는 한국의 문화 **남산골 한옥마을** / 208
정조의 꿈이 담긴 신도시 **수원 화성** / 217
과거로 떠나는 시간여행 **한국민속촌** / 227
우리나라 문화예술의 정수를 보여주는 **국립중앙박물관** / 234

서울이 주는 선물 4. 공원

서울의 아름다움을 한눈에 볼 수 있는 **남산공원** / 240
정수장에서 생태공원으로 **선유도공원** / 248
한강과 어우러지는 **여의도의 공원들** / 253
쓰레기더미에서 생태숲으로 다시 태어난 **월드컵공원** / 259
도심 속 자연 체험장 **서울숲** / 265
88서울올림픽의 감동이 살아 있는 **올림픽공원** / 272
울창한 산림욕을 만끽할 수 있는 **양재 시민의 숲** / 281

서울이 주는 선물 5. 놀이동산

우리나라 최대의 놀이동산 에버랜드 리조트 / 286
세계에서 가장 큰 실내 테마파크 롯데월드 / 293
다양한 동식물을 보며 휴식할 수 있는 서울대공원 / 300
어린이를 위한 도심 속 테마파크 어린이대공원 / 307

서울이 주는 선물 6. 서울 근교

국내 최대의 인공호수와 어우러진 일산 호수공원 / 314
공원과 카페거리에서 즐기는 분당 / 320
역사가 살아 숨 쉬는 작은 한반도 강화도 / 327
한류관광의 필수 코스 남이섬 / 334
남한강에서 날개를 펼치고 힘차게 날아오르는 여주 / 343
한국 속의 중국 인천 차이나타운 / 350

서울이 주는 선물 7.

스타트

서울의 명소를 한번에 둘러볼 수 있는 **서울 시티투어버스** / 358

대한민국의 수도 서울의 관문 **서울역** / 363

편리한 교통과 쇼핑의 즐거움이 있는 **용산역** / 371

터미널과 유통센터가 만나는 **강남고속버스터미널** / 377

서울이 주는 선물 1.

아지트

서울의 관광 일번지
명동

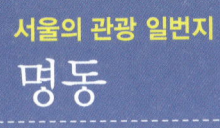

외국인 관광객들이 즐겨 찾는 쇼핑의 메카로 자리잡은 명동.

명동은 거대한 쇼핑 도시를 연상케 하는 곳이다. 일반적으로 지하철 4호선 명동역에서 롯데백화점으로 이어지는 약 1킬로미터 정도의 거리를 말한다.

 이곳에는 각종 브랜드 매장, 보세가게 등이 밀집되어 있으며 유행의 메카라는 표현이 어울리게 의류, 신발, 액세서리 등의 다양한 제품을 구입할 수 있다. 남대문이나 동대문보다 고가의 브랜드가 많이 모여 있는 것이 특징이다. 롯데백화점, 신세계백화점, 눈스퀘어(NOON

SQUARE), 엠플라자(M PLAZA)와 같은 대형몰도 가까이에 있다. 백화점에서는 고가 상품 위주로 구입할 수 있고, 눈스퀘어와 같은 쇼핑몰에서는 중저가의 트렌디한 스타일의 제품을 구입할 수 있다. 이러한 대형몰 외에도 각종 브랜드 숍이 중심 거리를 비롯해 사이드 골목에 밀집되어 있어 취향에 맞게 쇼핑을 즐길 수 있다.

명동이 오늘날과 같은 면모를 갖추게 된 것은 한국전쟁 이후부터다. 도시 재개발로 빌딩이 세워지고, 백화점, 금융기관 본사, 쇼핑센터 등이 들어서면서 점차 쇼핑과 함께 먹거리, 즐길거리의 중심이 되었다.

명동에는 다른 볼거리도 많은데, 사적 제258호로 지정된 명동대성당과 1981년 국가중요문화재로 지정된 한국은행 화폐금융박물관도 볼 수 있다.

명동의 명소

난타전용극장

대한민국 대표 문화상품인 넌버벌(Non-Verbal) 퍼포먼스 〈난타〉가 12주년을 맞아 명동에 난타전용극장을 열었다.

- 공연시간
  14:00, 17:00, 20:00
- 티켓박스
  공연시간 1시간 전부터
  공연시작 후 30분까지
  ☎ 02) 739-8288

난타는 2000년 정동에 첫 전용관을 설립한 이후, 한국을 방문한 외국인 관광객들이 빼놓지 않고 찾는 관광코스로 자리매김하고 있는데, 특히 이곳 명동 난타전용극장은 관광객의 절반 이상이 일본인을 비롯한 외국인 관광객이다.

명동예술극장

명동예술극장은 '옛 명동국립극장'으로 쓰였던 건물을 복원하여 새롭게 탄생한 연극 전문 공연장이다.

새롭게 문을 연 명동예술극장은 객석과 무대 간의 거리를 가깝게 하여 배우들과 함께 호흡하는 기분으로 공연을 즐길 수 있다. 이곳에서는 정통연극, 실험극, 넌버벌 퍼포먼스, 뮤지컬 등 다양한 공연뿐만 아니라 연기 경연, 연극제, 공연예술제 등 다채로운 행사도 열리고 있다.

- 온라인 예매 가능
  www.mdtheater.or.kr
  ☎ 1644-2003

삼일로창고극장

삼일로창고극장은 수많은 연극인들의 혼이 깃들어 있는 한국 소극장 운동의 본산으로 우리나라에서 가장 오래된 사립 소극장이다. 이곳에서 이원경, 강영걸, 오태석 등의 원로 연출가와 고 추송웅, 박정자, 전무송, 윤여정, 유인촌, 윤석화 등 많은 배우들이 데뷔하고 활동했으며 한국 공연 예술사에 중요한 역사적 의미가 있는 곳이다.

명동국립극장의 이전, 대학로의 공연 활성화 정책으로 관객 수가 줄어들면서 1990년 폐관되었고, 이후 만성적인 재정난으로 인해 재개관과 폐관을 거듭하다가, 2011년 태광그룹의 지원을 받아 다시 문을 열었다. ☎ 02) 319-8020

명동대성당

서울대교구 주교좌 성당인 명동대성당은 한국 가톨릭교회 공동체가 처음으로 탄생한 곳으로 한국 가톨릭을 대표하는 성지다. 1894년에 공사를 시작해서 1898년 완공된 우리나라 최초의 벽돌로 쌓은 순수한 고딕양식의 연와조 건물인 명동대성당은 군사정권 시절을 거치면서 우리나라 현대사에 있어 민주화투쟁의 성지로 인식되어 오고 있다.

명동 쇼핑

FOREVER 21

FOREVER 21은 한국인이 미국에 오픈한 글로벌 패션회사로 명동의 엠플라자(M PLAZA)에 있는 매장이 아시아 첫 번째 매장이다. 캐주얼 의류, 드레스, 신발, 액세서리 등 매 시즌 가장 트렌디하고 다양한 상품을 합리적인 가격에 구입할 수 있다.

[FOREVER 21]
• 영업시간 10:30~22:00
☎ 02) 727-3300

유니클로

일본의 중저가 캐주얼 의류 브랜드 유니클로는 전 세계 843개의 매장을 보유하고 있는 대표적인 글로벌 SPA(디자인, 생산, 유통 등 전 과정을 제조회사가 맡는 의류 전문점) 브랜드다. 명동 중앙점, 명동점, 롯데 영플라자점 등 명동에만 3개의 매장이 있다.

[유니클로]
• 영업시간 11:30~21:30
☎ 02) 771-0720

눈스퀘어

눈스퀘어는 국내 최초로 플래그십 스토어(주력 매장)를 연 H&M, ZARA, Steve Madden 등의 최고의 패션 브랜드들과 크리스탈 제이드, 토다이, 신기소 등의 음식점, CGV, 영풍문고가 입점해 있어 쇼핑과 휴식, 문화가 조화를 이룬 곳이다.

[눈스퀘어]
• 영업시간 11:00~21:30
☎ 02) 3783-4800~2

H&M(Hennes & Mauritz)

H&M은 1947년 스웨덴에서 처음 설립되어 현재 전 세계 35개 이상의 나라에 2천여 개 매장을 운영하고 있는 글로벌 패션 브랜드다.

트렌디한 패션 아이템부터 베이직한 제품까지 다양한 스타일을 선보이는 이곳은 층별로 컬러와 디자인, 일러스트를 달리해 독특하게 꾸며놓은 인테리어가 특징이며, 1백여 명의 디자이너들이 만든 새로운 상품이 매일 들어오는 것으로 유명하다.

[H&M]
• 영업시간 11:00~22:00
☎ 1577-6347

스파오(SPAO)

스파오는 캐주얼, 신사, 숙녀, 아동, 속옷, 스포츠, 잡화 등 모든 카테고리의 상품을 선보이는 글로벌 SPA 브랜드다. '대한민국 맞춤 패턴'을 바탕으로 한국인의 체형에 잘 맞고, 피부톤에 가장 잘 어울리는 패션 스타일을 완성하는 데 목표가 있다.

스파오는 세계적인 명문 대학 하버드&예일, SM엔터테인먼트의 스타들은 물론 디자이너 장광효와 함께 공동 기획한 콜라보레이션 라인도 선보이고 있다.

[스파오]
• 영업시간
 월요일~목요일 11:00~22:00
 금요일, 토요일 11:00~23:00
• 일요일 휴무
☎ 02) 319-3850

에잇세컨즈

제일모직의 SPA 브랜드 에잇세컨즈는 현재 명동점 외에도 4개 매장을 운영 중이며, 일본인 관광객들에게 하나의 관광코스로 자리잡았다. 에잇세컨즈는 20~30대 여성이 선호하는 트렌디한 제품을 여성 라인에 전면 구성하고, 남성 라인에는 베이직한 TD 캐주얼 의류를 주로 기획해서 판매하고 있다.

[에잇세컨즈]
• 영업시간 11:00~22:00
☎ 070-7090-2272

화장품 쇼핑

미샤

미샤는 명동에 4개의 매장이 있다. 엄격한 관리 기준을 통과한 천연 식물 추출물을 주성분으로 하며, 모든 제품에 성분을 표시하고 합리적인 여성들의 정직한 화장품을 테마로 기능성 제품을 포지셔닝하였다.
미샤의 제품은 좋은 품질을 유지하고 있어 소비자의 재구매율이 50퍼센트가 넘는다.
대표적인 상품으로는 M퍼펙트 커버 비비크림, 코팩, 수퍼 아쿠아 보습크림, 더 스타일 이지드 로잉 케익 아이브로우 등이 있다.

☎ 080-080-4936

에뛰드하우스

에뛰드(etude)는 '쇼팽의 아름다운 연습곡'이라는 의미로, 에뛰드하우스는 젊은층이 선호하는 다채로운 컬러, 톡톡 튀는 예쁜 디자인이 특징인 화장품 브랜드다. 명동에만 1호점을 비롯해 총 5개 매장(1, 2호 직영점, 3, 4, 5호 가맹점)이 있다.
이곳에서는 감각적이고 트렌디한 제품들을 선보이고 있는데, 텔레비전의 여러 프로그램에 소개되면서 황금 비율 페이스글램(하이라이터), 달팽이 힐링 크림, 니어 딜링 네온틴트, 마블마블 블러셔 등이 좋은 반응을 얻고 있다.
특히 명동 매장에는 영어, 일본어, 중국어 등 외국어에 능통한 직원들이 상주해 있어서 외국인 관광객들의 편의를 돕고 있다.

☎ 080-022-2285

토니모리

'아름다운 마법의 숲'이라는 뜻의 화장품 브랜드 토니모리는 명동에 4개 매장(충무로점, 명동 1, 2, 3호점)이 있다. 전 품목이 식물성 성분으로 개발되었으며, 토니모리만의 고유 디자인으로 차별화시키고 있다. 젤 아이라이너, 플로리아 뉴트라 에너지토너(고농축 스킨), 크리스탈 블러셔 등이 입소문을 타고 사랑받고 있다.

☎ 080-356-2222

네이처 리퍼블릭

한류 스타 장근석과 신세경이 모델로 활동하고 있는 네이처 리퍼블릭은 브랜드 이름에서 나타나는 것처럼 현대인의 라이프 스타일을 건강하고 아름답게 하기 위한 자연주의를 표방하고 있다. 명동에 유네스코점, 중앙점, 스타점 매장이 들어서 있다.
신비한 자연의 효능을 담은 기초 스킨케어, 헤어&바디, 자연의 컬러를 표현한 메이크업 라인으로 구성되어 있다. 슈퍼 아쿠아 맥스 수딩밤, 선 브론즈 피트 쉬머링 펄 스프레이, 아이리무버, 에그포어 타이트닝 팩, 제로 아이라이너 펜슬 등이 인기 제품이다.

☎ 080-890-6000

아리따움

저가부터 고가에 이르는 다양한 가격대의 제품이 구비되어 있으며 명동에만 6개의 매장이 있다. 이곳에서는 외국인 관광객들이 많이 찾고 있는 라네즈, 아이오페 외에도 다양한 브랜드의 화장품을 한 곳에서 구매할 수 있어 선택의 폭이 넓다. 라네즈 스노우 크리스탈 파운데이션은 명품 화장품 못지 않은 인기를 누리고 있다.

☎ 080-023-5454

스킨푸드

명동에 3개의 지점이 있는 스킨푸드는 피부에 좋은 푸드만을 엄선하여 푸드의 영양을 피부에 그대로 전달한다는 콘셉트로 제품을 개발하였다. 제품의 향기에서 용기까지 푸드 콘셉트를 적용해 특별한 재미를 제공하고 있다.
블랙 슈가 마스크, 마스크 시트 등의 제품이 우수한 효능으로 입소문이 나 있다.

☎ 080-012-7878

이니스프리

이니스프리는 청정섬 제주도가 주는 자연의 혜택을 상징으로 친환경 제품을 주원료로 만들어 판매하고 있으며 명동에 4개의 매장이 있다. 피부에 생기를 불어넣어주는 4가지 제주 식물인 녹차, 감귤, 유채, 백년초의 에너지를 화산암반수와 함께 농축시킨 것이 이니스프리만의 특징이다. 미네랄 멜팅 파운데이션, 꽃물 틴트, 올리브 리얼 스킨, 하이트 톤업 스팟 에센스, 화산송이 모공 마스크, 그린티 미네랄 미스트 등은 뷰티 프로그램에 소개되어 많은 인기를 누리고 있다.

☎ 080-380-0114

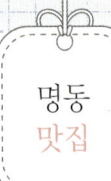

명동
맛집

딘 타이 펑

〈뉴욕타임스〉가 세계 10대 레스토랑으로 선정한 음식점으로 세계적인 지명도를 갖고 있는데, 특히 세련된 인테리어로 젊은층에게 인기를 얻고 있다.
딤섬의 일종인 대만식 만두 샤오롱바오(小龍包)와 국수, 덮밥, 대만식 디저트 등이 있다. 샤오롱바오의 얇은 피 속에 액체 상태로 녹아 있는 젤라틴 육수는 딘 타이 펑만의 각별한 맛을 더한다.

- 영업시간 11:00~22:00 (명절 휴무)
- ☎ 02) 771-2778

향미

연남동에서도 향미의 명성은 자자하다. 연남동 향미 사장의 아들이 운영하는 명동 향미 또한 40년이 넘는 역사를 가지고 있으며 만두 맛이 일품이다. 연남동과 마찬가지로 고기를 올린 진한 우육탕면과 만두가 별미이고, 말간 국물이 우동을 떠올리게 하는 해물짬뽕도 잊을 수 없는 맛이다.

- 영업시간 11:00~21:30
  (1, 3주 일요일 휴무)
- ☎ 02) 773-8835

꽁시면관

퓨전 중화요리 체인점으로 명동점이 본점이다. 이곳의 샤오롱바오는 세계적인 명성의 딘 타이 펑에 필적할만하다는 평가를 받고 있다.
샤오롱바오를 시키면 작은 그릇의 미니 짜장면이 세트로 나와 한 끼 식사로 손색이 없다. 또한 길가 쪽으로 나 있는 통유리창을 통해서 직접 샤오롱바오 만드는 모습을 볼 수도 있다.

- 영업시간 11:30~22:00
- ☎ 02) 778-8863

개화

3대를 이어 40여 년 동안 영업하고 있으며 짜장면을 맛있게 하는 집으로 유명하다. 개화의 짜장면은 별다른 장식 없이 다진 돼지고기와 큼지막하게 썬 감자와 양파를 넣고 춘장에 달달 볶아낸 게 전부지만, 면의 찰기며 재료가 가진 본래의 고소한 맛이 입안에 맴돈다. 과장하지 않는 본래의 맛에 충실하므로 짜장면의 명가라 불리고 있다.

- 영업시간 11:30~23:00
- ☎ 02) 776-0508

명동교자

1966년 명동칼국수로 문을 열어 지금까지 40년이 넘는 세월 동안 명동의 맛집으로 소개된 명동교자는 칼국수 전문점이다. 한국의 전통 면이라고 할 수 있는 칼국수는 모든 사람들이 좋아하는 메뉴 중 하나인데 그러한 메뉴를 가지고 40년 동안 최고의 자리를 지켜오고 있다. 이 집 칼국수는 구수하고 진한 국물과 부드러운 면발이 잘 어우러져 깊은 맛을 느낄 수 있다. 칼국수 위에 고명으로 올라가는 푸짐한 고기와 야채는 칼국수의 맛을 한층 더해준다. 얇은 피에 갖은 재료를 풍부하게 다져 맛을 낸 만두 또한 빼놓을 수 없는 별미이며, 비빔국수와 콩국수 등의 메뉴도 준비되어 있다.

- 영업시간 10:30~21:30
- ☎ 02) 776-5348 (본점)
  02) 776-3424 (1호점)

프리모바치오바치

파스타, 피자, 리소토 등 이탈리안 음식 전문점이다. 홍대 본점을 시작으로 명동점, 강남점이 있으며 최근 명동에 2호점도 오픈하였다. 예약은 안 되며 직접 방문하여 대기 명단에 이름을 올린 뒤 쇼핑을 즐기다보면 전화로 연락해준다. 빠네, 페스카토레, 고르곤졸라 피자 등이 대표 메뉴다.

- 영업시간 11:00~22:00
- ☎ 02) 776-0130 (명동 1호점)
  02) 776-5400 (명동 2호점)

명화당

명동에 있는 30년 전통의 명품 분식집으로 김밥, 쫄면, 떡볶이를 모두 먹어도 1만 원이 약간 넘는다. 이곳에서는 간장으로 새콤하게 양념된 김밥이 유명하며, 양은냄비에 끓여나오는 냄비우동도 인기 메뉴다.

- 영업시간 09:00~22:30
- ☎ 02) 777-7317

먹쉬돈나

먹쉬돈나의 즉석 떡볶이

삼청동 정독도서관 입구 쪽에 있는 즉석 떡볶이 전문점 먹쉬돈나가 명동에도 문을 열었다. '먹고, 쉬고, 돈내고, 나가라' 는 뜻의 먹쉬돈나는 낮 12시만 되어도 줄을 서야 한다. A, B, C로 적힌 전표를 들고 기다리며 떡볶이 종류를 고르고, 달걀, 오뎅을 비롯한 여러 가지 고명을 추가할 수 있다. 떡볶이를 먹고 나서 볶아먹는 밥도 별미다.

• 영업시간 10:00~21:30
☎ 02) 754-0405

코코이찌방야

코코이찌방야는 '이곳의 카레가 제일 맛있다' 는 뜻을 가진 일본의 카레 전문점이다. 전 세계에 약 1천 3백여 개의 매장이 있으며, 우리나라에는 명동 외에도 15개 매장이 있다. 8시간 푹 끓인 소고기 육수에 20종 이상의 향신료를 더해 4일간 숙성시키는데, 부드러운 맛이 특징이다. 로스까스 카레와 치킨까스 카레 등이 대표 메뉴다. 밥의 양도 선택이 가능하며 카레 맛의 매운 정도를 단계별로 고를 수 있다.

• 영업시간 11:00~22:00
☎ 02) 2051-5510

신선설농탕

땅콩가루와 치즈를 첨가해 고소한 맛으로 유명한 27년 전통의 신선설농탕은 어린이설농탕과 도가니탕, 백세설농탕, 돌판순대볶음, 만두설농탕, 찐만두, 두부야채설농탕을 포함한 다양한 메뉴로 많은 사랑을 받고 있으며, 전 메뉴 포장이 가능하다. 우리나라 설렁탕 점포 가운데 일본에 가장 많이 소개된 명동점은 일본인 관광객의 필수 코스로 이름이 나 있다.
'진하고 담백한 사골 국물과 한국의 맛있는 김치를 맛볼 수 있는 곳'으로 일본 유명 잡지(VIVI, With, More, Mine 등) 등에 소개되면서 하루 50여 명 이상의 일본인 관광객들이 찾고 있다.

• 24시간 영업
☎ 02) 777-4531

별다방 미스리

별다방 미스리는 공방에서 직접 제작한 가구들, 1백여 개의 전통 조각보 문양, 예쁜 소품들로 꾸민 아기자기한 카페다. 명동 외에도 인사동, 대학로에 매장이 있다. 이곳의 추억의 도시락은 우리에게 학창시절의 향수와 재미를 더해준다. 또한 전통차와 한과를 비롯해 곡물라떼, 대추라떼, 단호박라떼 등 퓨전 메뉴는 매장을 방문하는 이들의 오감을 만족시킨다.

- 영업시간 10:00~24:00
- ☎ 02) 755-0939

죠스떡볶이

죠스떡볶이는 2007년 고려대학교 앞 매장에서 출발해 대표적인 떡볶이 프랜차이즈 업체로 성장한 곳이다. 떡볶이, 튀김, 순대, 어묵 등의 메뉴가 있는데, 특히 깔끔하고 매콤한 맛의 떡볶이와 신선한 식용유로 튀겨낸 바삭한 튀김은 다양한 연령층의 입맛을 사로잡고 있다.

- 영업시간 11:00~23:00
- ☎ 02) 6361-8599

장수우동

명동에 35년 동안 자리잡고 있는 유명한 맛집 장수우동은 손으로 직접 면을 뽑아내는 돌냄비 우동과 쟁반소바, 돌솥비빔밥이 유명하다.
이 집의 콩국수도 별미인데, 고명으로 달걀이나 오이가 아니라 인절미가 올려져 있어 색다른 맛을 내고 있다.

- 영업시간 08:00~21:00 (1, 3주 일요일 휴무)
- ☎ 02) 777-5974

그곳에 가보고 싶다면

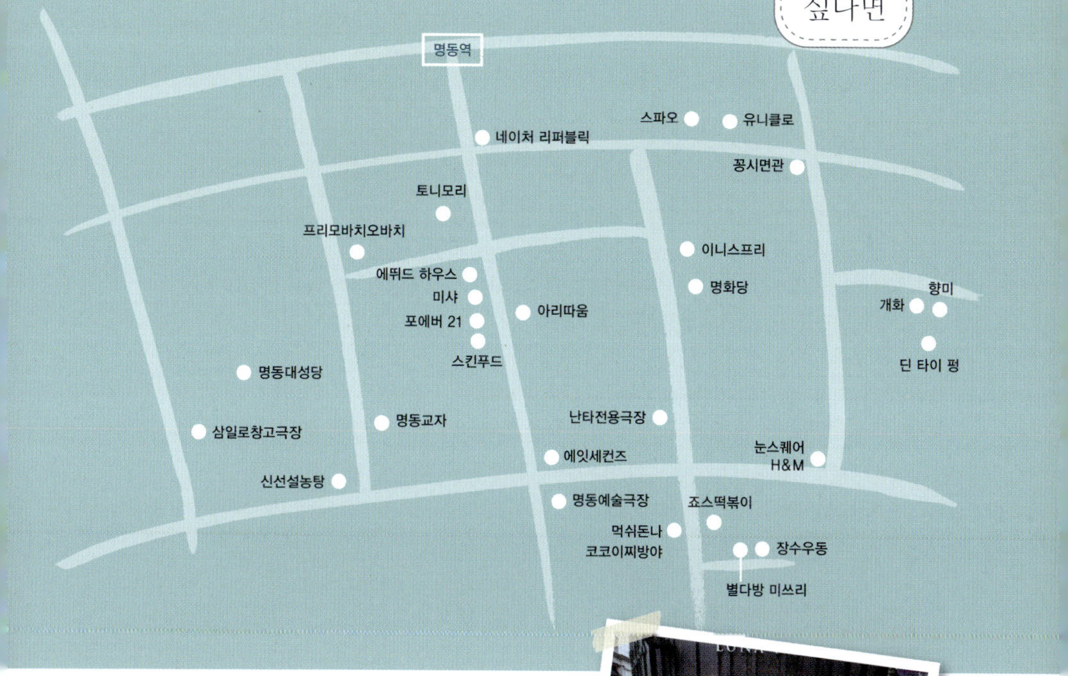

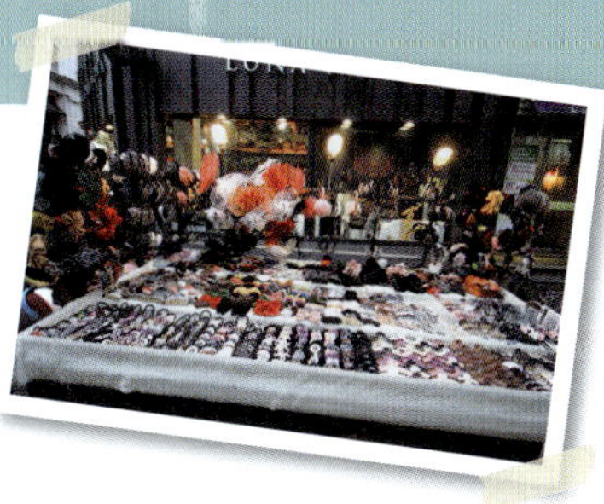

명동 가는 길

1, 2호선 시청역
2호선 을지로입구역
4호선 명동역

간선 143, 151, 152, 202, 261, 262, 405, 500, 702A, 702B
지선 1711, 7011, 7013A, 7013B, 7016, 7017, 7018, 7021, 7022, 8000
좌석 1150, 2500, 5000, 5005, 5007, 5500, 5500-1, 5500-2, 5500-3, 8100, 8600, 9000, 9301, 9401, 9401B, 9701, 9710, M4101, M4102, M4108, M5107, M5115
일반 111, 1002
공항 6001, 6002, 6005, 6015, 6701
순환 05, 90S투어, 91S투어
마을 종로09, 종로11

6백 년 역사가 살아 있는 서울의 중심지
광화문

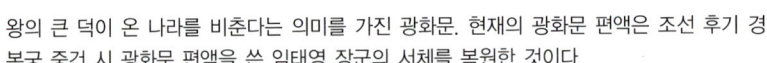

왕의 큰 덕이 온 나라를 비춘다는 의미를 가진 광화문. 현재의 광화문 편액은 조선 후기 경복궁 중건 시 광화문 편액을 쓴 임태영 장군의 서체를 복원한 것이다.

광화문은 경복궁의 남문이며, 궁성의 정문이다. 이곳은 국왕이 드나드는 정문이기도 했지만, 조선의 법궁인 경복궁의 정문이었기 때문에 다른 궁궐의 정문보다 그 규모와 격식 면에서 매우 웅장하고 화려하다. 또한 담장 끝 동쪽과 서쪽에 각각 동십자각과 서십자각을 두어 조선의 5대 궁궐 가운데 유일하게 궐문 형식을 갖추고 있다.

광화문은 중층으로 된 문루를 받치는 기단석축에 3개의 홍예(虹蜺)가 있는데, 이처럼 경복궁이 조선의 법궁이라는 점은 광화문을 비롯한 성문의 형태에서도 확인할 수 있다.

다른 궁의 문들은 낮은 단 위에 문을 세웠지만 경복궁의 문은 돌로 높은 석축을 쌓고 중앙에 홍예문을 내서 마치 성곽의 문과 같은 모습을 하고 있다. 그중에서도 광화문은 홍예문을 셋이나 내서 가장 격식 있는 모습을 보여준다. 중앙의 홍예로는 왕이, 좌우로는 왕세자와 신하들이 출입하도록 하였다. 문루(門樓)에는 종을 걸어 시각을 알리는 데 사용하였다.

경복궁 창건 당시에는 특별한 이름이 없이 궁제에 따라 '오문(午門)'으로 부르다가, 1395년(태조 3년) 정도전에 의해 '정문(正門)'으로 이름을 바꾸었고, 1426년(세종 8년)에 경복궁을 수리하면서 집현전에서 '광화문(光化門)'이라 지어 올리면서 지금의 이름을 얻게 되었다.

창건 당시의 광화문은 임진왜란 때 소실되어 270여 년 동안 중건되지 못하다가 흥선대원군의 경복궁 재건으로 옛 모습을 되찾았다. 그러나 일제가 조선총독부 건물을 지으면서 궁성의 동문인 건춘문 북쪽으로 옮겼으며 한국전쟁 때 폭격을 맞아 문루가 부서지고 석축은 탄흔 투성이가 되었다.

청계천 복원 1주년을 기념해 팝아트작가 클라에스 올렌버그가 제작해 세워진 청계광장의 스프링.

1968년에 들어서야 석축 일부가 수리되고 문루는 철근콘크리트 구조로 재건되었다. 그러나 본래의 축이 아닌 총독부 건물의 축에 맞추고, 상부도 목조가 아닌 철근콘크리트를 사용하고, 편액도 박정희 전 대통령의 글씨로 하는 등 복원이 잘못되었다는 지적이 있었다. 이에 경복궁 복원사업의 일환으로 기존의 광화문을 철거하고 조선 후기(고종) 중건시의 모습으로 재복원하였다.

광화문광장

광화문광장은 2009년에 세종로 중앙에 길이 557미터, 너비 34미터로 조성되었다. 세종로는 16차선의 아스팔트로 덮인 차량 중심의 거리였으나 광화문광장의 등장으로 인간 중심의 역사·문화 체험 공간으로 거듭나게 되었다.
　이곳은 조성 당시 광화문의 역사를 회복하는 광장, 육조거리의 풍경을 재현하는 광장, 한국의 대표 광장, 시민이 참여하는 도시문화 광장, 도심 속의 광장이 청계천 연결부로 나누어 계획되었다. 한국의 대표 광장에는 세종대왕 동상이 세워져 있고, 동상의 지하공간에는 세종이야기 전시관이 있다. 시민이 참여하는 도시문화 광장에는 이용객을 위한 편의시설과 전시장 등 문화갤러리가 있다. 도심 속의 광장은 이순신 장군 동상 주변을 말하며, 이곳에는 바닥분수 등이 있어 무더운 여름에 더위를 식혀주고 있다. 세종로와 청계광장 사이의 청계천 연결부는 청계천과 경복궁을 연결하는 보행 네트워크가 형성되어 있다.

세종대왕 동상

경복궁 앞 세종로에 조성되어 있는 광화문광장에서는 세종대왕 동상을 볼 수 있다. 세종대왕은 조선의 4번째 임금으로 애민정신과 민본사상에 기초해 한글 반포, 과학기술 발전 등 조선의 중흥기를 이룩한 왕이다.

　세종대왕 동상 전면에는 혼천의(渾天儀, 천체의 운행과 그 위치를 측정했던 천문시계), 측우기(測雨器, 세종 이후부터 조선 후기까지 강우량을 측정했던 기구), 앙부일구(仰釜日晷, 17~18세기에 제작된 해시계)를 만들어 전시해놓았고, 광장 가장자리에 흐르는 역사 물길에는 조선시대 연표가 새겨져 있다.

　동상 후면에는 기둥 형태의 6개 열주에 집현전 학사도, 주자소도, 육진 개척도, 대마도 정벌도, 지음도, 서운관도를 부조 형식으로 조각해 세종대왕의 업적을 상징적으로 보여주고 있다. 동상 뒤쪽으로 가면 세종대왕의 업적 등을 보여주는 세종이야기 전시관이 있다.

충무공 이순신 장군 동상

광화문의 충무공 이순신 장군 동상은 높이 17미터의 청동 입상 형태로 건립되었으며, 주변에 거북선 모형 1개와 2개의 북 조형물이 있다. 228개의 샤프분수와 136개의 바닥분수에서 형형색색의 조명과 함께 다양한 분수가 나와, 여름이 되면 시민들과 아이들의 즐거운 물놀이 장소가 된다.

세종문화회관

세종문화회관은 서울시가 설립한 대표적인 문화예술기관으로 세종대극장, 세종M씨어터, 세종체임버홀, 미술관 등 다양한 시설을 보유한 복합문화예술센터다.

　새로운 문화 중심지 광화문광장과 함께 우리나라의 대표적인 공연예술의 등용문이자 문화예술공간으로 시민들의 사랑을 받고 있다.

☎ 1544-1887, 02) 399-1114~6

교보문고

교보문고 광화문점은 서울의 중심부인 종로 1가 1번지에 위치해 있으며, 1981년 교보생명 빌딩 지하 1층에 개점한 우리나라 최초의 대형서점이다. 대대적인 리모델링을 마친 후 더욱 새로워졌다. 어린이들이 편안하고 안전하게 책을 읽을 수 있는 공간인 키즈가든과 정규강좌, 오픈 스튜디오(특강), 커뮤니티(대관) 프로그램으로 구성된 배움아카데미, 각 분야별로 흩어져 있는 좋은 책을 전문디렉터가 골라주는 구서재와 삼환재, 맞춤형 소량 출판 시스템인 책공방 등의 서비스를 통해 고객이 더욱 편리하게 서점을 이용할 수 있도록 하고 있다.

- 영업시간 09:30~22:00
  명절 당일 휴무
  ☎ 1544-1900

청계천

조선시대부터 생활하천 역할을 했던 청계천은 일제강점기, 한국전쟁을 거치면서 토사와 쓰레기, 오수가 흘러 위생이나 도시경관 면에서 청계천을 그대로 두고 서울의 발전을 기대할 수 없었다. 이러한 청계천 문제를 해결할 수 있는 가장 손쉬운 방법이 복개공사였다. 광통교 상류 복개를 시작으로 신답철교까지 복개되었고, 청계고가도로가 건설되어 근대화와 산업화의 상징으로 서울의 자랑거리가 되었다.

그러나 그 후 청계고가도로를 이루고 있는 거대한 콘크리트 덩어리는 수도 서울의 이미지를 해치는 주범으로, 개발시대의 무지가 낳은 흉물로 인식되는 등 여러 가지 문제점이 지적되면서 복원공사를 하게 되었다.

예전의 22개 다리가 복원되고, 산책로가 조성되고, 조형물 등이 설치되면서 청계천은 서울 시민의 휴식처로 거듭나게 되었다. 현재 청계광장과 청계천에서는 수시로 이벤트와 전시회가 열려 또 다른 즐거움을 제공하고 있다.

서울 한복판을 가로지르며 흐르는 청계천은 서울 시민의 휴식처로 사랑받고 있다.

그곳에
가보고
싶다면

교보문고
충무공 이순신 장군 동상   세종 사거리
세종대왕 동상
세종문화회관
광화문

광화문 가는 길

🚇 3호선 경복궁역
　 5호선 광화문역

🚌 간선 103, 109, 150, 401, 402, 408, 606, 700, 706, 707
　 지선 1020, 1711, 7016, 7018, 7019, 7022, 7025, 7212, 8000
　 좌석 909, 1005-1, 5000, 5005, 5500, 5500-1, 5500-2, 5500-3, 7900, 8600, 8880
　　　 9000, 9401, 9401B, 9703, 9709, 9710, 9714, M7106, M7111
　 일반 111, 1002
　 공항 6002, 6005, 6011, 6701
　 순환 90S투어, 91S투어
　 마을 종로02, 종로09, 종로11

36 · 전통과 현대가 공존하는 서울시티투어

예술적 향취가 묻어나는
삼청동

다양한 볼거리와 먹거리, 한적한 여유를 느낄 수 있는 매력 넘치는 삼청동.

삼청동의 지명은 산과 물이 맑고 인심 또한 좋다고 하여 삼청(三淸)이라고 불렸다는 설과, 도교의 태청(太淸), 상청(上淸), 옥청(玉淸) 3위(位)를 모신 삼청전(三淸殿)에서 유래되었다는 설이 있다. 그런데 삼청동을 걷다 보면 산과 물, 사람, 이 3가지가 맑다고 해서 삼청(三淸)이라 했다는 설이 더 설득력이 있어 보인다. 그래서일까? 언제부터인가 가난한 예술가들이 하나둘씩 삼청동으로 찾아들었고, 근처에 경복궁과 북촌이 문화적으로 풍부한 정서를 더해 거리에 조금씩 예술적 향취가 묻어나기 시작했다. 이제는 안국동과 소격동, 화동과 사간동 일대를 모두 아우르거나 진선북카페에서 시작해 삼청공원 일대까지를 모두 삼청동이라고도 한다. 지금의 삼청동은 공간의 구분을 떠나 문화와 예술이 서로 관계를 맺으며 발전하고 있다.

골목길 구석구석에 보물같이 예쁜 가게들이 있는데, 아기자기한 인테리어의 숍과 전혀 다른 분위기의 고풍스런 전통 숍이 바로 옆에 자리잡고 있어 서로 조화를 이루고 있다. 거리를 호젓하게 걸으며 신기한 것들에 시선을 멈추고, 발길 닿는 집에 들어가 맛난 음식을 먹을 수 있는 메마른 감성을 충전시킬 수 있는 곳이 바로 삼청동이다.

삼청동거리의 호젓한 산책로에 자리한 화랑, 박물관, 골동품가게, 카페가 이곳만의 정겨운 분위기를 연출한다. 귀여운 공예품들을 비롯한 다양한 볼거리가 눈을 멈추게 하고, 커피 한 잔과 함께 맛있는 음식점이 가득한 이곳이라면 하루를 알차게 보낼 수 있을 것이다.

한옥과 개성 넘치는 숍들, 많은 갤러리가 함께 어우러져 있어 연인들의 데이트 코스로도 유명한 삼청동길.

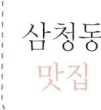
삼청동
맛집

진선북카페

푸른 정원에서 식사와 차를 즐길 수 있는 진선북카페는 경복궁 돌담길을 따라 2백 미터 정도 걸으면 나오는 삼청동 초입에 있으며, 답답한 도심과 일상에서 벗어나 좋아하는 책을 마음껏 읽을 수 있는 곳이다.

무엇보다 매력적인 것은 책이 가득한 책장인데, 미술 서적, 아이들을 위한 그림책 등이 있어서 가족이 함께 와도 좋다. 다른 북카페에 비해 전문 서적이 많기 때문에 대학생이나 전문직 종사자들도 많이 찾고 있다.

• 영업시간 11:00~23:00
☎ 02) 723-5977

한옥카페 연

연에서는 입구의 'traveler's hangout yeon'이라는 문구가 가장 먼저 눈에 들어온다. 세계여행을 다녀온 주인이 한국적인 게스트하우스를 꿈꾸며 한옥을 개조해 만든 카페로, 이름에서 알 수 있듯이 여행자들이 서로 정보를 교환하고 쉬어가는 작은 쉼터로 꾸며져 있다.

• 영업시간 13:00~01:00
☎ 02) 734-3009

풍차

삼청동 풍차는 이탈리안 레스토랑으로, 마치 유럽에 온듯한 분위기의 앤티크한 가구들과 소품, 그리고 그림들이 한자리에 전시되어 있으며, 파스타, 피자, 리소토, 스테이크 등 음식과 와인, 커피를 함께 즐길 수 있는 맛집이다.

풍차는 1층과 2층으로 나뉘어져 있는데, 1층은 아늑한 느낌의 각각 독립된 공간으로 오붓한 시간을 보내기에 좋고, 2층은 유럽풍의 다양한 소품과 인테리어로 세련된 분위기가 돋보인다.

- 영업시간 11:30~22:00
- ☎ 02) 734-5454

연두

연두는 커피와의 인연이라는 뜻으로 삼청동 정독도서관 맞은편에 위치하고 있다. 커피 명인 여선구 씨가 운영하는 가게이며 갓 볶은 커피향이 가득한 로스팅된 원두도 구입할 수 있다.

- 영업시간 10:00~23:00
- ☎ 02) 736-5001

잠꼬대

동화 속 소품으로 가득한 카페 잠꼬대는 아기자기하고 예쁜 인테리어로 이름난 곳이다. 문형태 작가가 로고를 비롯해 인테리어까지 직접 꾸몄다고 한다. 이곳의 핸드드립 커피는 인테리어만큼 유명한데, 공정무역 커피 원두를 사용하며 주인이 개발한 핸드드립 도구를 이용해 내린 더치커피가 인기 메뉴다. 다른 메뉴로는 말차(일본산 가루녹차), 홍차, 스무디 등이 있다. 부드러운 커피 한잔이나 말차로 마음까지 향긋해지는 곳이다.

- 영업시간 12:00~22:00
- ☎ 070-7578-8028

큰기와집

정독도서관 쪽으로 가다보면 천년기둥 큰기와집이 보인다. 들어가는 입구 오른편에는 옛날에 쓰던 각종 식기들이 즐비해 옛 정취를 물씬 느끼게 해준다. 집처럼 편안한 분위기에서 식사를 할 수 있는 이곳의 음식 중 가장 인기 있는 메뉴는 연평도에서 공수해 온 신선한 게로만 만드는 간장게장과 먹기좋게 잘라주는 떡갈비인데 외국인들은 주로 한정식을 찾는다.

- 영업시간 11:30~15:00
  17:00~22:30
- ☎ 02) 737-1337

삼청동 수제비

지하철 3호선 경복궁역에서 하차하여 경복궁 담을 끼고 삼청동길로 들어서면 한아름도 넘는 가로수가 줄지어 있는 가로수길이 펼쳐진다. 계절마다 색깔을 바꿔가며 때로는 초록의 나무 그늘을 지나, 때로는 낙엽이 떨어지는 길을 지나 삼청터널 쪽으로 올라가면 국무총리 공관 옆 벽돌 건물이 나오는데, 바로 이곳이 유명한 삼청동 수제비집이다.

호박을 송송 썰어넣고, 조갯살과 감자를 넣어 항아리에 담아 내오는 수제비가 이 집의 대표 음식인데 구수하고 시원한 국물과 변하지 않는 맛으로 항상 손님이 끊이지 않는다. 수제비 외에도 감자만으로 부치는 감자전과 동동주도 인기 있는 메뉴다.

• 영업시간 11:00~21:00
☎ 02) 735-2965

서울서둘째로잘하는집

1976년 문을 연 이래 단팥죽으로 꾸준히 사랑받는 곳이다. 외관만큼이나 내부도 소박해서 마치 70년대 찻집 분위기가 난다. 하지만 이러한 소박한 분위기와 잊을 수 없는 단팥죽 맛에 사람들의 발길이 이어진다. 원래 한방차를 배워 찻집으로 문을 열었고, 젊은층을 위한 메뉴로 단팥죽을 만들었는데 지금은 한방차보다 단팥죽이 더 인기다. 삼청동에서 '단팥죽하면 둘째 집'으로 통한다. 단팥죽 한 그릇을 비워내면 밥을 먹은 것처럼 속이 든든하기 때문에 간단한 식사 대용으로도 즐길 수 있다. 진한 단팥죽에 밤과 은행, 팥, 그리고 쫄깃쫄깃한 찹쌀떡이 들어 있어 영양면에서도 부족함이 없다.

• 영업시간 11:00~20:00
☎ 02) 734-5302

그곳에 가보고 싶다면

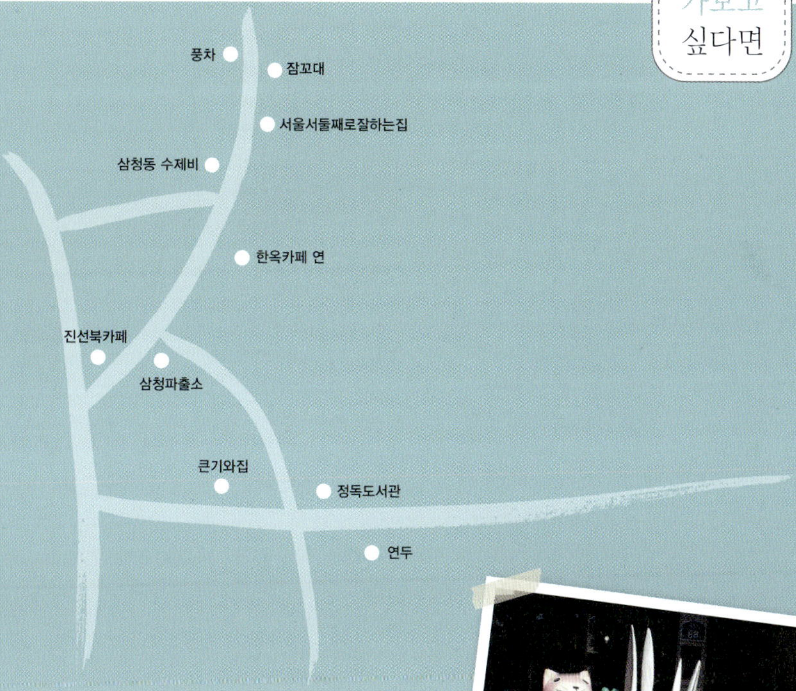

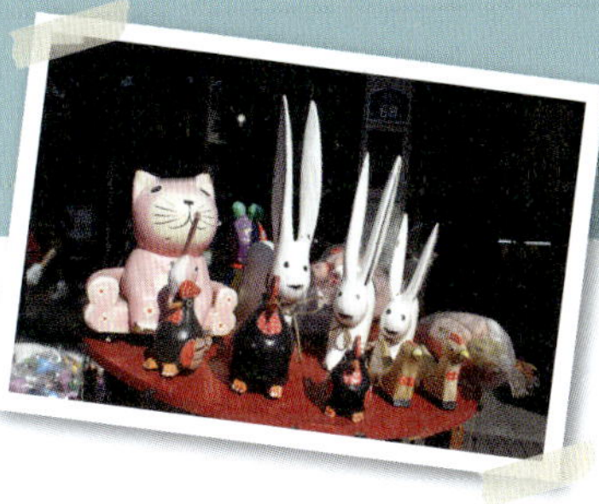

삼청동 가는 길

3호선 경복궁역, 안국역

간선 109, 162, 171, 272, 401, 406, 601, 606, 704, 708
지선 1020, 1711, 7016, 7018, 7022, 7025, 7212, 8000
좌석 1005-1, 5000, 5005, 5500, 5500-1, 5500-2, 5500-3, 7900, 9000, 9401, 9401B, 9703, 9710
공항 6011
순환 90S투어, 91S투어
마을 종로01, 종로02, 종로09, 종로11

젊은 여성들의 쇼핑 거리
이대

이대거리는 비교적 가격이 저렴한 숍들이 길가 곳곳에 늘어서 있어 젊은 여성들이 많이 찾고 있다.

동대문에 동대문 지역민만 있는 게 아니듯 이화여대 앞에도 이대생만 있는 건 아니다. 이곳에는 여대 주변에서 누릴 수 있는 쇼핑의 즐거움이 있다. 이대거리는 다른 지역에 비해 쇼핑족의 특징이 뚜렷한데 10대 후반에서 20대 초반의 여성이 대부분으로, 젊은 여성들의 패션타운이라 할 수 있다. 이대거리의 특징인 로드 숍이 발달한 것도 이와 같은 이유에서다. 이대역에서 이대 정문으로 향하는 길을 따라 왼쪽 골목으로 접어들면 소규모 로드 숍들이 즐비한데, 좁은 골목의 숍들을 순례하듯 누비며 재미를 느낄 수 있다. 좀 더 차별화된 디자인을 찾고 싶다면 이대 정문 오른쪽 골목으로 들어서면 된다.

  이곳에서 빠질 수 없는 또 하나의 매력은 리폼 숍이다. 수선을 예술로 승화시키는 전문가들의 솜씨는 이대만의 명물이기도 하다. 이곳에서의 쇼핑을 더욱 재미있게 하는 데에는 먹는 즐거움도 한몫한다. 여대 앞답게 유명한 분식집이 많아 쇼핑 후 가볍게 식사를 할 수 있다.

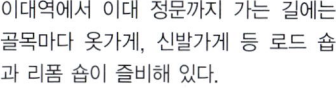
이대역에서 이대 정문까지 가는 길에는 골목마다 옷가게, 신발가게 등 로드 숍과 리폼 숍이 즐비해 있다.

아현동 웨딩드레스 거리

전문 디자이너 숍과 백화점, 예식장에서도 웨딩드레스를 취급하지만 서울의 웨딩드레스 상가는 아현동, 압구정동, 명동 일대에 퍼져 있다.

이화여대 입구에서 아현동 굴레방다리에 이르는 길 양편에 들어서 있는 아현동 웨딩드레스 숍들에는 비교적 가격이 저렴하고, 디자인도 실용적이며 누구나 무난하게 소화할 수 있는 드레스가 많다. 서울에 있는 웨딩드레스 상가 중에서 가장 대중적인 곳이라 할 수 있

다. 이곳의 상가는 자체 공장에서 직접 제작하는 곳과 납품받아 판매하는 매장으로 나뉘어 있다.

이화여대박물관

이화여대박물관은 국보 제107호 백자 철화포도문 항아리를 비롯하여 2만여 점에 이르는 각 분야의 소장 유물이 전시되어 있는데. 선사시대부터 현재까지의 문화와 역사를 다양하게 보여주고 있다. 상설전은 해마다 새롭게 기획되는데, 전시를 통해 소장 유물의 우수성과 다양성을 확인할 수 있다.

일반인 대상 사회교육으로 문화예술 필름상영회, 소장품 감정회, 유아교육 등의 프로그램을 운영하고 있다.

- 이용시간
  월요일~토요일 09:30~17:00
- 전시 교체기 : 매년 2월, 8월
  (사정상 변동될 수 있음)
- ☎ 02) 3277-3152
  [무료 전시 설명회]
- 시간 : 1시간 소요
  [한국어] 월요일~토요일 수시 진행
  [영어] 사전 예약
- 장소 : 박물관 1층 로비
- 대상 : 개인 및 단체
  (15명 이상은 예약 필수)

예스 에이피엠(yes apM)

예스 에이피엠은 대형 쇼핑몰과 컨벤시아 웨딩홀로 이루어져 있다. 이대역 초입에 있으며 건물 앞에는 넓은 광장이 있다. 광장 야외무대에서는 각종 이벤트나 공연이 열려 이대 앞의 새로운 볼거리를 제공하고 있다.

☎ 02) 6373-7000 쇼핑몰
　 02) 6373-7500 컨벤시아 웨딩홀

코즈니

코즈니는 이대 정문 쪽에 위치한 쇼핑몰로 지상 1층과 지하 1층에 자리하고 있다. 여성들이 좋아하는 생활 인테리어 제품과 문구류, 아기자기한 소품이 많아 로드 숍과는 다른 쇼핑의 즐거움이 있다.

　지하 1층에는 일본의 차 브랜드인 루피시아 2호점이 있는데, 일본 특유의 깔끔하고 세련된 차맛을 선보인다.

・영업시간 10:30~22:00
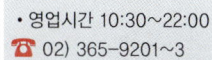 02) 365-9201~3

- 온라인 예매 가능
www.cineart.co.kr
☎ 02) 363-5333

아트하우스 모모

이대 정문을 들어서면 문이 아닌 통로 느낌이 강하게 나는 ECC 건물이 눈에 들어오는데, ECC는 세계적인 건축가 도미니크 페로가 설계한 계곡 형태의 대규모 지하 캠퍼스다. ECC 내에는 다양한 편의시설이 있는데 특히, 영화관 아트하우스 모모가 눈길을 끈다. 우리나라 최초로 대학 내에 들어선 상설영화관 아트하우스 모모에서는 영화와 함께 다채로운 행사가 열리는데, 작가와의 만남, 음악연주, 영화감상 전후로 특별한 만남의 시간인 씨네토크 같은 이벤트가 앤의 다락방이나 영화관 내 상영관에서 열린다.

이대 리폼 숍

이대 정문 대각선 맞은편에는 리폼 숍이 여러 곳 있다. 이대 리폼 숍은 단순히 옷을 줄이거나 꿰매는 수준이 아니라 고객이 직접 디자인을 선택하고 전문 디자이너가 피팅한 후 실시간 주문을 할 수도 있는 곳이다. 마음에 들지 않을 경우, A/S도 가능하다. 청바지의 밑단을 자르지 않는 리폼이 이곳에서 출발한 디자인이다. 이대 정문 앞 외에도 이대거리 곳곳에서 리폼 숍을 볼 수 있다.

이대 맛집

가미분식

이대생의 통과의례와도 같은 장소로, 이대생들에게 30년이 넘게 사랑받고 있는 분식점이다. 가미우동과 주먹밥, 쫄깃한 쫄면이 주 메뉴이며 여름에는 냉면과 수박빙수가 인기 있다.

- 영업시간 10:00~21:30
- ☎ 02) 364-3948

트리니티

트리니티는 이대 앞에서 분위기가 좋은 찻집 중 하나다. 앤티크하고 편안한 분위기에서 차와 휴식을 즐길 수 있다.
홍차에 우유와 벌꿀을 넣어 향긋하고 달콤한 로얄 밀크티, 열대과일이 향을 느낄 수 있는 새콤달콤한 허브 음료인 패션에이드, 복숭아맛 아이스티에 우유와 바닐라 아이스크림을 얹은 피치크림티는 트리니티에서 가장 인기 있는 음료다.

- 영업시간 11:00~23:30
- ☎ 02) 3131-0218

패기파이

이대 앞에서 유명한 제과점 '미고'가 론칭한 정통 아메리칸 파이 전문점이다. 매장에서 바로 구워내는 최상의 재료와 맛으로 파이를 제공한다.
신선한 야채와 고기를 넣어 만든 샌드위치는 한 끼 식사로도 가능하며, 애플파이, 패기미트파이 등이 인기 메뉴다.

- 영업시간 08:00~21:30
- ☎ 02) 363-1203

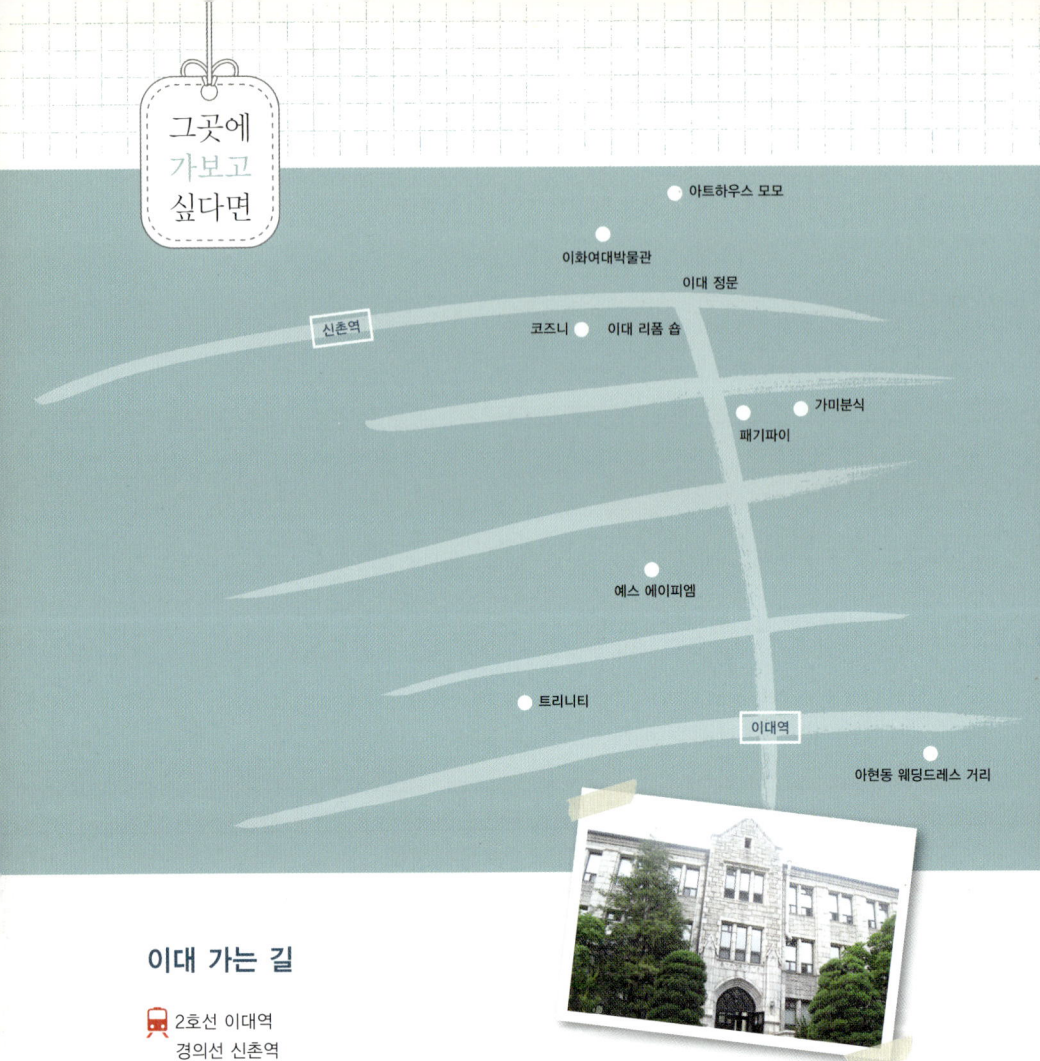

이대 가는 길

🚇 2호선 이대역
경의선 신촌역

🚌 간선 153, 163, 171, 172, 270, 271, 273, 472, 602, 603, 700, 707, 721, 751
지선 5712, 5713, 5714, 6712, 6716, 7011, 7017, 7611, 8153
좌석 921, 1000, 1100, 1101, 1200, 1300, 1301, 1400, 1500, 1601, 1900, M6118
공항 6002
마을 마포07, 마포10, 서대문05

대학생들의 패기가 넘치는
신촌

신촌은 인근 대학생들의 주거 밀집 지역이자 유동인구가 많아 항상 사람들로 북적인다.

신촌은 신촌 로터리를 중심으로 그 주변 지역을 말하는데, 이곳은 도심과 영등포를 잇는 길목일 뿐 아니라 마포와 서강(西江)으로 연결되는 곳이기도 해서 교통의 중심지를 이룬다. 인근에는 연세대학교, 서강대학교, 이화여자대학교 등이 있어 대학가를 형성하고 있으며, 신촌 로터리에서 이들

대학 캠퍼스로 연결되는 도로를 따라 백화점을 비롯하여 먹거리, 즐길 거리가 즐비해 있어 젊은이들이 모이는 곳으로 유명하다.

연세대학교 스팀슨관

1919년 착공하여 1920년 완성된 연세대학교에 최초로 세워진 건물이며 사적 제275호로 지정되었다.

   연세대학교 전신인 연희전문학교의 설립자 언더우드 목사가 고향인 미국으로 돌아가서 학교 건축을 위해 로스앤젤레스에 거주하던 찰스 스팀슨의 기부금을 받고 세상을 떠난 뒤, 후임 교장인 에비슨이 그 기부금으로 건립한 건물이다.

   언더우드 부인이 초석을 놓았고 당시 화학과 교수인 밀러가 공사를 감독하였다. 설계자는 알 수 없으나 당시 미국인 건축가들이 우리나라에 와서 설계와 기본 계획을 작성하였다고 한다. 우리나라 최초의 캠퍼스 건물의 시작이라는 데 의의가 있으며, 현재는 대학원 본부로 쓰이고 있다.

그랜드마트

백화점 이상의 시설과 서비스로 부담 없는 쇼핑을 즐기기에 좋은 곳이다. 특히 지하 1, 2층에는 품질 좋고 저렴한 가격의 신선식품과 건강식품 등을 구입할 수 있는 창고형 할인 매장이 들어서 있다.

• 영업시간 10:00~23:00
☎ 02) 326-0101

현대백화점

현대백화점 신촌점은 백화점 지하 2층과 지하철 2호선 신촌역 1번 출구가 연결되어 있어 접근이 편리하다.

• 영업시간 10:30~20:00
☎ 02) 3145-2233

특히 이곳은 대학생들과 젊은층을 위한 특화된 백화점인 유플렉스가 있어서 누구나 만족스러운 쇼핑을 즐길 수 있다. 유플렉스에서는 디자인 공모전을 여는 등 젊은 고객들과 더 가깝게 소통하기 위해 다양한 행사를 진행하고 있다.

아트레온(Artreon)

아트레온은 Art(예술과 기교)와 Recreation(오락과 휴식), 그리고 Theatron(극장의 어원)이 합쳐진 단어다. 이름이 의미하듯이 그저 영화만 상영하는 곳이 아니라 문화와 예술, 쉼이 어우러진 공간을 지향한다.

아트레온은 지상 14층, 지하 4층의 멀티플렉스 건물이다. 건물 5층에는 서예가 우석 최규명 선생의 작품과 문방사우가 전시되어 있고, 14층에는 전망 좋은 아트레온 토즈가 있어 세미나, 스터디 모임을 하기에 좋다. 또한 아트레온의 열린 광장은 지하로 향하는 스탠드 형태의 무대로 공연이나 이벤트와 같은 다채로운 문화행사가 가능하다. ☎ 1644-2208

연세대학교 김대중도서관

연세대학교 부속기관인 김대중도서관은 평화, 민주화의 키워드로 2000년에 노벨평화상을 수상한 김대중 전 대통령의 철학과 인생역정을 소개하면서 한국현대사의 주요 쟁점과 사건을 연구하는 도서관이다. 산하에 김대중평화연구소를 두고 있고 이외에도 연구센터, 국제협력센터, 사료센터, 전시열람센터, 교육센터가 있다. 지하 1층에서 김대중 전 대통령이 기증한 도서를 이용할 수 있으며 각종 학술회의와 행사를 개최할 수 있는 컨벤션홀이 있다.

- 이용시간 10:00~18:00
- 월요일, 공휴일 휴관
- ☎ 02) 2123-6890

- 이용시간
  평일 09:00~18:00
  점심시간 12:00~13:00
- 매월 마지막 주 일요일, 공휴일 휴관
☎ 02) 3274-8500

마포아트센터

마포아트센터는 이대, 연대, 서강대 등 대학가에 둘러싸인 복합문화예술공간이다. 공연장으로는 다양한 장르의 공연이 가능한 아트홀맥과 인형극, 독주회, 어린이 공연 등 소규모 공연에 알맞은 플레이맥, 그리고 전시작품 감상뿐 아니라 체험이 결합된 갤러리맥이 있어 다양한 프로그램을 즐길 수 있다.

공연장 외에도 아카데미와 수영장, 휘트니트센터, 골프클럽을 갖춘 스포츠센터와 분장실, 다목적홀, 연습실, 유아놀이방, 하늘공원 등의 부대시설을 갖추어 편리하게 이용할 수 있도록 하였다.

연세로

신촌 지하철역에서 연세대학교까지 이어지는 연세로는 신촌의 중심 거리이며 이 길을 중심으로 사잇길이 뿌리처럼 뻗어 있다. 연세로는 1999년 '걷고 싶은 거리'로 서울시가 지정한 이후 가로수 정비, 신촌거리 지도부착 등의 사업을 진행했다. 각종 음식점, 패스트푸드점, 커피전문점, 상점 등이 포진하고 있으며 오후에는 길거리 음식도 맛볼 수 있다.

신촌 맛집

신강

중국식 꼬치구이 전문점 신강. 이곳의 사장님이 중국 신강 지역을 여행하다 맛본 양꼬치요리를 배워 한국에 도입했다. 특유의 매콤하고 맛깔난 양념가루가 쫄깃쫄깃한 양고기 꼬치구이의 맛을 더한다. 비싸지 않은 가격에 특별한 안주로 술 한잔 마시는 이들이 즐겨 찾는 곳이다.

- 영업시간 17:00~24:00
- ☎ 02) 363-2688

완차이

완차이는 신촌의 허름한 뒷골목에 위치해 있으며, 한국인의 입맛을 자극하는 매운 홍합요리로 입소문을 타고 유명해진 곳이다. 중국 사천성에서 맛볼 수 있는 정통의 매운맛이라기보다는 한국식 매운맛이 가미되어 오히려 맛이 더 좋다. 가장 인기 있는 요리는 매운 홍합이다. 큰 접시 위의 매운 홍합을 먹는 사람들을 여기저기에서 볼 수가 있으며, 시원한 국물 맛이 일품인 굴짬뽕도 인기 있다.

- 영업시간 11:30~22:00
- ☎ 02) 392-0302

일프리모

신촌의 '걷고 싶은 거리'에 위치한 일프리모는 '처음'이라는 뜻을 가진 이탈리안 레스토랑이다. 이곳의 인기 메뉴는 두툼한 페투치니 면에 진한 크림소스를 올린 폴로 파스타와 튀긴 닭가슴살에 마늘과 달콤한 소스를 넣어 만든 알리오 피자다. 샐러드와 파스타, 드링크가 세트로 구성된 점심 특선도 준비되어 있다.

- 영업시간 11:00~22:30
- ☎ 02) 362-1888

온 더 보더

온 더 보더는 미국에 170여 개의 체인점을 가지고 있는 대형 음식점으로, 타코·부리토·화이타 등의 정통 멕시칸 음식을 선보이는 곳이다. 원색의 실내에는 멕시코산 액자, 접시들이 걸려 있어 중남미의 분위기를 느낄 수 있다. 즉석에서 바로 굽는 토르티야와 한국인의 입맛에 맞게 젖은 참나무 숯으로 익히는 멕시코 정통 메스퀴트 그릴 방식의 다양한 요리를 맛볼 수 있다.

- 영업시간 11:30~22:30
- ☎ 02) 324-0682

그곳에
가보고
싶다면

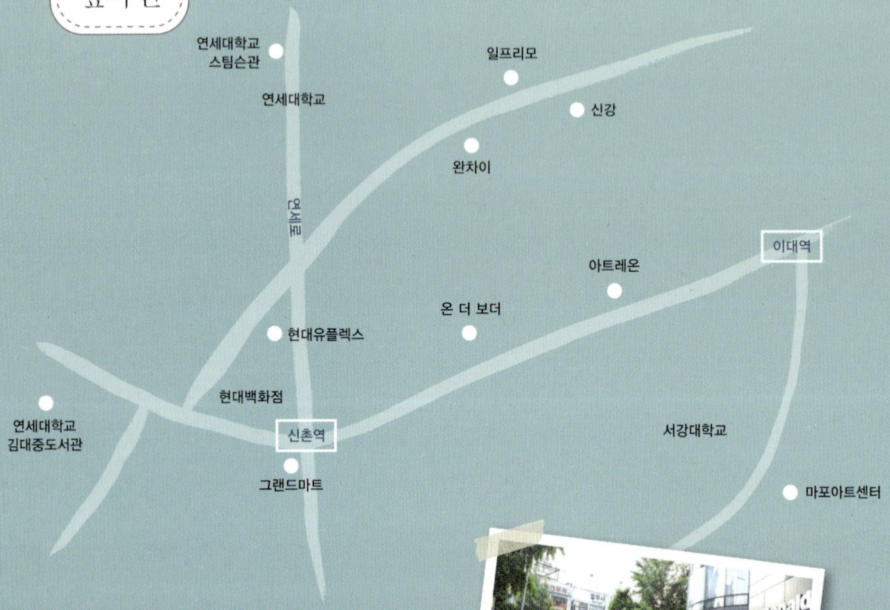

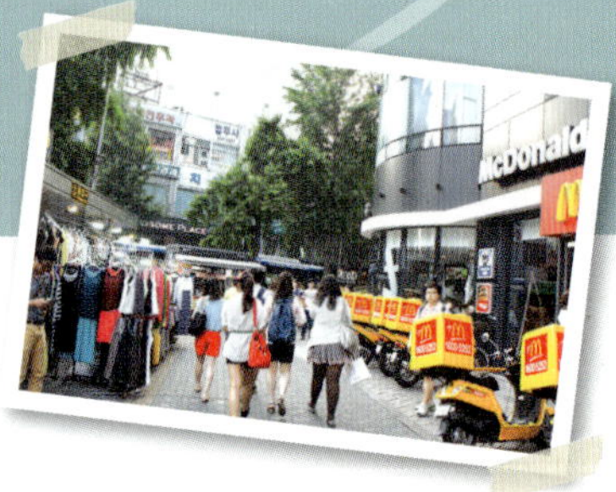

신촌 가는 길

2호선 신촌역, 이대역

간선 110A, 110B, 153, 163, 171, 172, 270, 271, 273, 472, 602, 603, 604, 707, 721, 740, 753

지선 5712, 5713, 5714, 6712, 6716, 7011, 7016, 7611, 7713, 7024, 7611, 7613, 7713, 7720, 7726, 7727, 7728, 7737, 8153(맞춤버스)

좌석 777, 800, 921, 1000, 1100, 1101, 1200, 1301, 1400, 1500, 1601, 1900, 3000, 3100, M6117, M6118, M7613

일반 72

공항 6002

마을 서대문03, 서대문04, 서대문05, 마포07, 마포08, 마포09, 마포10, 마포11, 마포12, 마포13, 마포14

낭만과 열정이 넘치는
홍대

언제나 젊음과 예술이 생동하는 홍대 앞 놀이터.

젊음과 낭만, 예술과 언더그라운드 문화, 개성 넘치는 자유의 거리로 대변되는 홍대 앞! 이곳에는 이색 카페, 소규모 갤러리와 화랑, 소품점과 패션 숍, 클럽, 예술시장, 각종 맛집 등이 어우러져 있다. 또한 주말 오후 1시부터 6시까지는 창작 아티스트들의 독특한 소품과 작품들을 만나볼 수 있는 프리마켓(토요

서울이 주는 선물 1. 아지트 • 59

일)과 희망시장(일요일)도 열린다. 이렇게 다양한 행사와 거리 공연, 축제 등의 문화요소를 간직하고 있어 홍대 주변은 항상 많은 사람들로 북적거린다.

홍대거리는 '거리미술'로도 유명하다. 홍익대학교 미대생들이 대학 근처의 담벼락과 거리에 자유롭게 그림을 그리기 시작해 이후 수많은 화가들이 이에 동참하였다. 1993년 처음 시작된 '거리미술전'은 홍대 미대생들이 중심이 되어 개최하는 이 지역의 대표적인 문화예술행사로, 열린 공간에서 관객이 미술을 가깝게 느끼고 스스로 참여할 수 있는 기회를 제공하며, 미술을 통한 홍대 앞 지역문화를 활성화시킨다는 취지로 시작되었다. 거리미술전은 젊은 화가들의 실험성, 도전정신을 접할 수 있는 특별한 미술행사이자 종합적인 예술축제로, 새로운 거리미술과 설치작품전, 참여미술은 물론 다양한 공연이 함께 펼쳐진다. 이밖에도 홍대 주변에 있는 피카소거리, 클럽거리, 걷고 싶은 거리 등이 홍대를 찾는 이들의 발걸음을 즐겁게 한다.

프리마켓

토요일 오후 홍대 앞에 가본 사람이라면 어디선가 들려오는 어쿠스틱 기타 선율에 이끌려 발걸음을 옮겨본 적이 있을 것이다. 그곳이 바로 홍대 정문 건너편의 홍익어린이공원이다. 북적이는 인파 속에 독특한 캐릭터가 그려진 모자와 신발, 도자기로 만든 액세서리, 손으로 제본한 다이어리, 철사로 만든 독특한 인형까지 개성 넘치는 물건들이 가득하다.

이처럼 프리마켓에서 만날 수 있는 작품들은 생활 속에서 생산하고 소비하는 생활창작품이다. 이곳에는 소정의 절차를 밟아 작가 등록을 마친 후(www.freemarket.or.kr) 누구나 스스로 창작한 작품을 가지고 작가로 참여할 수 있다.

오후 2시부터 5시까지는 음악, 무용, 퍼포먼스 등 다양한 장르의 아티스트들이 열린 무대를 꾸민다. 이밖에도 프리마켓에서는 휴대용 재떨이 만들기, 뜨개질 등 창작의 즐거움을 느끼고 생활의 변화를 꾀할 수 있는 다양한 생활창작워크숍도 열리며, 한 달에 2번씩 미술심리치료 프리워크숍도 운영 중이다.

[프리마켓]
- 일시 : 3월~11월 매주 토요일
- 시간 : 13:00~18:00
- 장소 : 홍대 앞 놀이터(홍익어린이공원)
- 주최 : 일상예술창작센터
- ☎ 02) 325-8553, 8251

홍대 공연장

상상마당

상상마당은 KT&G가 운영하는 복합문화공간으로 홍대 피카소거리에 위치해 있다. 이곳은 문화예술인과 대중을 연결시킨다는 취지로 세워졌으며, 신진 예술가들을 발굴·지원하고, 유통시키는 문화공간이다. 일반적인 기업의 문화 지원 프로그램보다는 실질적인 방법을 모색하여, 예술인들에게는 문화예술 창작활동을, 일반인들에게는 다양한 문화를 누릴 수 있는 기회를 제공하고 있다.

　복합문화공간 상상마당은 예술적 상상을 키우고(Incubator), 세상과 만나고(Stage), 소통하며(Communication), 행복해지는 곳(Playground)을 목표로 장르와 장르 간의 경계를 허물고 접목하면서 새로운 예술을 창출하고 있다. 이곳에서는 파리의 '퐁피두센터(Centre Pompidou)'나 홍콩의 '프린지 클럽'과 같은 해외의 복합문화공간처럼 공연이나 전시를 직접 제안할 수도 있다.

☎ 02) 330-6200 고객센터
　 02) 330-6263 예매문의
• 이용시간
[디자인스퀘어] 12:00~23:00 / [갤러리] 12:00~22:00
[아카데미] 13:00~22:00 / 별관 14:00~23:00
[스튜디오/시네랩] 10:00~22:00
[카페] 화요일~목요일, 일요일 12:00~24:00
　　　금요일, 토요일 12:00~01:00

- 이용시간 17:00, 20:00
- ☎ 02) 739-8288

홍대 난타전용극장

2011년에 난타전용극장이 젊음과 문화의 거리 홍대에 개관하였다. 난타는 칼, 도마 등의 주방기구가 멋진 악기로 승화되어 국적을 불문하고 남녀노소 누구나 신나게 즐길 수 있는 공연이다.

　홍대에 있는 난타전용극장의 독특한 외관은 차별화를 원하는 젊은 관객층을 유입하여 난타를 대한민국 대표 넌버벌 퍼포먼스로 자리매김하게 하고 있다.

트릭아이미술관

트릭아이미술관은 2차원의 평면 회화를 마치 3차원의 입체로 착각하게 만드는 국내 최초 눈속임 그림 상설전시관이다. 전시장은 역사관, 명화관, 테마관, 패션관으로 나뉘어져 있다. 모든 작품을 눈으로 보는 것이 아니라 그림 속 주인공이 되어 예술작품을 직접 체험하면서 관람할 수 있다.

- 이용시간 10:00~21:00
- 연중무휴
- ☎ 02) 3144-6300

홍대 클럽

'홍대'하면 가장 먼저 떠오르는 것이 바로 '젊음'과 '클럽'이다. 이제 클럽은 홍대문화의 상징이 되었다. 젊은이들 사이에서 '홍대에 놀러가자'는 말은 곧 클럽에 가자는 말로 통한다. 홍대 주변의 클럽들이 색다르게 즐길 수 있는 언더그라운드 공간이라는 사실을 모르는 사람이 없고, 외국인들 역시 홍대 클럽의 명성을 더 잘 알고 있다. 홍대 클럽의 역사는 1994년 '드럭'이라는 곳이 홍대 앞에 생기면서 시작되었다고 한다. 초기 마니아들이 즐겨 찾던 클럽은 '상수도'나 '발전소'였지만 지금은 문을 닫았고, 1990년대 중반부터 엠아이(M.I)와 조커레드(Jokerred), 언더그라운드(Underground, 현재는 코스모로 바뀜), 마트마타(Matmata, 현재는 the club m2로 바뀜) 등에서 록, 하드코어, 모던록에서 테크노까지 다양한 장르의 음악을 들을 수 있었다.

클럽이 대중화되면서 사람들은 유명한 곳보다는 자신이 좋아하는 음악을 듣기 위해 클럽을 찾고 있으며, 클럽 역시 자신들의 색깔을 찾아 진화하고 있다. 다양한 클럽과 사람들이 공존하는 홍대는 음악을 즐길 줄 아는 사람들이 모여서 언제나 축제 분위기를 만들고 있다.

클럽 nb

YG엔터테인먼트 양현석 사장이 운영하는 클럽으로 유명세를 탄 곳이다. 정통 힙합 음악을 틀며, 주말에는 TV에서 튀어나온 듯한 스타일리시한 힙합퍼들을 많이 볼 수 있다. 홍대를 대표하는 클럽 중 하나다.

- 이용시간
  평일 19:30~04:00(금, 토요일 06:00)
- 월요일 휴무
- 입장료 : 주중 10,000원 / 주말 15,000원
- ☎ 02) 326-1716

the club m2

일렉트로닉 음악을 전문으로 하는 클럽이며 마니아들이 많이 모이는 곳이다. 음향과 조명, 비주얼 3박자를 완벽하게 갖춘 클럽으로 유명하다. 내부가 2층으로 나뉘어져 있으며 VIP를 위한 특별 공간과 중층 바, 발코니가 마련되어 있다.

- 이용시간 20:00~06:00
  평일은 새벽 4시까지, 연중무휴
- 입장료 : 평일(월~목) 10,000원
  주말(금, 토, 스페셜 이벤트 제외) 15,000원
  클럽데이(마지막 주 금요일) 15,000원
- ☎ 02) 3143-7573

dd 클럽

dd 클럽의 dd는 'discovering day'의 약자다. 기존 클럽과의 차별화되는 새로운 힙합문화를 선도한다는 취지에서 만들어졌다.

언더 힙합과 대중적인 힙합을 7대 3으로 섞어서 틀고 있으며 힙합 마니아들이 즐겨 찾는 클럽이다. 정통 흑인 음악을 기본으로 요즘 세대들이 추구하는 힙합을 퓨전스타일로 믹싱하여 이곳만의 새로운 스타일을 만들어가고 있다.

- 이용시간 19:00~05:00
  주말, 공휴일 19:00~06:00
- 입장료 : 10,000원
- ☎ 011-783-4024

긱라이브하우스

클럽으로 유명한 홍대거리의 라이브클럽 긱라이브하우스는 댄스보다 공연 위주의 전문 클럽으로, 2003년 프로 뮤지션들이 뜻을 모아 만들었다고 한다. 프로 뮤지션들이 주축이 된 만큼 무대, 음향, 조명시설이 모두 수준급이다. 인디밴드의 기획과 공연은 물론 프로에서 아마추어 대관 공연에 이르기까지 폭넓고 다양한 공연을 펼치는 것이 특징이다. 좌석과 스탠딩 모두 합쳐 150여 명이 동시에 수용되며 하루에 3~4팀의 인디밴드 공연을 감상할 수 있다. 한국 인디음악의 현주소와 홍대 클럽문화의 일면을 체험할 수 있는 곳이다.

- 공연
  1) 기획 공연 – 인디밴드의 공연
  2) 대관 공연
     프로 뮤지션, 일반 학생이나 동아리 공연
- 월요일, 화요일 휴무
- 입장료 : 평일 8,000원 / 청소년 5,000원
  금,토,일 10,000원 / 청소년 5,000원
  ※ 공연에 따라 달라질 수 있음
- ☎ 02) 3141-5292

불이아(弗二我)

불이아는 입에서 불이 날 것처럼 매운맛과 향에 눈물을 찔끔거리면서도 자꾸만 젓가락을 가져 가게 되는 정통 중국식 훠궈 전문점이다.

태극솥의 양쪽에 백탕, 홍탕의 국물이 팔팔 끓으면 여기에 야채, 해산물, 샤브샤브 고기 등을 데쳐 먹는다. 말하자면 중국식 샤브샤브인 셈이다. 백탕은 사골 국물에 닭고기 육수를 더해 달달하면서도 시원한 맛이고, 홍탕은 사천고추에 여러 가지 한약재와 중국식 향신료 등을 넣어 맛과 향이 강하다.

한국인의 입맛에는 백탕이 무난하지만 진짜 훠궈의 매운맛을 보고 싶다면 홍탕에 도전해보는 것도 좋다.

- 영업시간 11:00~23:00
- ☎ 02) 335-6689

따루주막

흐리고, 비가 내리는 날 막걸리 한잔이 생각날 때 찾게 되는 집이다. 따루주막은 〈미녀들의 수다〉라는 TV프로그램에 나와 유명세를 탄 핀란드인 따루 살미넨이 서교초등학교 근처에 오픈한 주막이다. 막걸리, 생멸치회무침, 유황오리 등의 메뉴가 있다.

- 영업시간 17:00~02:00(일요일 휴무)
- ☎ 02) 325-3322

홍콩반점0410

이곳은 짜장면이 없는 중국집이다. 메인 메뉴인 짬뽕은 주문과 동시에 오징어, 돼지고기, 각종 야채를 센 불에 볶은 다음 홍콩반점0410만의 노하우로 만들어낸 육수를 넣는다. 볶을 때 배어나오는 중식 화력 특유의 은은하고 구수한 불내음이 특징이며, 매운맛의 원천인 사천고추로 얼큰하고 칼칼한 맛을 낸다. 이곳의 또 다른 대표 메뉴인 군만두는 생 돼지고기와 갖은 야채를 직접 다져서 만든 정통 군만두다.

- 영업시간 11:30~22:50
- ☎ 02) 3141-0418

토마스터

국내 최초 토마토 웰빙 레스토랑이다. 웰빙과 다이어트 효과를 철저히 고려한 식단으로 메뉴가 짜여져 있으며 화학 조미료를 넣지 않아서 맛이 담백하고 깔끔하다. 서양식 요리의 하나인 스튜와 일본식 나베를 퓨전화하여 세계 어느 나라에서도 통할 수 있는 토마토 메뉴로 색다른 맛을 선보인다.

- 영업시간 12:00~22:00
- ☎ 02) 326-0206

홍대 조폭떡볶이

홍대 상상마당 근처 주차장 골목에서 포장마차로 시작해 20년 넘게 떡볶이 맛을 이어오는 집이다. 얇고 가는 떡, 맵고 달달한 소스가 어우러져 매력적인 맛을 낸다. 주문하는 곳, 계산하는 곳, 음식 받는 곳이 따로 있고, 모두 셀프 서비스로 운영된다. 떡볶이, 순대, 튀김, 김밥 등 다양한 분식류가 준비되어 있다.

- 영업시간 11:00~06:00
- ☎ 02) 337-9933

그곳에
가보고
싶다면

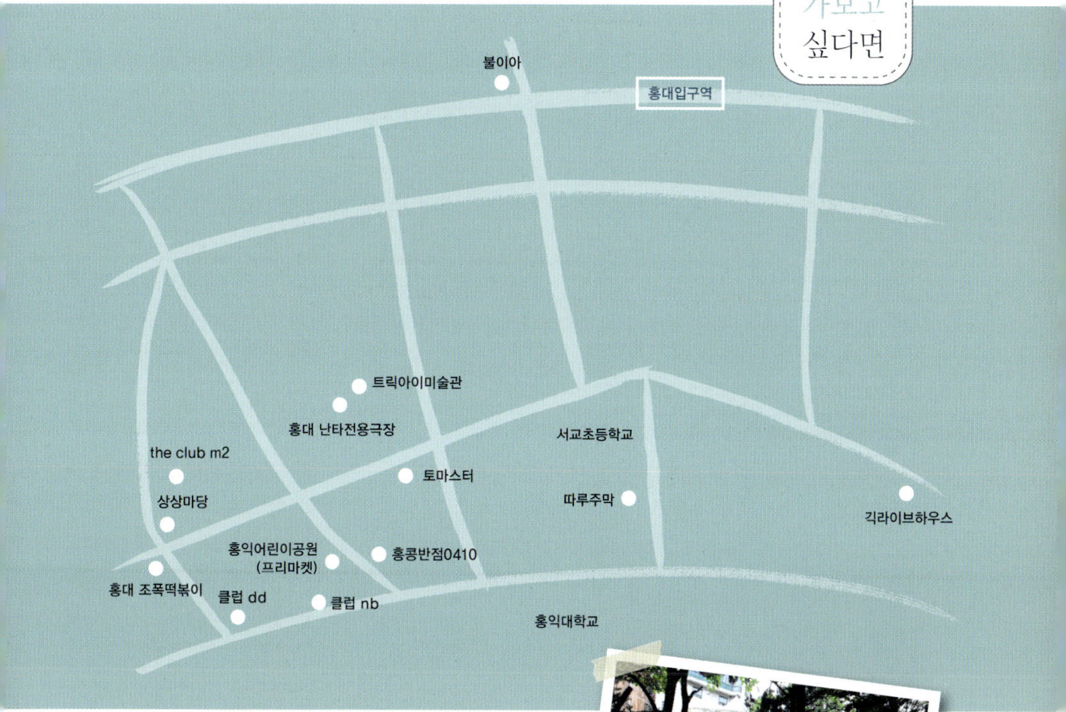

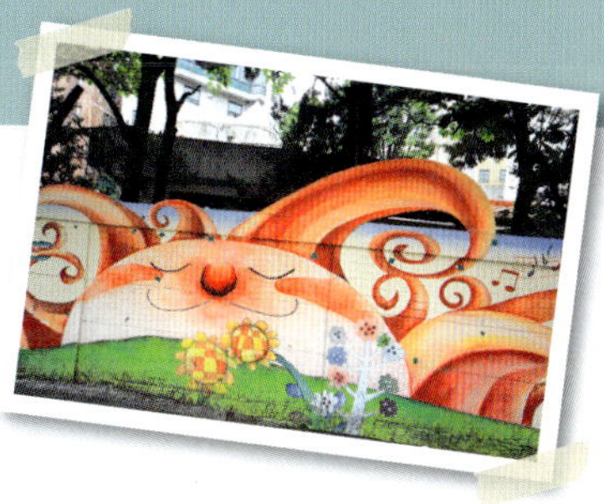

홍대 가는 길

2호선 홍대입구역, 합정역
6호선 상수역

간선 110A, 110B, 270, 271, 273, 602, 603, 604, 707, 721, 740, 753, 760
지선 5712, 5714, 6712, 6716, 7016, 7713, 7737, 7611, 7612, 7711, 7720, 7726, 7727, 7728, 7737
좌석 921, 1000, 1100, 1101, 1200, 1300, 1301, 1400, 1500, 1601, 1900, 3000, 3100, M6117, M6118
일반 72
공항 6002
마을 마포05, 마포06, 마포09

세계가 모이는 글로벌타운
이태원

1990년대 후반부터 일본, 중국, 동남아, 중동 등의 관광객이 증가하면서 미국 중심에서 세계적인 거리로 변모하고 있다.

이태원은 세계의 축약이다. 국적도 다르고 인종도 다른 다양한 사람들이 모이는 서울 속 작은 지구촌이다. 서양인들의 몸에 맞춘 빅 사이즈 옷을 쇼핑할 수 있고, 세계 각국의 음식을 맛볼 수 있다. 이국적인 분위기의 이슬람사원도 이태원에 자리하고 있다.

　이태원은 인근에 미군부대가 주둔해서 오래전부터 이방인들이 많이 모여들었던 곳이다. 오늘날 많은 외국인 관광객들이 즐겨 찾는 여행

명소가 되면서 1997년에 관광특구로 지정되기도 했다. 용산 삼각지에서 국방부와 전쟁기념관을 지나 한남동 방향으로 가다보면 이태원이라는 거리 팻말이 보인다. 이태원은 외국인들이 한국을 방문하면 으레 빠지지 않고 들르는 쇼핑 관광의 명소다.

근래 들어서는 내국인들도 즐겨 찾고 있으며 세계 여러 나라의 음식을 맛볼 수 있는 레스토랑은 트렌드 세터(trend setter)들의 미각을 유혹한다. 특히 세계 각국의 레스토랑이 경연이라도 펼치듯이 늘어서 있는 해밀톤호텔 뒷골목은 서울을 대표하는 맛집 골목으로 손꼽힌다. 또한 이태원 가구거리에는 앤티크 가구를 사려는 이들로 붐빈다

이태원 앤티크 가구거리

이태원 앤티크 가구거리는 1960년대 인근 미군부대에 근무하던 군인들이 본국으로 귀환하면서 사용하던 가구들을 팔려고 내놓은 것에서 시작되었다.

현재는 1백여 개의 앤티크 숍이 성업 중이다. 장식장, 의자, 소파, 화장대 같은 가구부터 인테리어 소품, 조명 등 물건의 종류도 다양한데, 특히 아기자기한 소품들이 눈길을 끈다. ☎ 02) 796-2689 이태원앤틱가구협회

이태원랜드

• 24시간, 연중무휴
☎ 02) 749-4122, 4133

〈파리의 연인〉, 〈찬란한 유산〉, 〈시크릿 가든〉 등 인기 드라마 촬영지로 알려진 이태원랜드는 이태원관광특구에 위치한 지상 5층의 매머드급 찜질방으로, 한국을 찾는 외국인 관광객들을 위한 여러 가지 프로그램을 운영하고 있다.

한옥식으로 디자인된 건물 내부에는 국내 최대 규모의 전통 소나무 불가마, 황토방, 소금방, 얼음방, 숯방, 히노끼방 등 다양한 찜질방이 있으며 특히 네일아트, 피부관리, 스포츠마사지를 받을 수 있는 관광객 전용 특별 패키지가 마련되어 있다.

서울 중앙성원(이슬람사원)

한강과 남산의 중간 지점에 자리한 중앙성원은 한국 최초의 이슬람사원이다. 우리나라에 무슬림들이 정착하기 시작한 것은 1920년대로, 한국 이슬람교의 시초라고 볼 수 있다. 최근에 이슬람 국가의 이주 노동자가 증가하면서 이곳을 찾는 무슬림도 계속해서 증가하고 있다. 국내에 9개의 이슬람사원과 60개의 임시 예배소가 있으며, 이태원 서울 중앙성원에서는 '술탄 마드라사'라는 이름의 무슬림 학교도 운영하고 있다. ☎ 02) 793-6908

- 이용시간 10:30~18:00
- 월요일, 1월 1일, 명절 휴관
- 입장료 : 10,000원
  (청소년, 장애인, 경로우대 6,000원)
- ☎ 02) 2014-6900

삼성미술관 리움(Leeum)

삼성미술관 리움은 우리나라 고미술품 전시를 위한 뮤지엄1(MUSIUM 1)과 한국과 외국의 근현대미술품 전시를 위한 뮤지엄2(MUSIUM 2), 삼성아동교육문화센터로 이루어져 있다.

  리움의 건축물은 세계적인 건축가 마리오 보타, 장 누벨, 렘 쿨하스의 작품으로, 한 대지 안에 세 작가의 개성이 조화롭게 표현되었으며, 단순한 건축물이 아니라 예술작품으로서의 가치를 지닌 건축물이다. 이밖에도 미술품 보존을 위한 보존연구소가 있고, 부대시설로 카페, 리움 숍 등이 있어 편리하게 이용할 수 있다.

해밀톤호텔 수영장(실외)

해밀톤호텔 수영장은 깨끗하게 정수된 온천수에 버금가는 맑은 물을 자랑하고 있다. 호텔 옥상에 있어 여름철 일광욕과 썬텐을 즐길 수 있고 오후가 되면 DJ가 라이브로 신나는 음악을 선사해주고, 시즌 2~3회 정도 특별한 파티가 열리기도 한다. 18세 이하는 출입할 수 없다.

- 개장기간 : 5월 중순~9월 초
- 이용시간 10:00~18:00
- 입장료 : 평일 12,000원
          주말, 공휴일 16,000원
- ☎ 02) 6393-1247

노스비치

1987년 이태원에 매장을 개점한 이후 가죽 브랜드로는 처음으로 백화점에 매장을 오픈했을 정도로 꾸준히 관심받고 있는 곳이다. 이태원의 대표적인 가죽 상품 매장으로 손꼽히고 있으며 특히 여성 가죽이나 모피 제품이 인기 있다. ☎ 02) 798-2266, 02) 793-6098

해밀톤셔츠

해밀톤호텔 건너편에 자리잡은 해밀톤셔츠는 외국계 금융회사 사람들이나 아나운서들이 즐겨 찾는 30년 전통의 드레스셔츠 맞춤 전문점이다. 우수한 품질의 셔츠를 합리적인 가격대로 만날 수 있어 내국인은 물론 외국인 고객들도 많이 찾는다. 서울 지역의 경우 집으로 배달받을 수 있다. ☎ 02) 798-5693

슈즈 박

국내외 유명 인사들의 맞춤화를 25년 넘게 제작해온 곳으로, 다양한 종류의 가죽으로 구두를 제작하여 판매한다. 엔터테이너 노홍철의 키를 10센티미터 가량 높여준 일명 '마법의 구두'를 제작해서 유명해졌다. 키 작은 남성들을 위한 키높이 구두를 만들어 좋은 반응을 얻고 있으며 단골손님도 많다.

☎ 02) 792-0803

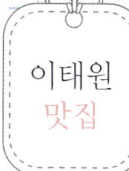
이태원
맛집

타이오키드

타이오키드는 태국 베이욕호텔의 셰프들이 1996년 오픈한, 1백여 가지 태국 정통 요리를 선보이는 태국 음식점이다. 대표 메뉴는 세계 3대 수프 중 하나인 톰양쿵으로 태국 음식의 특징인 단맛, 매운맛, 신맛의 다양한 맛을 이 한 음식에서 느낄 수 있다. 태국 음식을 먹어보지 못했다면 모둠꼬치에 땅콩소스를 발라먹는 사테루암에 먼저 도전해보는 것도 좋다. 인기 메뉴로는 파인애플에 담겨져 나오는 새콤달콤한 볶음밥 '카오 팥 사파롯'과 간장소스에 닭고기를 넣고 볶아낸 '까이 팥 메 마우엉'이 있다.

- 영업시간 11:00~22:00
☎ 02) 795-3338

차크라

차크라는 정통 인도 요리 뷔페로 인도 현지인들이 먹는 음식을 맛볼 수 있는 곳이다. 인도 음식은 약효가 있는 향신료나 허브를 사용하여 요리하기 때문에 전 세계인들이 좋아한다.
배달 메뉴, 가족과 커플들을 위한 세트 메뉴가 있으며 대사관이나 VIP를 위한 파티 서비스가 가능하다.

- 영업시간 11:30~14:30, 17:30~21:30
☎ 02) 796-1149

유다

이태원에 위치한 유다는 항상 손님으로 북적거리는데, 이자카야(일본 선술집)답게 일본 분위기를 느낄 수 있는 곳이다. 많은 메뉴 중에서 일본식 닭꼬치구이인 야키도리가 일본 맛에 가장 가깝다는 평을 듣고 있다.
11년 이상의 노하우를 쌓으며 지금의 맛을 완성했다.

- 영업시간 17:00~05:00
- ☎ 02) 388-5081

라타볼라

이태원에 위치한 라타볼라는 이태원에 문을 연 최초의 정통 이탈리안 피자가게로 30여 가지의 다양한 피자와 파스타가 맛있기로 소문난 집이다. 안에 들어서면, 일러스트 같은 벽면 그림이 시선을 압도하면서 깔끔하고 모던한 느낌을 준다. 주로 외국인들이 많이 찾고 있으며, 이탈리안 와인을 맛볼 수 있다.

- 영업시간
  평일 12:00~24:00(브레이크타임 15:00~17:00)
  주말 10:30~24:00(브런치 10:30~14:00)
- ☎ 02) 793-6144

미스터케밥(Mr. KEBAB)

이태원에 위치한 미스터케밥은 터키 정통 케밥의 맛을 살린 케밥 전문점이다. 한국에 오랫동안 거주한 터키인이 이태원에 미스터케밥 1호점을 오픈했다. 터키 케밥의 맛을 유지하기 위해 터키 현지 요리사만을 채용하며, 케밥에 사용되는 터키식 빵도 매장에서 직접 굽는 것은 물론, 케밥에 사용되는 소스와 요구르트도 매장에서 직접 만든다.

- 영업시간
  평일 11:00~23:00
  주말 12:00~03:00
- ☎ 070-7758-1997

라 시갈 몽마르뜨(La Cigale Montmartre)

이태원에 위치한 프렌치 레스토랑이다. 내부는 붉은색 조명으로 약간 어둡지만 따뜻한 느낌을 주며 프랑스 화가의 그림을 벽에 걸어놓았다. 이곳의 대표 요리는 스테이크와 홍합이다. 우리나라 홍합요리를 연상시키는 붉은 소스의 홍합요리에 맥주 한잔을 곁들인다면 금상첨화. 야외테라스에서 친구와 같이 수다 떨며 즐기기에 안성맞춤인 곳이다.

- 영업시간 12:00~01:00
- ☎ 02) 796-1244

산토리니

산토리니는 이태원 해밀톤호텔 뒷골목에 위치한 그리스 요리를 전문으로 하는 레스토랑이다. 산토리니를 연상시키는 인테리어와 현지인 셰프가 요리하는 곳으로 잘 알려져 있다. 이곳의 대표 메뉴로는 프라이팬에 굽거나 튀긴 사가나를 비롯해 바비큐의 일종인 기로스, 꼬치요리 수블라키, 담백한 맛이 일품인 무사카가 있다.

- 영업시간 12:00~22:00
- ☎ 02) 790-3474

샤토쇼콜라(Château Chocolat)

샤토쇼콜라는 정통 초콜릿과 이와 관련된 문화를 소개하는 명소를 표방하며 이태원에 문을 열었다. 이곳은 제주도 서귀포시에 있는 '초콜릿박물관' 직영점으로, 다양한 초콜릿과 초콜릿 음료를 판매하고 있다. 깔끔한 인테리어로 편안한 분위기를 제공하며, 20~30대 젊은 여성이 즐겨 찾고 있다.

- 영업시간
  평일 10:30~21:30
  일요일, 공휴일 11:00~18:00
- ☎ 02) 798-3171

이태원 가는 길

🚇 6호선 이태원역

🚌 간선 110A, 110B, 405, 421
　지선 0018
　공항 6030
　순환 03, 90S투어

우리나라 행정과 문화의 중심
종로

종로는 조선시대부터 정치, 경제, 문화의 중심지 역할을 해왔다.

종로는 조선 건국 이래 오늘날까지 6백 년이 넘게 서울뿐 아니라 우리나라의 행정과 문화의 중심지 역할을 해오고 있다. 종로라는 명칭은 지금 종로 1가에 있는 도성문의 개폐 시각을 알려주는 큰 종을 매달았던 종루에서부터 비롯되었으며, 예전에는 이 지역을 운종가라고 부르기도 했다.

종로에는 조선왕조의 5대 궁궐 중 4대 궁이 있을 뿐 아니라 중요한 문화 유적을 곳곳에서 만날 수 있다. 또한 조선 후기부터 상점들이 늘어나면서 상권이 크게 형성되어 현재는 전통과 현대가 조화를 이루며 공존하고 있다.

보신각지

보신각지는 종로 사거리에 있는 보신각종을 걸어놓기 위해 만든 한옥 누각으로 도성 안팎에 시각을 알리는 종루가 있던 곳이다. 이곳에 걸려 있었던 보신각종은 보물 제2호로, 진품은 국립중앙박물관에 보존되어 있다. 현재 이곳에 있는 종은 국민의 성금으로 만들어져 보신각지에 걸린 것이다.

이곳에서는 종로를 찾는 국내외 관광객과 시민들을 위해 월요일을 제외한 매일 오전 11시부터 '보신각 타종행사'가 열리는데 신청을 통해 직접 타종행사에 참여할 수도 있다.

이러한 타종행사뿐만 아니라 매년 12월 31일이면 우리나라 대표적인 새해맞이 행사인 제야의 종 타종식을 보기 위해 많은 시민들이 이곳으로 모여든다.

☎ 02) 731-0114

조계사

조계사는 대한불교 조계종의 직할교구 본사로 조계종 총무원, 중앙종회 등이 자리하고 있는 한국 불교의 중심 사찰이다.

　규모가 웅장하고 문살의 조각이 특이한 것으로 유명한 대웅전을 비롯해, 대웅전 왼편에 있는 극락전, 승소와 어린이법당이 있는 도심포교 100주년 기념관 등을 볼 수 있다. 이밖에도 대웅전을 둘러싸고 천연기념물로 지정된 5백 년 된 백송과 4백 년 된 24미터 높이의 회화나무가 우아한 자태를 뽐내고 있다. ☎ 02) 732-2115

탑골공원

탑골공원은 1897년(광무 1년) 우리나라에서는 처음 조성된 현대식 공원이자 1919년 3·1운동의 발상지로 독립선언문을 낭독하고 독립만세를 외친, 우리 민족의 독립정신이 살아 숨 쉬는 유서 깊은 곳이다. 1992년 5월 28일 옛 지명을 따라 공원 명칭을 파고다공원에서 탑골공원으로 개칭하였다.

　독립선언서가 낭독되었던 팔각정을 비롯해 3·1운동 기념탑과 벽화, 의암 손병희 선생 동상, 한용운 선생 기념비 등 3·1운동 관련 기념물뿐 아니라 국보 제2호인 원각사지 10층 석탑, 국보 제3호인 원각사비 등의 문화재도 함께 볼 수 있다.

• 이용시간 09:00~18:00
☎ 02) 731-0534

낙원 악기상가

인사동거리 바로 옆에 위치한 낙원 악기상가는 70년대부터 악기나 음악 관련 제품과 정보, 서비스만을 취급하고 있는 전문 상가로, 세계 최대 규모를 자랑한다. 330여 개에 이르는 악기점에서는 기타를 비롯해서 관현악기, 타악기, 국악기, 첨단 전자악기 및 앰프와 스피커, 방송설비 등 각종 음향과 국내외 최신 정보를 얻고 구매할 수 있으며, 고가의 최신 제품뿐만 아니라 중고품의 교환과 판매도 가능하다.

- 이용시간
  월요일~토요일 09:00~20:00
  (일요일은 일부 매장만 오픈)
- 국경일, 공휴일 휴무
  명절, 하계 휴가는 별도 공지
- ☎ 02) 743-6131

떡 박물관

떡 박물관에서는 시절마다 다르게 먹는 떡, 만드는 방법에 따라 다른 떡, 통과의례 상차림 떡 등 2백여 가지의 다양한 떡과 떡을 만들 때 필요한 조리기구들, 떡과 함께 어울릴 수 있는 전통 차와 민속주 등을 전시하고 있다.

이곳에서는 떡 체험학습 프로그램을 운영하고 있어 누구라도 신청만 하면 직접 떡을 만들어볼 수 있다. 떡 박물관을 둘러본 후 1층에 있는 떡 카페에 들러 박물관에 전시되어 있는 떡이나 차를 맛보는 것도 권한다.

- 이용시간
  10:00~17:00
- 명절 당일 휴무
- 입장료
  대인 2,000원
  유치원~고등학생 1,000원
  단체(20명 이상) 인터넷 예약 시 해설 동행
- ☎ 02) 741-5447

옛날집 낙원아구찜

낙원동 아구찜거리에 있는 터줏대감집이다. 1층부터 3층까지 있는데, 1층은 작고 아늑하며 2층은 정갈한 한옥 분위기, 3층은 단체 회식 장소로 사용되고 있다.

- 영업시간 11:30~22:40
- ☎ 02) 763-8558(1층), 02) 741-3621(2층)

청진옥

해장국하면 술 좋아하는 사람들이 가장 좋아하는 메뉴인데, 주점들이 모여 있는 종로에 특히 해장국집이 많다.
종로에서 해장국으로 유명한 곳 중 하나가 바로 청진옥이다. 60여 년 이상 해장국만으로 사리를 지켜온 이 집은 반찬으로 나오는 깍두기도 맛있기로 소문나 있다.

- 24시간 영업
- ☎ 02) 735-1690

나마스테

나마스테는 인도어로 '당신의 영혼을 환영합니다' 라는 의미다. 정통 인도 요리 전문 레스토랑 나마스테는 1999년 동묘점을 시작으로 현재 서울에 여러 지점을 운영하며 인도 정통 요리의 맛을 선보이고 있다.
종각점에서는 해외 특급 호텔이나 일류 레스토랑에서 10년 이상 경력을 쌓아온 요리사들이 현지에서 엄선해 직접 수입한 향신료와 허브, 국내산 신선한 재료를 가지고 인도의 깊은 맛과 향을 선보이고 있다.

- 영업시간 10:00~22:00
- ☎ 02) 2198-3301

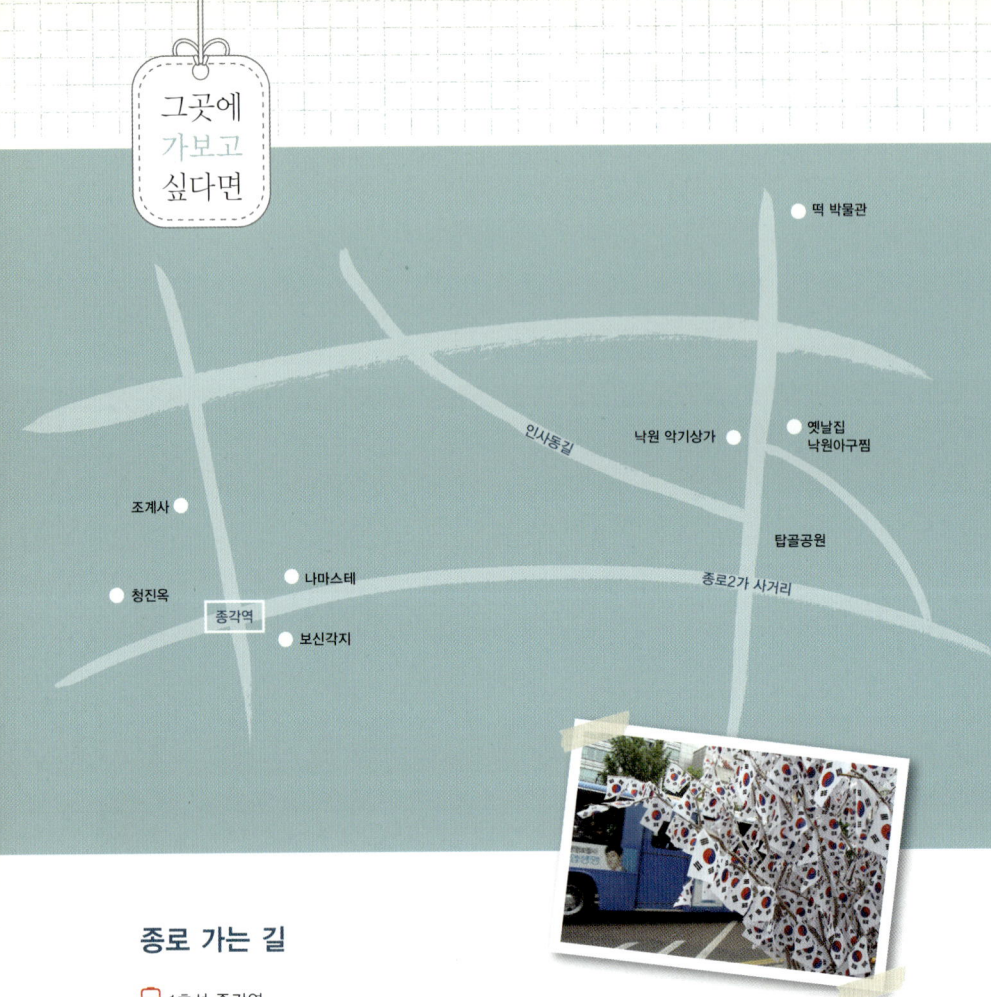

종로 가는 길

🚇 1호선 종각역
1, 3, 5호선 종로3가역

🚌 간선 101, 103, 109, 140, 143, 150, 151, 160, 162, 172, 201, 260, 262, 270, 271, 273, 370, 370, 405, 408, 470, 471, 501, 506, 601, 606, 701, 702A, 702B, 708, 710, 720, 721
지선 1020, 7018, 7212, 8000
좌석 1005-1, 2500, 5500, 5500-1, 5500-2, 5500-3, 9000, 9301, 9401, 9401B, 9701
일반 111
공항 6002
마을 종로02, 종로12

전통과 예술의 거리
인사동

한국의 전통 공예품과 다양한 갤러리, 문화행사 등을 보고 느낄 수 있는 인사동.

인사동은 도심 속에서 낡지만 귀중한 전통의 물건들이 교류되는 공간이다. 대로를 중심으로 사이사이 골목들이 미로처럼 얽혀 있고 이 미로 속에 화랑, 전통 공예점, 고미술점, 전통 찻집, 전통 음식점, 카페 등이 모여 있다.

특히 1백여 개의 화랑이 밀집되어 있어 한국화를 비롯해 판화, 조각전까지 다양한 전시회를 감상할 수 있다. 대표적인 화랑으로는 민중미술의 중심 역할을 했던 학고재, 재능 있는 작가들의 터전이 되었던 가

나화랑, 가나아트센터 등이 있다. 화랑과 함께 인사동거리를 메우고 있는 것은 바로 전통 찻집과 음식점이다. 처음에는 찾기 힘들 수도 있지만, 산책하듯이 천천히 골목골목을 둘러보면 인사동의 참맛을 즐길 수 있다.

  이곳은 매주 토요일, 일요일마다 차 없는 거리로 지정되어 시민과 함께하는 공간이 되었다. 주말이 되면 기존 가게는 물론 거리에는 전통 공연과 각종 전시, 엿장수, 사주와 궁합을 보는 할아버지까지 다양한 사람들로 가득하다. 이 거리를 찾는 외국인 관광객들은 가게 곳곳의 전통 공예품을 둘러보거나 길거리 음식을 먹어보는 등 이곳만의 낭만을 즐기며 추억을 쌓는다.

인사동은 토요일 오후 2시부터 10시까지, 일요일 오전 10시부터 오후 10시까지 차 없는 거리로 지정되어 사람들로 북적인다.

쌈지길

인사동길에서 쌈지길로 접어들면 곧장 너른 마당이 펼쳐진다. 전통 먹거리를 파는 좌판까지 벌어지니 옛날 장터의 풍경이 물씬 풍긴다. 입구에는 매장 주인들이 직접 쓴 간판이 걸려 있는데, 간판이라지만 명패만한 목판에 비뚤비뚤하게 적은 손글씨가 전부다. 요란하지 않으면서도 정감가는 것이 쌈지길의 매력을 고스란히 닮았다.

마당을 둘러본 후에 길을 따라 차곡차곡 걸음을 내딛으면 작은 매장들이 줄지어 있다. 매장을 차지한 주인공들도 다양하다. 서울시 무형문화재로 선정된 장인의 공방도 있고, 아직은 조금 서툰 듯한 대학생의 공방도 있다.

길을 따라 보이는 새로운 작품이 흥미롭고, 지루하지 않게 간간이 바깥으로 보이는 인사동의 풍경도 매력적이다. 그렇게 정상에 이르면 북카페 '갈피'와 '하늘정원' 같은 휴식 공간과 공예 전용 전시관인 갤러리 '숨'을 만날 수 있다.

- 이용시간 10:00~20:30
- 명절 당일 휴관
- ☎ 02) 736-0088

아름다운 차박물관

인사동에 위치한 '아름다운 차박물관'은 차(茶)문화를 널리 알리고자 만들어진 박물관이다. 차와 관련된 차 살림 유물들을 보유·전시하고 있는 박물관과 젊은 작가들의 도자기 작품을 만날 수 있는 갤러리로 구성되어 있으며 가야부터 조선까지 우리 차 문화와 관련된 다기(茶器, 찻그릇) 유물들, 티베트와 중국의 다기류, 그리고 현대 작가들의 도자기 작품도 만날 수 있다.

- 이용시간 08:30~21:50
  (21시까지 주문 마감, 연중무휴)
- ☎ 02) 735-6678

목인박물관&갤러리

전통 문화의 거리 인사동에 개관한 목인박물관(서울시 등록 제19호)은 전통 목조각상을 한자리에 모아놓은 국내 유일의 목조각상(木彫刻像) 전문 박물관이다.

목인이란 사람이나 각종 동물의 모습을 조각한 목조각상으로, 이곳에는 조선시대를 중심으로 근현대에 이르기까지 상여 장식용 조각부터 신당과 사찰에 있는 목조각상을 포함한 각종 민속 목조각상들이 약 5천여 점 전시되어 있다. 이러한 자료들은 당시의 시대나 생활상을 고증하고 연구하는 데 중요한 기초 자료로 활용되고 있다.

- 이용시간 10:00~19:00
  (마감 30분 전까지 입장 가능)
- 월요일, 1월 1일, 명절 당일 휴관
- 입장료
  대인 5,000원
  19세 미만, 65세 이상 3,000원
- ☎ 02) 722-5066

토토의 오래된 물건

토토의 오래된 물건은 누구나 자기가 쓰던 물건이 몇 년 지나면 자연스럽게 골동품이 되기 때문에 그 물건의 가치와 의미를 되새기자는 취지로 문을 연 가게다.

이곳에서는 거창한 골동품 대신 우리생활 주변에서 잊혀진 물건들을 전시하고 있다. 60~70년대에 유행하던 인형, 성적표, 〈바람과 함께 사라지다〉의 오리지널 포스터, 책가방, 공책, 레코드, 다이얼 전화기, 불량식품 등을 만날 수 있으며 추억의 물건들을 직접 살 수도 있다.

- 이용시간
  10:00~20:00 / 주말 21:00
- ☎ 02) 725-1756

학고재

학고재의 지향점은 이름에서도 알 수 있듯이 '옛것을 배워 새것을 만든다'는 것이다. 〈무낙관 회화〉, 〈조선 중기의 서예〉, 〈만남과 헤어짐의 미학〉 등의 전시는 전통 미술의 가치를 돌아보게 했고, 또 현대 작가전을 통해 현대성의 흐름을 살펴볼 수 있도록 했다.

뿐만 아니라 미국의 주요 미니멀니즘 작가들로 구성한 〈풍경으로서의 미니멀니즘〉을 통해 프랭크 스텔라(Frank Stella), 도널드 저드(Donald Judd), 로버트 만골드(Robert Mangold), 리처드 터틀(Richard Tuttle) 등의 작품을 선보이는 등 세계 미술계의 걸출한 작가의 작품을 알리기도 했다.

- 3월~10월
  화요일~일요일 10:00~19:00
  일요일 10:00~18:00
- 11월~2월
  화요일~일요일 10:00~18:00
- 월요일 휴관
- ☎ 02) 720-1524~6

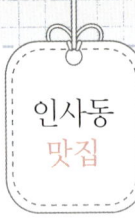

인사동 맛집

인사동 그집

한국의 대표적인 문화 명소인 인사동에 위치한 인사동 그집은 옛 한옥집을 개조하여 한국적인 느낌을 살린 퓨전 한식 전문점이다. 이 음식점만의 특별한 메뉴인 인사동 해물온밥, 그집 온밥을 필두로 한 방보쌈, 해물파전, 김치파래전 등 다양한 메뉴들과 깔끔하고 정갈한 밑반찬으로 손님들의 입맛을 사로잡고 있다.

- 영업시간 10:00~24:00
- ☎ 02) 737-0575

개성만두 궁

30년째 3대가 운영하고 있는 개성만두 전문 음식점. 개성만두는 야채가 많이 들어가 개운하고 담백한 맛이 특징이다. 사골 국물에 국내산 돼지고기와 재료들로 만든 만두가 어우러진 만두전골은 깊고 시원하며 담백한 맛이 일품이다. 이밖에도 검정돼지보쌈이나 녹두전 등 다양한 메뉴를 선보이고 있다.

- 영업시간 11:30~21:30
- ☎ 02) 733-9240

처마끝 하늘풍경

인사동 골목에 자리잡은 처마끝 하늘풍경은 한정식 전문점이다. 이곳에서는 점심 특선부터 양반상차림, 대감상차림 등의 다양한 코스 요리가 준비되어 있으며, 각종 모임 장소로도 이용할 수 있게 여러 홀들이 마련되어 있다.

- 영업시간 11:00~22:00
- ☎ 02) 734-3337

툇마루집 된장예술

툇마루집 된장예술은 외관은 다소 허름하게 보이지만 인사동에서 함경도식 강된장과 꽁보리밥, 가자미식해가 일품이라고 소문이 자자한 음식점이다.
꽁보리밥에 잘게 썬 부추와 치커리, 그리고 큰 뚝배기에 나오는 된장찌개를 얹어 쓱쓱 비벼 먹으면 된다. 이외에도 가자미식해는 함경도의 전통 음식으로 색다른 맛을 느낄 수 있다.

• 영업시간 10:30~22:00
☎ 02) 739-5683

최대감네

인사아트프라자 옆 골목 끝으로 가면 아담한 정원과 연못이 있는 전통 한옥집이 보이는데, 이곳이 최대감네. 이곳에서는 신선한 유기농 채소를 사용한 쌈밥정식, 소고기 육수에 직접 뽑은 면을 넣어먹는 소고기 샤브샤브, 산지에서 날마다 구입해오는 부드러운 고기를 이용한 갈비 등 다양한 맛을 즐길 수 있다.

• 영업시간 11:30~21:30
☎ 02) 733-9355~6

한과채

싱싱한 유기농 채소를 마음껏 먹을 수 있는 채식뷔페 한과채는 국과 밥, 죽, 부침개 등을 기본적으로 제공한다. 이곳에서 나오는 밥은 20여 가지의 한약재로 만든 한약밥으로 건강에도 좋다.
특히 인기 있는 메뉴는 샐러드에 청국장과 우유, 파파야 등을 섞어 만든 청국장소스를 얹어 먹는 그린 샐러드다. 김치도 젓갈을 쓰지 않고 과일로 맛을 낸다.

• 영업시간
 11:30~14:30, 17:00~20:30
☎ 02) 720-2802

그곳에 가보고 싶다면

안국역
안국동 사거리
한과채
학고재 인사동 그집
처마끝 하늘풍경 개성만두 궁
쌈지길
토토의 오래된 물건 수도약국 최대감네
툇마루집 된장예술
인사동 사거리
목인박물관&갤러리
아름다운 차박물관
서울YMCA
종로2가 사거리
종각역

인사동 가는 길

 1, 3, 5호선 종로3가역
3호선 안국역

 간선 151, 162, 171, 172, 272, 401, 406, 708, 109, 601
지선 1020, 7022, 7025, 8000
광역 1005-1, 5000, 5005, 5500, 5500-2, 5500-1, 5500-3, 7900,
      9401, 9401B, 9710, 9000
공항 6011
순환 90S투어, 91S투어
마을 종로01, 종로02, 종로12, 종로11

공연의 에너지가 가득한
대학로

소규모 극장들이 몰려 있는 대학로에는 거리마다 공연 포스터가 빽빽하게 붙어 있다.

대학로는 종로구 종로5가 사거리에서 혜화동 로터리까지 1.1킬로미터에 이르는 거리로, 예전에 이곳에 서울대학교 문리대, 법대가 있었고 1985년 문화예술의 거리로 개방하면서 '대학로'라는 명칭을 정식으로 사용하기 시작했다.

마로니에공원을 중심으로 각종 예술단체와 공연장, 화랑 등 문화시설이 밀집해 있어 예술과 문화의 거리로 성장했다. 연극과 콘서트가 열리는 공연의 중심지이며 크고 작은 극장과 개성 있는 패션, 문화, 맛

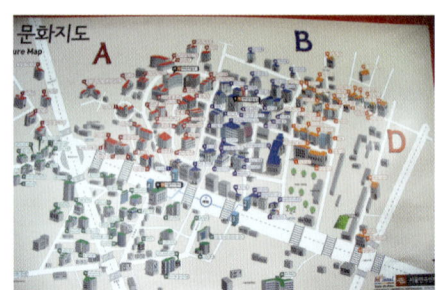

집이 즐비한 복합문화공간이다. 서울대학교병원 건너편의 마로니에공원 주변에서는 주말마다 다채로운 거리 공연이 펼쳐지고 봄, 여름에는 특색 있는 거리축제도 열리고 있다. 거리 곳곳에는 아이디어가 돋보이는 재미있는 조형물이 설치되어 있어 지나는 이의 발걸음을 멈추게 한다.

마로니에공원

서울 시민들을 위한 문화예술의 터전으로 문을 연 이곳은 마로니에 나무가 자라고 있어서 마로니에공원이라는 이름이 붙여졌다.

이곳에 있는 마로니에 나무는 1929년 서울대학교의 전신인 경성제국대학 시절에 심은 것이다. 각종 야외문화행사장, 조각 전시장, 아르코예술극장과 여러 소극장 등 많은 문화시설이 자리하고 있으며 아마추어들의 즉석 공연이 펼쳐지는 등 문화예술의 거리로 독특한 분위기를 자아내고 있다. 마로니에공원은 36년 만에 재정비 중이다.

☎ 02) 731-0585

동숭아트센터

1989년 3월 김옥랑 관장에 의해 설립된 복합 문화공간이며 국내 최초의 민간 공연장이다. 다양한 장르의 공연을 하고 있는 동숭홀과 연극 전용 무대인 소극장, 한국 전통 꼭두문화를 알리기 위한 꼭두박물관, 본관 앞뜰의 놀이마당, 예술영화 전용관 하이퍼텍나다로 구성되어 있다. 또한 2008년 12월에 오픈한 꼭두카페는 이곳을 찾는 관람객들에게 휴식 공간을 선사하고 있다.

[꼭두박물관]
- 이용시간 10:00~18:00
- 월요일 휴관
- ☎ 02) 766-3390

학전그린소극장

학전은 극장 학전, 학전블루와 그린소극장, 도서출판 학전을 통해 뮤지컬, 연극, 콘서트, 무용 등 공연기획 제작과 음반 및 대본 발간 등의 다양한 문화사업을 진행하고 있다.

학전그린소극장은 뮤지컬, 연극 등을 중심으로 운영되는 공간으로 록 뮤지컬 〈지하철 1호선〉은 이곳에서 1994년부터 2008년까지 4천 회 이상 공연하기도 했다.

☎ 02) 763-8233

아르코예술극장

1981년 문을 연 문예회관이 전신인 아르코예술극장. 이곳은 영·유아를 동반한 보호자가 편안한 마음으로 공연을 관람할 수 있도록 보금자리 시설을 갖춘 대극장과 실험적이고 전위적인 작품을 위한 공간으로 사랑받고 있는 소극장, 대관하고 있는 단체뿐 아니라 일반 단체에게도 개방해주는 연습실, 순수 공연예술에 대한 공간을 지원해주는 스튜디오 다락으로 이루어져 있다. ☎ 02) 3668-0007

샘터 파랑새극장

대학로 최초의 민간 소극장인 샘터 파랑새극장은 '행복하게 자란 아이들이 행복한 세상을 만든다.'는 신념으로 문을 열었으며 유명한 메테를링크의 동화《파랑새》에서 이름을 따왔다. 2개의 상영관을 갖추고 어린이들에게는 꿈과 슬기를, 성인들에게는 사랑과 낭만을 가꾸어주는 다양한 문화공간으로 자리매김하고 있다.

☎ 02) 763-8961~9

1m클래식아트홀

대학로에 있는 1m클래식아트홀은 어린이들을 위한 클래식 전용 체험관으로, 미술관이나 전시관에서만 볼 수 있었던 큐레이터가 어린이들에게 전문적인 클래식 음악을 쉽고 재미있게 전달하고 악기를 직접 만져볼 수 있도록 하고 있다.

이곳에서는 1미터 거리에서 연주자를 볼 수 있으며 무대와 객석의 개념 없이 같은 눈높이에서 함께 호흡하며 공연이 진행된다. ☎ 02) 743-5001

아트센터 K

원더스페이스가 2012년 2월 아트센터 K로 재개관하였다. 아트센터 K에 있는 동그라미극장, 세모극장, 네모극장은 이름만큼이나 무대나 객석의 구조가 뚜렷한 개성을 자랑하며, 그중 1개 극장에서는 재미있고 유익한 아동극이 상시 공연된다. 다른 2개 극장에서는 작품성과 흥행성을 두루 갖춘 연극, 뮤지컬, 콘서트 등 다양한 문화행사를 선정하여 대관하고 정기적으로 기획하여 운영하고 있다. ☎ 02) 741-9935

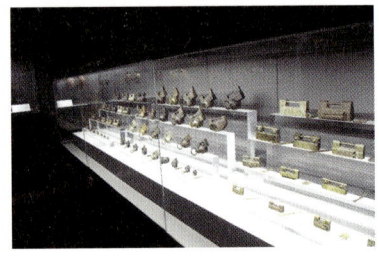

- 이용시간 10:00~18:00
- 매주 월요일 휴관
- ☎ 02) 766-6494~5

쇳대박물관

동숭동 대학로에 위치한 쇳대박물관의 '쇳대'는 열쇠를 뜻하는 방언이다. 쇳대박물관은 평생 철물점 점원으로 일한 끝에 논현동에서 '최가철물점'을 열었던 최홍규 씨가 전 재산을 털어 개관한 박물관으로 그곳에서 ㈜최가철물점도 같이 영업하고 있다. 우리나라의 옛 자물쇠나 세계 각국의 독특한 자물쇠가 전시되어 있으며 사라져가는 자물쇠들을 수집·보존·연구하며 대중에게 다양한 전시활동을 통해 우리 자물쇠의 아름다움과 과학적 우수성을 알리는 데 그 목적이 있다. 쇳대박물관은 3개의 전시실로 구성되어 있다. 1전시실에는 시대별 자물쇠, 2전시실에는 조선시대 가구에 쓰인 자물쇠, 3전시실에는 세계 각국의 자물쇠들을 전시해놓고 있다.

낙산공원

북악산의 좌청룡(左靑龍)에 해당하는 낙산의 자연환경과 역사적 문화환경을 복원해서 조성한 공원이다. 서울성곽을 따라 역사탐방로가 이어져 있다.

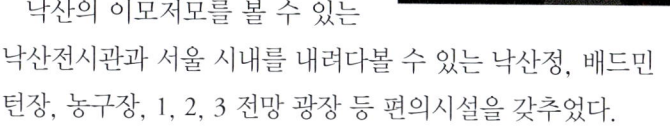

낙산의 이모저모를 볼 수 있는 낙산전시관과 서울 시내를 내려다볼 수 있는 낙산정, 배드민턴장, 농구장, 1, 2, 3 전망 광장 등 편의시설을 갖추었다.

☎ 02) 743-7985

짚풀생활사박물관

볏짚, 보릿짚, 싸리, 부들, 띠 등 짚과 풀로 만든 모든 전통 자료를 수집정리·연구하여 전시하는 사설 전문 박물관이다. 인병선 관장이 다년간 연구를 토대로 설립된 박물관으로, 짚과 풀에 대한 전문 박물관으로는 세계에서 유일한 곳이다. 이곳은 주로 1년에 한 번씩 여는 기획전을 중심으로 운영되고 있다.

- 이용시간 10:00~17:30
- 월요일, 1월 1일, 명절 휴관
☎ 02) 743-8787~8

대학로 맛집

어바웃샤브

어바웃샤브는 기존의 샤브샤브에서 벗어나 대중적인 샤브샤브를 시도하는 곳이다. 이곳에는 항상 갖가지 신선한 야채와 버섯, 육류, 해산물이 준비되어 있고, 이 재료들을 매운 육수, 가다랭이 육수, 해물 육수 등에 살짝 데쳐서 소스를 찍어 먹는다. 매콤달콤한 칠리소스와 고소한 땅콩소스, 담백한 간장소스 등이 있어 취향에 맞는 소스를 골라먹을 수 있다.

- 영업시간 11:30~22:00
- ☎ 02) 747-7730

빠리하노이

대학로 판타지움극장 인근에 자리하고 있는 빠리하노이는 베트남 쌀국수집이다. 이곳의 내부는 밝은색 원목바닥과 하얀색 벽이 조화를 이루고 있어 넓고 깨끗한 느낌을 주며 아기자기한 다양한 소품들이 베트남의 정취를 한층 더해준다. 특히 매콤한 국물 맛이 일품인 양지 쌀국수가 인기 메뉴다.

- 영업시간 11:00~22:00
- ☎ 02) 3673-1999

상파울루

남미 음식 슈하스코를 무한으로 즐길 수 있는 남미식 스테이크 전문점이다. 슈하스코란 브라질식 그릴 스테이크 코스 요리로 여러 종류의 고기를 꼬치에 끼워서 숯불에 구워 요리사가 홀을 돌면서 익힌 고기를 손님들에게 직접 서빙하고 스테이크와 과일 등을 무한 리필로 제공한다.

- 영업시간 12:00~23:00 (브레이크타임 15:00~16:00)
- ☎ 02) 764-6079

쌀레 에 뻬뻬

이탈리아어로 소금과 후추라는 의미를 갖고 있는 쌀레 에 뻬뻬는 15가지에 이르는 스파게티, 스테이크, 피자 등 다양한 이탈리아 음식과 코스 요리 등을 다양하게 맛볼 수 있다. 스파게티 국수는 직접 뽑아 이 집만의 특성을 최대한 살렸고, 신선한 소스의 맛을 내기 위해 채소와 해물 등을 매일 아침 장을 보아 직접 만들어 쓴다.

- 영업시간 11:00~02:00
- ☎ 02) 745-2077

더밥

더밥은 깔끔하고 정갈한 가정식 백반 전문점이다. 음식의 담음새와 색깔을 고려한 신선한 반찬들과 뚝배기에 보글보글 끓여나오는 다양한 찌개와 잡곡밥은 시각부터 군침을 돌게 한다. 푸짐한 가정식 백반을 좋아하는 분에게 추천한다.

- 영업시간 11:30·~21:30
  (1, 3주 일요일 휴무)
- ☎ 02) 764-9288

고베 겐뻬이

일본 고베에서 면전문점을 하던 일본인이 한국에 와서 차린 일본 음식점으로, 일본인이 직접 조리하고 있다. 요리의 종류가 많아서 일본 대중 음식을 골고루 즐길 수 있고, 인기 메뉴로는 일본 냉라면이 있다.

- 영업시간 11:30~22:00
- ☎ 02) 765-6808

그곳에 가보고 싶다면

(지도: 낙산공원, 어바웃샤브, 쇳대박물관, 동숭아트센터, 쌀레 에 뻬뻬, 학천그린소극장, 1m클래식아트홀, 아르코예술극장, 마로니에공원, 고베 겐뻬이, 아트센터K, 샘터 파랑새극장, 혜화역, 혜화동 로터리, 상파울루, 서울대학교병원, 더밥, 빠리하노이, 짚풀생활사박물관)

대학로 가는 길

🚇 4호선 혜화역

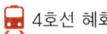 간선 100, 102, 104, 106, 107, 108(TS아파트), 108(골프장), 109, 140, 143, 150, 160, 162, 273, 601, 710
　　지선 2112
　　순환 90S투어, 91S투어
　　마을 종로03, 종로07, 종로08, 종로12

서울의 대표적인 번화가
강남역

항상 많은 사람들로 북적이는 강남역 사거리의 야경.

강남역 주변은 강남 지역에서 교통의 핵심인 곳이다. 강남대로를 중심으로 동쪽으로는 테헤란로가 뻗어 있어 잠실과 이어지며, 서쪽으로는 사당 방면으로 연결된다. 교보타워 사거리에서 서쪽으로는 고속터미널을 거쳐 노량진이나 서부 서울로 연결되며, 북쪽으로는 한남대교를 거쳐 강북으로 갈 수 있다. 그리고 남쪽으로는 양재를 거쳐 판교, 분당 등의 신도시와 성남시 등 수도권 남부로 연결된다. 이와 같이 잘 발달된 교통망 때문에 강남역 부근은 만남의 약속 장소로 적합해 유동인구가 많다. 또한 발달된 교통만큼이나 각종 모임, 행사 또는 개인적인 만남을 갖기에 좋은 지역적, 상권적 특성을 지니고 있다.

따라서 평일에는 주로 저녁 시간대, 주말의 경우는 오후 시간이 되면 강남역 10, 11번 출구, 롯데시네마(구. 시티극장) 앞, 지오다노 매장 앞에 많은 사람들이 붐비는 것을 흔히 볼 수 있다. 편리한 교통과 여러 가지 패션 관련 매장, 극장, 대형 서점 등의 주변 환경 때문에 거리가 먼 지역의 사람들까지 강남역으로 모이고 있으며, 저녁이 되면 이곳은 불야성을 이룬다.

강남역이 갖고 있는 젊음의 원동력은 주변의 극장, 음반판매점, 서점을 비롯해 젊은이들이 선호하는 특색 있는 여러 종류의 음식점과 카페 등이 모여 있다는 것에서 찾아볼 수 있다.

그렇다고 강남역 주변을 젊은이들이 소비만 하는 곳으로만 단정지을 수는 없다. 금융기관을 비롯해 삼성그룹의 핵심 계열사들이 모여 있는 삼성타운, 그밖에도 여러 기업이 있어 경제활동의 중심 역할을 하고 있다.

가로변을 따라 고층빌딩이 길게 늘어선 강남대로는 각종 은행과 상업시설이 들어서 있으며 24시간 많은 인파로 북적인다.

- 이용시간
  10:00~21:00
- 방문고객 1시간, 구매고객 2시간 무료 주차
- 외국인 Tax 무료 지원
- 2호선 강남역 8번 출구 지하통로 연결
- ☎ 02) 2255-2277~8

삼성 딜라이트

삼성전자 글로벌 홍보관인 '삼성 딜라이트'는 서울 서초동 삼성전자 빌딩에 위치하고 있다. 삼성전자의 최신 IT 제품과 다양한 액세서리를 만나볼 수 있을 뿐 아니라 삼성전자의 신기술을 활용한 각종 디지털 콘텐츠를 체험할 수 있는 곳이다.

이곳은 총 3개 층의 규모로 지하 1층 디지털 라운지, 1층 모바일 플라자, 2층 글로벌 갤러리로 되어 있는데, 관람객들이 직접 참여해 즐길 수 있는 다양한 코너들이 마련되어 있다.

GT타워

각도에 따라 빌딩의 모습이 변하는 S라인 빌딩으로 유명한 강남역 GT타워는 네덜란드의 아키텍튼 콘소트(Architecten Consort)사의 세계적인 건축가 피터 카운베르흐(Peter Cowenbergh)의 작품이다. 이곳은 한국 고유의 문화 유산인 고려청자와 물결을 접목하여 독특한 외관의 실루엣을 완성해서 건물 디자인의 아름다움을 극대화하였다. 매년 12월 말부터 2월 말까지는 아이스링크를 운영한다.

- 2호선 강남역 9번 출구
- ☎ 02) 555-8852

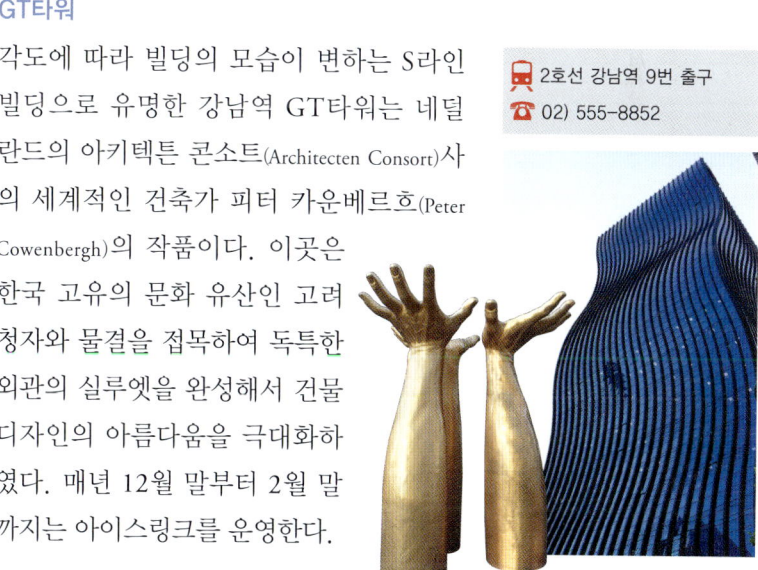

미디어폴(Media Pole)

미디어폴은 유비쿼터스의 첨단 서비스 및 콘텐츠를 제공하는 12미터 높이의 통합 가로시설물이다. 강남역에서 교보타워 사거리에 이르는 강남대로 760미터 구간에 35미터 간격으로 22개가 설치되어 있으며, 미디어폴 주변에서는 무선 인터넷 사용이 가능하다. 2호선 강남역 10, 11번 출구 방면 강남대로변에 위치해 있다.

자라(ZARA)

자라는 1975년 설립된 스페인의 제조·판매사인 '인디텍스(Inditex)'사의 8개 브랜드 중 대표적인 패션 브랜드다. 모던하고 쾌적한 분위기의 영플라자인 여성 매장은 정장(Woman), 세미 캐주얼(Basic), 영캐주얼(TRF) 라인으로, 남성 매장은 정장(Classic), 세미 캐주얼(Moda), 캐주얼(Hoven) 라인으로 나뉘어 있다.

- 영업시간 10:30~22:00
- ☎ 02) 531-2795

슈퍼드라이(Superdry)

데이비드 베컴, 잭 애프론, 케이트 모스 등이 즐겨 입어 화제가 된 브랜드로 이미 국내에 많이 알려져 있다.

영국 브랜드이지만 창립자가 일본 여행 중에 영감을 받아 일본의 그래픽적인 감각과 아메리칸 빈티지 스타일을 접목시켜 디자인했다고 한다.

- 영업시간 11:00~22:00
- ☎ 02) 518-3991

강남 맛집

교촌1991

교촌1991에서는 바로 튀겨 나오는 치킨과 함께 시원하게 즐기는 맥주 한잔으로 그날의 피로를 한방에 날려버릴 수 있다. 기존의 불닭덮밥을 한 층 업그레이드한 숯불향이 은은하게 배어 있는 숯불돌솥밥, 닭발과 닭다리살로 만든 쫄깃한 편육에 상큼한 야채와 소스를 곁들인 신선편향채, 숯불닭발, 숯불윙, 숯불그릴샐러드 등을 새롭게 선보이며 선택의 폭을 넓혔다.

- 영업시간 11:00~06:00
- ☎ 02) 592-1993

강남교자

냉농에 냉농교사가 있나년 강남역에는 강남교자가 있다. 메뉴로는 칼국수를 비롯해 만두, 비빔국수, 콩국수가 있으며 이곳에서도 밥과 사리는 무제한 추가할 수 있다.

- 영업시간 10:00~22:00
- ☎ 02) 536-4133

버터핑거팬케익스

브런치로 유명한 곳이다. 인기 메뉴로는 팬케이크, 토스트, 소시지, 달걀요리를 같이 즐길 수 있는 콤비네이션 밀과 푸짐한 자이언트 엘리게이터가 있다. 커피를 주문하면 한 번 리필이 가능하다.

- 영업시간 09:00~03:00
- ☎ 02) 2201-5649

더블유버거

햄버거를 좋아한다면 강남역의 수제 햄버거인 더블유버거를 빼놓을 수 없다. 소스, 고기를 굽는 정도, 드레싱을 선택할 수 있고 주문 즉시 조리되므로 맛이 뛰어나다. 얼리지 않은 소고기로 만든 패티와 스테이크는 참숯에 구워서 기름기가 없고 육즙이 살아 있으며, 채소는 매일 새벽 직배송되는 것을 사용한다. 점심 때는 햄버거 하나를 주문하면 음료가 무료로 제공된다.

- 영업시간 11:30~22:00
- ☎ 02) 2052-5951

도스타코스

멕시코 음식점인 도스타코스는 스페인어로 '2개의 타코'라는 의미로, 뛰어난 맛과 고객 만족 서비스를 제공한다는 뜻이다. 타코, 퀘사딜라, 부리토, 나초 등을 맛볼 수 있고, 콜라는 2천 원에 무한 리필이 가능하다.

- 영업시간
  월요일~토요일 11:00~22:00
  일요일, 공휴일 11:00~21:00
- ☎ 02) 593-5904

노랑저고리

복잡한 도심 속에서 전통 한옥의 분위기와 함께 가벼운 한정식을 맛볼 수 있는 곳이다. 새댁정식이나 노랑정식이 대표 메뉴이며, 정갈한 맛으로 중요한 손님을 접대하기에도 좋다.

• 영업시간 11:30~22:00
☎ 02) 534-5300

하노이의 아침

베트남 음식 전문점으로 세련된 인테리어가 인상적이다. 음식 역시 깔끔하고 맛깔스럽다. 파인애플, 새우, 파프리카를 넣고 올리브유로 볶은 파인볶음밥, 새우, 부추, 숙주 등을 넣은 볶음쌀국수 팟타이가 인기 메뉴다.

• 영업시간 10:00~22:00
☎ 02) 534-5320

미즈컨테이너(MIES_container)

강남역 부근에 대구에서 서울로 진출한 유명한 미즈컨테이너 1호점, 최근 문을 연 2호점이 있다. 상큼한 샐러드 스파게티와 치즈가 듬뿍 들어간 떡먹는 피자가 먹고 싶다면 최소 30분 이상 술을 설 각오를 해야 한다. 공장 같은 인테리어와 주문 후 번호가 쓰여진 작업모를 주는 등 독특한 서비스가 인상적이며 예약은 되지 않는다.

• 영업시간 11:00~02:00
☎ 02) 536-5786

그곳에 가보고 싶다면

신논현역
슈퍼드라이
교보강남타워
도스타코스
더블유버거
자라
미디어폴
교촌치킨 1991
강남교자
하노이의 아침
강남역
버터핑거 팬케익스
삼성 딜라이트
GT타워
노랑 저고리
미즈 컨테이너

강남역 가는 길

 2호선, 신분당선 강남역,
9호선 신논현역

 간선 140, 144, 145, 146, 146, 340, 341, 360,
402, 407, 408, 420, 421, 440, 441, 462, 470, 471, 643, 740
지선 3412, 3422, 4412, 8541
좌석 500-2, 1005, 1005-1, 1100, 1111, 1121, 1151, 1550, 1550-1, 1550-3, 1551, 1552,
1560, 1560-11, 1570, 1700, 2000, 3002, 3007, 3030, 3100, 3101, 3200, 5001,
500-1, 5002, 5003, 5006, 5100, 5300, 5300-1, 5500-3, 6501, 6800, 7007,
7501, 8001, 8101, 8131, 8201, 8241, 8251, 8311, 9004, 9100, 9200, 9201, 9300,
9404, 9408, 9500, 9501, 9503, 9510, 9600, 9700, 9711, 9800, 9802, M4403,
M5414, M6405, M6410, M7412
일반 500-5
공항 6000, 6009, 6020, 6703
마을 서초03, 서초09, 서초10, 서초11

세련된 유럽풍 거리
신사동 가로수길

서울 멋쟁이들의 단골 쇼핑 거리인 신사동 가로수길. 길 양쪽으로 160여 그루의 은행나무가 줄지어 있어 가로수길이라고 불린다.

3호선 신사역에서 압구정 현대고등학교 앞으로 통하는 2차선 은행나무길인 신사동 가로수길. '예술가의 거리'라 불리는 이 길은 주변에 아기자기한 커피전문점과 맛집, 패션 매장들이 즐비해 있어 이국적인 분위기를 연출하며 특히 가을에는 은행잎으로 물든 거리를 보러 많은 사람들이 찾아오기도 한다. 가로수길은 젊은이들의 입소문을 타고 이름이 알려지게 되었는데, 이후 영화나 광고의 배경 장소로 종종 등장해 더욱 유명해진 곳이다.

　이곳에는 의류 매장과 화랑, 인테리어 업체 등 130여 개가 넘는 다양한 숍들이 있는데 각기 다른 뚜렷한 개성이 넘쳐 단 하나의 '상징코드'를 찾기가 힘들 정도다. 또한 다른 곳의 로드 숍에서 느낄 수 있는 부산하고 활기찬 분위기와는 확연히 다른 고즈넉한 신사동 가로수길만의 분위기가 있다. 길과 사람이 만나 어엿한 '하나의 문화'로 탈바꿈한 신사동 가로수길에서는 독특한 분위기의 카페와 맛있는 음식점, 다양한 갤러리, 디자이너 의류 매장이 함께 있어 먹는 재미, 보는 재미가 쏠쏠하다.

　최근에는 해외에도 널리 알려져 일본인 관광객을 비롯한 외국인 관광객들의 모습도 흔히 볼 수 있다. 걷다 지치면 예쁜 카페에서 커피나 차를 마시며 쉬어갈 수 있는 곳. 청담동처럼 부담스럽지 않고 압구정동처럼 번잡하지 않는 분위기 속에서 굳이 쇼핑을 하지 않더라도 걷기에 좋은 길이다.

신사동 가로수길에는 개성 넘치는 인테리어로 꾸며진 다양한 숍들이 가득하다.

달링유(DARLINGYOU)

2001년 명품 디자이너 다음카페로 시작해 2010년 가로수길에 매장을 연 달링유는 패션 분야에서 선도적이고 실험적이며, 특별한 영감을 주는 디자이너 브랜드를 선보이는 편집 숍이다.

 남녀의류, 핸드백과 신발, 액세서리 등이 주 아이템이며 화려하고 독특한 액세서리가 많은 것이 특징이다. ☎ 02) 516-4914

바가지머리(BAGAZIMURI)

옷이 26초마다 한 벌씩 팔린다는 온라인 여성의류 쇼핑몰 바가지머리의 신사동 가로수길 매장으로 여성의류, 슈즈, 핸드백, 액세서리 등을 판매하고 있다. 제품의 종류가 다양하고 매일매일 새로운 상품이 업데이트되어 다른 곳보다 발빠르게 신제품을 만나볼 수 있다.

 매장에는 벽면을 활용하여 신인 작가들의 작품들을 전시하고 있으며, 바가지머리가 직접 제작한 감성적인 디자인의 팬시류도 판매하고 있다. ☎ 02) 514-8241

정원으로 들어서는 듯한 매장 입구가 이색적인 일모아울렛.

일모아울렛&카페(ILMO outlet)

제일모직이 운영하고 있는 일모아울렛은 아울렛과 카페가 복합적으로 구성되어 있는 공간이다. 패션과 라이프 스타일, 휴식을 취할 수 있는 멀티플렉스 개념의 매장으로, 10꼬르소꼬모의 지난 시즌 제품들을 저렴한 가격에 구매할 수 있다. ☎ 02) 515-0970

갤러리 SP

갤러리 SP는 서울판화공방의 부설화랑으로 개관한 미술관이다. 초기에는 자체 기획해 제작한 판화 위주로 보급하였고 이후 청담동에서 본격적인 화랑의 체계를 갖추었다. 신사동으로 이전해서는 회화, 조각, 판화, 도자기 등 다양한 장르의 미술품을 전시·기획·판매하고 있다.

특히, 현재는 활발히 활동하는 국내 작가를 중심으로 작품을 소개하고 있는데, 대외적으로도 국제아트페어에 참가해 국내 작가들의 역량을 세계에 알리며 활동의 폭을 꾸준히 넓혀가고 있다.

- 이용시간
  월요일~토요일 10:00~18:30
- 일요일 휴관
☎ 02) 546-3560

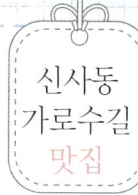

정든집

사케와 오뎅을 즐길 수 있는 정든집은 가로수길의 소문난 명소 중 하나다. 편안한 분위기와 저렴한 가격 덕분에 손님이 많으며 오뎅 이외에 새우구이, 오코노미야키, 달걀말이 등의 안주도 판매한다.

• 영업시간 18:00~02:00
☎ 02) 3443-1952

프로간장게장

1980년 강남 신사동에 터를 잡고, 오직 한곳에서 30년 이상 대를 이어온 집이다. 국내 최초로 간장게장을 상품화시킨 곳으로 지금까지 명성이 자자하다. 현재 국내는 물론 일본을 비롯한 해외에서도 그 맛을 인정받아 진정한 맛의 프로 '프로간장게장'으로 이름을 알리고 있다.

• 영업시간 24시간
☎ 02) 543-4126, 4129

마산옥

신사동에 위치한 마산옥은 한결같은 맛과 편안한 분위기로 많은 사람들이 즐겨 찾는 곳이다. 이곳의 간장게장은 비린내를 없애고 짜지 않게 만들어 남녀노소 모두가 좋아한다. 아삭아삭 씹히는 콩나물 맛이 일품인 아구찜도 인기 있다. 게장의 껍질을 분리시켜 살과 알을 넣고 밥을 비벼먹는 게 알비빔밥도 이곳에서 꼭 맛보아야 할 음식이다.

• 영업시간 11:00~24:00
☎ 02) 544-7207

블랙스미스

탤런트 송승헌이 운영하는 블랙스미스에서는 창고를 모티브로 오래된 느낌이 나도록 매장을 꾸몄다. 이곳은 화덕피자와 스파게티가 주 메뉴인 이탈리안 레스토랑이다. 블랙스미스가 여러 드라마에 장소협찬을 하면서 특히 신사동점은 한류관광코스로도 인기가 높다. 한류 체험 프로그램과 국내 여행상품이 다양하게 개발되면서 단체여행뿐 아니라 개인적으로 방문하는 일본인 관광객들이 한류스타 송승헌을 보기 위해 이 매장을 찾고 있다.

- 영업시간 11:30~23:00
- ☎ 02) 3444-8211

사가라멘

신사동 가로수길 근처에 있는 사가라멘은 일본 라멘의 맛을 그대로 살려 오픈한 라멘 전문점이다. 국물은 진하지만 돼지고기 특유의 누린내가 나지 않고 고소하다. 특히 일본 현지인들이 직접 음식을 만들고 매일 아침 들어오는 신선한 재료를 사용해 그 맛을 더한다. 사가라멘의 대표 메뉴인 돈코츠라멘은 면 속으로 국물이 스며들지 않은 상태에서 뜨거울 때 먹어야 제맛이다.

- 영업시간 11:30~03:00
- ☎ 02) 516-6775

생어거스틴

생어거스틴이란 프랑스에서 아시안 음식이 모여 있는 거리를 뜻하는데, 이곳은 태국 요리 중심의 아시안 음식 전문점으로 태국인 요리사가 직접 음식을 만들고 있다. 신사동 가로수길에 위치한 생어거스틴은 여러 가지 요리와 주류, 음료 등의 다양한 메뉴가 있으며, 신사동 외에 서래마을, 강남역, 이태원에 매장이 있다. 왕새우팟타이, 베트남식 볶음면이 인기 메뉴다.

- 영업시간 11:30~24:00
- ☎ 02) 548-1680

그곳에
가보고
싶다면

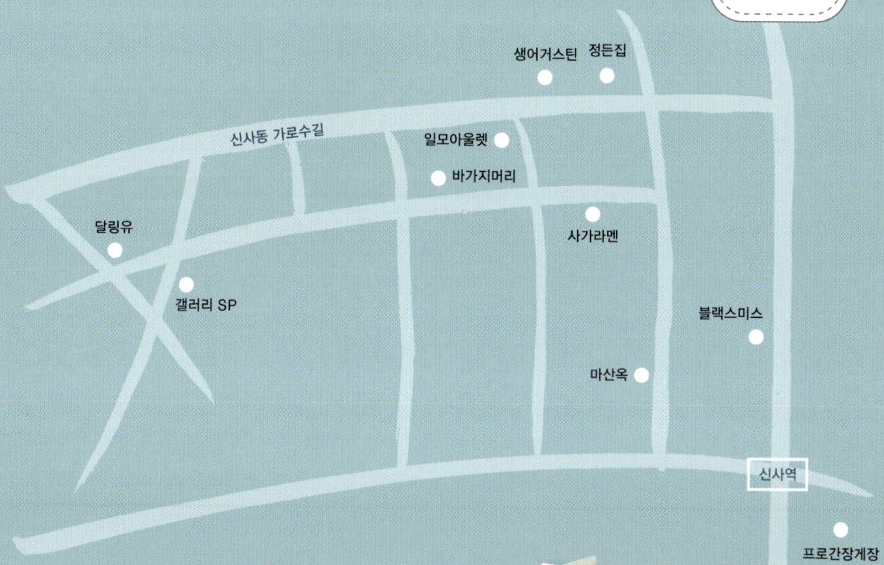

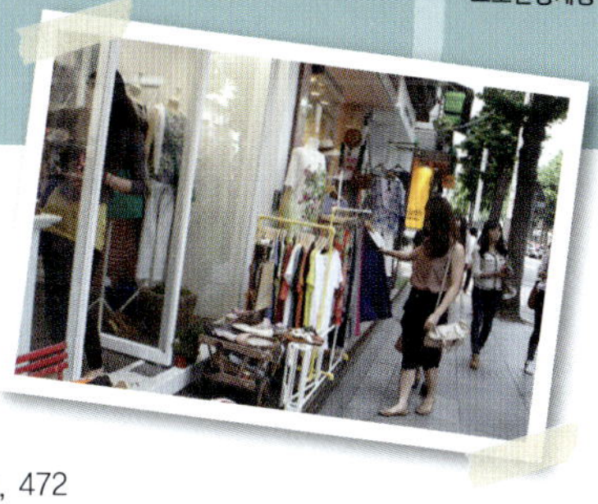

신사동 가로수길 가는 길

3호선 신사역

간선 142, 143, 145, 148, 240, 342, 362, 440, 441, 472
지선 3011, 4212, 4318, 4412, 4419, 4431
좌석 1005-1, 1100, 3030, 3100, 5500-3, 6800, 8001, 9404, 9407, 9503, 9507, 9600, 9700, 9711, M7412
공항 6009, 6010
마을 서초03

스타일의 본거지
압구정동과 청담동

압구정동 로데오거리는 '한국의 유행 1번지'란 말로 대변된다. 과거에는 '오렌지족'이라고 불렸던 부유층 자녀들이 외제차와 고급 브랜드 옷을 입고 활보했던 곳으로 유명했지만, 지금은 젊음의 문화를 대변하는 곳, 최신 유행을 대표하는 곳으로 발전했다.

로데오거리에는 골목마다 명품 브랜드, 보세옷, 구두, 속옷, 액세서리 등의 패션 관련 매장이 들어서 있다. 피부과, 성형외과, 헤어숍들이 성업 중이어서 머리끝에서 발끝까지 패션에 관한 모든 것이 이곳에 모여 있는 셈이다. 게다가 최신 유행을 대변하는 곳인 만큼 많은 매장들이 독특한 인테리어로 손님의 눈길을 끌고 있다.

압구정동에서의 쇼핑은 명품 쇼핑과 보세 쇼핑으로 나눌 수 있다. 갤러리아백화점 명품관은 가장 대표적인 명품 쇼핑 공간으로 세계적으로 유명한 명품들을 한자리에서 비교하고 구입할 수 있다. 반면 보세가게는 최신 유행을 쏟아놓는 곳으로, 다른 곳에서는 볼 수 없는 독특한 디자인의 물건들이 많다. 좋은 품질을 기본으로 독특한 디자인에 승부를 거는 가게들이 많아 남들과는 다른 옷을 구입하고 싶은 젊은층이 이곳을 찾고 있다.

압구정동 로데오거리에서는 문화의 거리로 거듭나기 위해 입구에 상징탑을 세우고 매년 10월 '압구정 문화축제'를 열고 있다. 축제 기간에는 영화제, 헤어쇼, 패션쇼, 댄스 페스티벌 등 각종 경연대회가 펼쳐진다.

청담 사거리에서 갤러리아백화점에 이르는 대로변에는 명품 브랜드 매장이 밀집되어 있다. 패셔니스타들의 주요 쇼핑 장소인 이곳은 이름

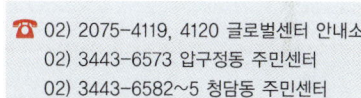
☎ 02) 2075-4119, 4120 글로벌센터 안내소
02) 3443-6573 압구정동 주민센터
02) 3443-6582~5 청담동 주민센터

하여 청담동 명품거리다. 국내 유일의 패션특구로, 최근 '청담 패션거리'라는 공식 명칭을 갖게 되었다.

　최근 몇 년 사이에 청담동 패션거리가 변하고 있다. 기존의 명품 고객을 유지하면서 좀 더 대중적인 마케팅을 구사하기 위해서 단순한 제품 판매가 아니라 고객 친화적이며 문화 마케팅에 충실한 플래그십 스토어나 신개념 편집 매장이 곳곳에 등장하고 있는 것이다. 이곳 명품 매장들이 플래그십 스토어 전략을 구사하여 새로운 브랜드 론칭이나 전시·행사장 역할을 겸하면서 고객과의 거리를 좁혀가고 있다.

　청담동은 내국인은 물론 외국인 관광객들도 많이 찾고 있는데, 특히 한류 열풍에 힘입어 일본인 관광객들의 관광코스로도 각광받고 있다. 갤러리들의 입주도 패션거리의 변화에 일조했는데, 갤러리타워라 불리는 네이처포엠 빌딩과 갤러리현대 강남, PMK갤러리 등은 명품 브랜드와 예술의 조화를 꿈꾼다. 이제 청담동 패션거리는 진정한 트렌드 세터의 명소로 거듭나고 있다.

코리아나 화장박물관

코리아나 화장박물관은 옛 여인들의 화장문화와 역사를 볼 수 있는 우리나라 최대 규모의 화장박물관이다.

　전통 화장용구와 한국 여성문화사와 관련된 전시를 비롯해서 우리의 화장문화에 대한 교육과 연구를 진행하고 있다.

- 이용시간
  4~10월 10:00~19:00
  11~3월 10:00~16:00
- 입장료
  대인 : 3,000원
  초등~고등학생 : 2,000원
  ☎ 02) 547-9177

창희보석예술관

다양한 보석, 화석, 나무, 금속 등을 소재로 제작한 제품을 전시하고 있는 예술관이다. 특히 이곳에서는 시대별로 유행했던 보석 디자인 작품을 한자리에 모아 우리나라 보석 세공의 역사를 한눈에 파악할 수 있도록 했다. 내부에는 50여 석의 좌석이 있어 커피나 차를 즐기면서 작품을 감상할 수도 있다.

- 이용시간
  평일 10:00~18:00
  토요일 10:00~17:00
- 일요일 및 공휴일 휴무
☎ 02) 545-4540

티테라피

티테라피는 KBS〈무한지대 큐〉에 방송되었던 나만의 맞춤 차와 족욕을 즐길 수 있는 한의원과 친환경 카페를 겸비한 곳이다. 차를 주문하면 무료로 족욕을 즐길 수 있다.

이곳에서는 특히 자신의 체질을 파악하고 자신에게 맞는 '나만의 차'라는 독특한 메뉴가 인기가 높은데, 자신의 체질과 증상에 맞는 한방차와 약재를 구입할 수 있다.

- 이용시간 10:00~23:00
☎ 02) 518-7506

도산공원

서울시에서 도산 안창호 선생의 애국정신과 교육정신을 기리고자 조성한 공원이다. 망우리에 있던 선생의 유해와 미국 로스앤젤레스에 있는 부인 이혜련 여사의 유해를 옮겨와 합장하였다.

도산공원은 규모가 크지는 않지만 산책하기 좋게 되어 있다. 연중무휴 24시간고, 매년 3월 10일에는 기념사업회 주관으로 열린다.

 02) 543-2558

도산안창호기념관

우리나라의 근대화와 독립운동에 평생을 몸바친 도산 안창호 선생을 기념하기 위해 1998년에 세워졌다.

선생의 유품과 단재 신채호 선생이 도산에게 보낸 서한, 흥사단 활동 때 작성한 문서, 선생의 일기, 임시정부 사료집 등과 함께 안창호 선생의 연보와 사진이 전시되어 있다.

- 이용시간
  평일 10:00~16:00
  토요일, 공휴일 10:00~14:00
- 월요일, 명절 휴관
  02) 541-1800

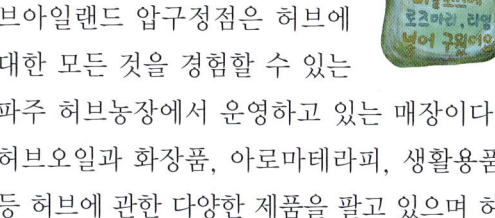

허브아일랜드

허브아일랜드의 직영 3호점인 허브아일랜드 압구정점은 허브에 대한 모든 것을 경험할 수 있는 파주 허브농장에서 운영하고 있는 매장이다. 허브오일과 화장품, 아로마테라피, 생활용품 등 허브에 관한 다양한 제품을 팔고 있으며 허브 마늘스틱도 구입할 수 있다.

- 압구정역 4번 출구로 나와 직진 도보 3분 후 수협 골목으로 들어옴
- ☎ 02) 515-6494

나무하나(Namuhana)

나무하나는 착화감을 중시하는 수제화 브랜드로 잘 알려져 있다. 젊은 세대를 타깃으로, 한 시즌 앞서가는 트렌디한 디자인의 제품들을 판매한다. 품질을 중요하게 여기고 실용성과 합리성을 강조해 소비자에게 호응을 얻고 있다.

나무하나의 2번째 브랜드인 나무바이 나무하나는 실용성을 강조하고 좀 더 합리적인 가격으로 제품을 판매하고 있다.

구두 높이, 볼 넓이 조절, 소재(가죽)를 자유롭게 선택할 수 있는 등 맞춤형 신발도 제작이 가능해 슈어홀릭들에게 인기를 얻고 있다.

- 영업시간 11:00~17:00 (토요일, 일요일 휴무)
- 청담 사거리 구찌 매장 뒷골목
- ☎ 02) 3442-7567

압구정동과 청담동 맛집

강가

'강가(Ganga)'는 정통 인도 레스토랑이다. 인기 메뉴로는 인도의 전통 향신료를 이용하여 절인 닭을 탄두(화덕)에 구워낸 탄두리 치킨과 탄두에 구운 인도의 전통 빵인 난, 신선한 토마토와 크림, 치즈로 만든 연한 치킨 카레, 치킨 마크니 등이 있다.

- 영업시간
  11:30~15:00, 17:30~22:00
- ☎ 02) 3444-3610

스모키 살룬

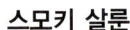

2005년에 오픈한 미국식 정통 수제버거 전문점인 스모키 살룬은 이태원에서 인기를 얻어 압구정에 진출한 매장이다. 대표 메뉴인 스모키버거는 철판에 구운 두툼한 패티에 바싹 구운 베이컨과 소스, 그리고 치즈가 함께 나온다.

- 영업시간 11:30~21:30
- ☎ 02) 518-9829

오리엔탈 스푼

동남아 음식을 전문으로 하는 캐주얼 레스토랑으로 요즘 전반적인 트렌드인 동양적인 아름다움에 맞춰 다양한 동남아 음식을 한자리에서 만날 수 있는 곳이다. 대표 메뉴로는 베트남 음식인 퍼와 차쪼, 태국의 톰얌쿵과 팟타이, 인도네시아의 나시고랭 등이 있다.

- 영업시간 11:30~23:00
- ☎ 02) 512-0916

보나세라

이탈리아의 문화와 패션, 예술과 음악을 한자리에서 만날 수 있는 새로운 개념의 정통 이탈리안 레스토랑으로 도산공원 맞은편에 위치해 있다. 샘&레이먼 쿠킹쇼로 알려진 샘 킴 셰프가 이곳에서 총괄 셰프를 맡고 있고, 드라마 〈파스타〉의 촬영지로 더 유명해졌다.

- 영업시간
  12:00~15:00, 18:00~23:00
- ☎ 02) 543-6668 / 543-8373~4

무이무이

'둘도 없다'는 유일무이에서 따온 이름이 재미나다. 압구정 시네시티 골목 안쪽에 자리하고 있는데 카페와 포차로 되어 있다. 1층 카페는 밀양 사과로 만든 소프트 애플비니거 음료, 한우 패티와 연근칩이 들어간 무이무이버거 등의 메뉴가 준비되어 있으며, 긴 쿠션과 테이블이 놓여 있는 2층 포차 옥외 테라스에서는 1층 정원과 탁 트인 밤하늘을 볼 수 있다. 경북 가천에서 직접 담근 막걸리와 2개의 가마에서 직접 구운 황토가마구이, 된장비빔밥, 쌀떡앙꼬 춘권튀김 등 퓨전 한식 안주를 제공하고 있다.

- 영업시간
  1층 카페 11:00~24:00, 2층 포차 18:00~04:00
- ☎ 02) 515-3981~2

와세다야

와세다야는 야키니쿠로 유명한 곳이다. 야키니쿠란 한국의 불고기를 일본인 입맛에 맞게 변형시킨 요리다. 이외에 우설구이도 유명한데, 고기 위에 다진 파와 참기름, 소금을 얹어 구운 우설구이는 달고 고소한 육즙이 입맛을 당긴다.
벌겋게 달아오른 숯불 위에서 뒤집지 말고 아래쪽만 익히는 것이 포인트. 부드럽게 시작해서 강한 뒷맛이 남는, 손님 취향에 맞는 사케를 주인이 추천해준다.

- 영업시간
  12:00~15:00, 18:00~01:00
- ☎ 02) 3443-0541

압구정동과 청담동 가는 길

🚇 3호선 압구정역

🚌 간선 143, 145, 147, 148, 240, 148, 240, 301, 342, 362, 401, 410, 440, 472, 640
　　지선 2411, 2415, 3011, 3219, 3414, 4212, 4318, 4412, 4419, 4431, 9407, 9507, 9607
　　좌석 6800, 9407, 9507, 9607
　　공항 6010
　　순환 41

서울이 주는 선물 2.

쇼핑

영등포 타임스퀘어
실내에 펼쳐진 또 하나의 도시

타임스퀘어는 단순한 쇼핑 공간을 넘어 백화점, 레스토랑, 서점, 멀티플렉스 등 모든 시설이 한곳에 모여 있는 복합문화공간이다.

영등포 타임스퀘어는 코트야드 메리어트호텔, 오피스 2개 동, 신세계백화점, CGV 멀티플렉스, 이마트, 교보문고, 아모리스 등이 입점해 상업·업무·문화·레저가 어우러진 새로운 도시형 엔터테인먼트 문화공간(Urban Entertaining Lifestyle Center)이다.

신세계백화점 명품관에는 20여 개의 최고급 명품 브랜드가 들어서 있고, 교보문고는 광화문점에 버금가는 규모다. CGV는 대규모 영화관과 공연장을 갖추고 있고, 아모리스 웨딩홀은 세계적으로 유명한 건축설계회사인 겐슬러가 참여했으며 최고의 시설을 갖추었다. 지하 2층에 있는 키즈테마파크 '딸기가 좋아'에는 수박기차, 놀이터, 책방, 미용실, 딸기카페 등이 있어 아이들과 함께 즐기기에 좋다.

타임스퀘어 1층 메인 아트리움은 약 1천 5백 제곱미터의 대형 공간을 옥상까지 개방하여 만든 공간이다. 실내에서도 하늘을 볼 수 있는 대형 통유리 지붕은 시각적으로 시원하고 확 트인 넓은 공간이 한눈에 들어올 뿐 아니라, 통유리 지붕을 통해 들어오는 자연광으로 언제나 쾌적한 쇼핑과 여가를 즐길 수 있다. 또한 아트리움 내 원형 무대에서는 주말마다 무료로 즐길 수 있는 인기가수의 공연이 펼쳐지는데, 기존의 타 쇼핑몰과는 차별화된 '웰메이드 세레나데'를 열어 많은 쇼핑객들의 찬사와 관심을 받고 있다.

타임스퀘어 5~6층에 있으며 탁 트인 공간을 자랑하는 하늘공원은 푸른 잔디 가운데 정자와 벤치가 여유롭게 마련되어 있어 쇼핑을 하면서 햇볕과 바람을 쐴 수 있는 휴식 장소로 손색이 없다. 이곳에서는 상영 예정 영화를 먼저 관람할 수 있는 이벤트도 열고 있다.

- 이용시간
10:30~22:00(영화관, 서점, 할인점, 백화점, 웨딩/컨벤션, 식당 등 각 매장별로 영업시간이 다름)
☎ 02) 2638-2000

신세계백화점

대형 명품관을 비롯한 5백여 개의 국내외 고급 브랜드가 입점해 있으며 젊은 감각이 돋보이는 곳이다. 이외에도 프리미엄 식품관과 다양한 교육 커뮤니티 강좌가 열리고 있는 신세계 아카데미가 있고, 원스톱 쇼핑 솔루션과 VIP 서비스를 제공하고 있다.

- 이용시간 10:30~20:00
- 1층 113호
- ☎ 02) 2639-1234

교보문고

타임스퀘어 내에 있는 교보문고는 17만 종, 35만 권의 방대한 양의 책을 구비하고 있다. 희귀 도서를 취급하는 프리미엄북스, 차를 마시며 책을 읽을 수 있는 북카페, 어린이 전용 공간인 키즈파크와 베이비카페, 곳곳에 비치되어 있는 독서대가 독자들에게 최적의 독서와 쇼핑 공간을 제공해준다. 이밖에도 북로케이션 시스템을 갖춰 더욱 편리하게 책을 찾을 수 있고, 북마스터 제도를 통해 일대일 맞춤 서비스도 제공하고 있다.

- 이용시간 10:00~22:00
- 2층 201호
- ☎ 02) 2678-3501

CGV 스타디움

12개의 상영관, 2천 7백 석 규모의 CGV 스타디움은 세계 최대 스크린과 채널 사운드를 갖추고 있어 웅장한 감동을 느낄 수 있다. 연인들을 위한 스위트박스, 특별한 날 특별한 경험을 제공하는 프리미엄 상영관 골드클래스 등 차별화된 공간을 통해 다양한 즐거움과 감동을 선사한다.

- 3층 303호, 4층, 5층
- ☎ 1544-1122

CGV 아트홀

CGV 아트홀은 513석 규모의 공연장으로 라이브콘서트, 뮤지컬, 공개방송 등 다양한 형태의 라이브 무대를 펼칠 수 있는 다목적 공연장이다.
개관 이래 뮤지컬 〈그리스〉를 비롯해 여러 가수들의 콘서트, 〈슈퍼스타 K〉와 〈보이스 코리아〉 경연 등이 이곳에서 펼쳐졌다.

- 이용시간 08:00~03:00
- 6층 601호
- ☎ 02) 2068-7886

아모리스

아모리스는 세련되고 감각적인 웨딩뿐만 아니라 클래식 공연이나 기업행사를 비롯한 여러 행사장 등으로 다양하게 활용될 수 있는 대규모 연회장이다. 세계적인 디자인회사의 설계로 지어진 아모리스 타임스퀘어점은 독특하고 화려하며 클래식한 콘셉트로 연출했다. 최대 6백여 명까지 수용 가능하고 야외 가든도 준비되어 있다.

• 5층 503호
☎ 1644-2677

코트야드 메리어트 호텔(Courtyard by Marriott Seoul Times Square)

현대적인 세련미와 우아함이 돋보이는 이곳은 4층부터 16층까지 총 12개 층에 걸쳐 첨단시설과 편안함을 제공하는 283개의 객실과 부대시설을 갖추고 있다.

5층에 있는 모모카페(MoMo Cafe)에서는 오픈형 주방에서 준비되는 신선한 요리를 즐길 수 있고, 4층에는 회의실이 있어 비즈니스 고객들이 편리하게 이용할 수 있도록 되어 있다.

• 5층 504호
☎ 02) 2638-3000

이마트

이마트 영등포점은 서남부 상권 최대 규모로 넓은 매장과 주차 공간, 편리한 서비스를 제공하고 있다. 스포츠 전문 매장인 스포츠 빅텐이 입점하고 있어 골프, 테니스, 자전거, 구기용품에 대해서 전문 상담을 받을 수 있다.

또한 국내 최대 규모의 와인 숍과 건강식품 매장, 친환경 매장, 수입주방 매장, DSLR 매장 등 테마형 전문 매장에서 다양하고 특색 있는 상품을 만날 수 있다.

- 이용시간
  식품관 24시간
  일요일 24시 마감, 월요일 10시 오픈
- B1층 154호
- ☎ 02) 3468-1234

코오롱 스포렉스

코오롱이 운영하는 스포츠센터다. Sports와 Rex(왕)의 합성어인 스포렉스는 운동하는 회원을 왕처럼 모시겠다는 의미를 담고 있다. 헬스, 골프, G/X, 요가 등과 사우나, 휴게 공간이 조화롭게 배치되어 있으며 국내 최대 규모를 자랑한다.

- 이용시간
  월요일~금요일 06:00~23:00
  토요일~일요일 07:00~21:00
  (2, 4주 일요일 휴무)
- 5층 501호
- ☎ 02) 2638-2800~11

타임 스퀘어 맛집

오리옥스

'동서양의 멋과 맛이 살아 숨 쉬는 곳'이란 의미를 담고 있는 오리옥스는 전 세계 다양한 메뉴를 선보이는 인터내셔널 스타일의 호텔식 뷔페 레스토랑이다. 고급스럽고 편안한 분위기와 세련된 인테리어로 많은 사람들의 사랑을 받고 있다.
돌잔치, 백일 등 가족연회를 위한 시설과 무대 동영상이 마련되어 있으며, 가족 모임이나 비즈니스 모임을 위한 다양한 스타일의 룸과 스크린, 프로젝트 등이 마련되어 있다.

- 영업시간
 평일 12:00~15:00, 18:00~22:00
 주말 11:30~15:30, 17:30~22:00
☎ 02) 2638-2525

한일관

한일관은 종로에 1939년 '화선옥'이란 이름으로 처음 영업을 시작해 1945년 '한국의 으뜸 식당'이라는 뜻을 담은 한일관으로 개명했다. 전형적인 서울 음식이라고 평가받고 있으며 탕평채, 구절판, 낙지볶음, 불고기를 함께 맛볼 수 있는 전통 구이 반상과 불고기 구이, 궁중비빔밥이 인기 메뉴다. 한일관 주방장의 추천 특선 요리를 맛볼 수 있는 점심 상차림도 빼놓을 수 없다. 일품식사, 구이류, 김치, 지짐류 등은 포장판매도 한다.

- 영업시간 11:30~22:00
☎ 1577-9963

영등포 타임스퀘어 가는 길

🚇 1호선 영등포역
2호선 문래역
5호선 영등포시장역

🚌 간선 160, 462, 503, 600, 605, 640, 661, 662, 670, 760
지선 5616, 5625, 5714, 6628, 6629, 6630, 6637, 6638, 6640, 6654
좌석 300, 301, 320, 700, 830, 870, 871, 1082, 1500, 2500, 9000, 9030, 9408, 9707
일반 2, 5, 5-1, 11-1, 60, 60-1, 60-3, 69, 70-3, 88
공항 6008
마을 영등포03, 영등포04, 영등포05

☎ 02) 2638-2000

강남 몰링의 대표
삼성동 코엑스

글로벌 비즈니스의 메카이자 아시아 최대의 지하 쇼핑 공간이 있는 코엑스의 야경.

한국 종합무역센터는 교통과 통신, 첨단 비즈니스 인프라를 두루 갖춘 글로벌 비즈니스의 메카이자 아시아 최고의 전시·문화·관광의 명소다. 무역회관, 종합전시장(COEX), 도심공항터미널, 그랜드 인터콘티넨탈호텔, 현대백화점 등이 가까이에 모여 있어 각종 무역 업무를 한곳에서 처리할 수 있다.

지상 55층, 지하 2층의 무역회관에는 한국 무역협회를 비롯한 20여 개의 수출입 관련 기관과 250여 개의 무역회사들, 금융기관 등이 들어

한국 무역협회, 대한무역투자진흥공사(코트라), 한국 수출보험공사 등 주요 무역 관련 기관이 입주해 있는 무역센터와 반디앤루니스, 아쿠아리움, 김치박물관, 음식점, 음반판매점, 아트 숍, 멀티플렉스 영화관 메가박스 등이 입점해 있는 코엑스몰.

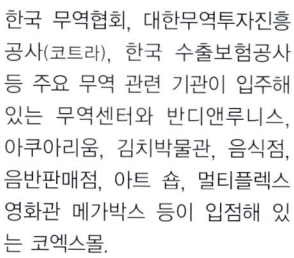

서 있다.

한국 종합전시장은 12개의 전문 전시실과 61개의 회의실로 이루어져 있다. 이곳은 국제 비즈니스를 위한 종합적인 지원체제를 갖추고 연간 150여 차례의 전문 전시회, 각종 국제회의와 이벤트를 개최하는 한편, 해외 유수의 바이어와 국내 수출입 업체를 직접 연결시키는 등 교역 증대 역할을 하고 있다.

컨벤션센터 회의실에 있는 아셈홀은 국가 정상 고위급 회의나 소규모 국제회의를 하는 곳으로 16개 언어의 동시통역이 지원 가능하다.

지하철 2호선 삼성역과는 지하도로 연결되어 있어 교통이 편리하고 김포공항에서는 약 40분, 인천공항에서는 약 1시간 30분 정도가 소요된다.

코엑스몰

아시아 최대의 지하 쇼핑 공간이다. 공간의 크기에 비해 비교적 동선이 간단한 편으로 지하철 2호선 삼성역에서 북쪽 출구인 아셈타워까지 메인 도로만 따라가면 된다.

각종 공연이 펼쳐지는 행사마당, 2백만 권이 넘는 국내외 서적을 구비한 초대형 서점 반디앤루니스와 유명 레저스포츠 브랜드가 입점된 레포츠몰, 총 16개의 상영관을 갖춘 복합영상관 메가박스, 그리고 터널형 수족관인 코엑스 아쿠아리움 등을 볼 수 있다. 이외에도 컨벤션센터 지하에 위치한 김치박물관에서는 한국 김치의 다양한 전시와 시식 프로그램도 진행하고 있다.

- 이용시간 10:00~20:00
- ☎ 02) 6002-6200

코엑스 아쿠아리움

코엑스 아쿠아리움은 650여 종 4만여 마리의 수중생물이 전시된 초대형 해양 테마파크다. 기존의 나열형 전시방법에서 벗어나 실제 공간의 느낌을 살려 실감나는 바다여행 체험이 가능하도록 꾸며져 있는 국내 최초의 체험형 수족관이다.

이곳은 우리터 우리 물고기를 비롯해 아마조니아월드, 맹그로브와 해변, 오션킹덤, 해양포유류존, 딥블루광장, 해저터널 등의 구역으로 나뉘어져 있어 다양한 수중 생태계를 경험할 수 있다.

코엑스 아티움

코엑스 아티움은 한국 무역협회와 코엑스가 2009년에 공동으로 설립한 808석 규모의 뮤지컬 전문 공연장으로 코엑스몰 초입에 위치하고 있다.

코엑스를 방문한 외국인 바이어는 물론, 다양한 방문객들의 취향을 만족시키는 수준 높은 연극이나 뮤지컬 공연을 선보이고 있다. 코엑스 홈페이지 (www.coex.co.kr)에서 공연 일정을 미리 확인하고 방문하는 것이 좋다.

☎ 02) 738-8289

코엑스 아티움 하늘정원

코엑스 아티움 6층에 자리한 탐앤탐스 커피숍 야외 테라스인 하늘정원은 연극 공연을 기다리는 동안 멋진 서울 풍경을 감상할 수 있는 곳이다.

☎ 02) 6002-1599

피아노분수광장

삼성역 지상 입구에 위치한 피아노를 형상화한 피아노분수광장에서는 하루에 8번, 회당 40분 동안 분수쇼가 진행되는데, LED 조명과 전광판, 분수, 안개, 음향이 복합적으로 연출되는 화려한 멀티 분수쇼이기 때문에 야간에 보면 더욱 아름답다. 이곳에서는 다양한 장르의 문화예술 공연이 열리기도 한다.

[피아노분수 운영시간]
1회 12시, 2회 14시
3회 15시, 4회 17시
5회 18시, 6회 19시
7회 20시, 8회 21시

G20정상회의광장

피아노분수광장 바로 옆에 있는 G20정상회의광장 역시 야간 정취가 아주 멋진데, 바닥에 설치된 화려한 LED 조명과 유명 인사들의 이름이 적힌 화려하게 빛나는 미디어폴은 가는 길도 돌아오게 만들 만큼 매력적이다. 이곳에는 낮에 태양광으로 발전한 에너지를 저장하여 야간에 LED 조명으로 활용하는 LED 태양광 가로등이 설치되어 시각적인 아름다움뿐만 아니라 친환경적인 공원의 역할도 하고 있다.

갤러리 아쿠아

코엑스 아쿠아리움 옆에 있는 갤러리 아쿠아는 신진 작가들에게 전시 공간을 무상으로 임대해 주고 홍보활동을 지원하는 열린 갤러리다. 수천 명이 오가는 코엑스의 다른 전시회와 달리 작은 공간에서 진행되는 소규모 갤러리이지만, 다양한 주제의 전시회를 열고 있으며 무료로 감상할 수 있다.

- 이용시간 10:00~18:00
- ☎ 02) 6002-6200 (내선번호 137)

메가박스

16개 상영관, 4천 218석 규모의 국내 최대 영화관이자, 국내 최초의 스타디움 상영관인 코엑스 메가박스는 연 관객수 4백만 명 이상으로 아시아 최고 영화관으로 선정되기도 하였다. VIP 시사회, 제작발표회, 레드카펫 등 다양한 영화 관련 행사가 열리고 있고, 유럽영화제(MEFF), 일본영화제(MJFF) 등을 열어 다양한 장르의 영화를 선보이고 있다. ☎ 1544-0700

반디앤루니스

2백만 권에 이르는 서적량과 방대한 DB, 편안하게 책을 읽을 수 있는 독서 공간 등 외적인 시설 확충은 물론 인터넷을 통한 일대일 도서 맞춤 서비스를 제공하고 있다.

- 이용시간 09:30~22:30
- ☎ 02) 6002-6002

코엑스 링코

코엑스 안에 있는 문구, 사무용품 전문 매장으로 서로 연관성 있는 다양한 상품을 판매한다.

문구, 팬시, 컴퓨터 소모품 등의 사무용품뿐 아니라 출력, 제본, 카피, 꽃배달 등의 서비스 상품도 제공하고 있다.

- 이용시간 09:00~22:00
- ☎ 02) 6002-6700

김치박물관

김치에 관련된 각종 정보를 수집하고, 학술활동을 통해 전문적인 정보를 모으는 역할을 하면서 대외적으로는 세계 언론을 통해 한국의 김치문화를 세계에 알리는 역할을 하고 있다.

박물관 내부는 김치의 역사와 변천사를 알려주는 상설전시실이 있는 Section 1, 동영상이나 시식 체험을 할 수 있는 Section 2, 그리고 교육실과 자료실 등이 있는 Section 3로 구성되어 있다. 풀무원에서 운영하고 있는 서울시 등록 전문박물관이다.

- 이용시간 10:00~18:00
  (마감 30분 전까지 입장완료)
- 월요일, 명절 휴관
- ☎ 02) 6002-6456

삼성동 코엑스 맛집

토다이

토다이는 1985년 미국의 산타모니카에서 문을 연 이래 미국뿐만 아니라 중국, 홍콩 등 세계 여러 나라에 매장을 가지고 있는 글로벌 프랜차이즈 레스토랑이다. 해산물 위주의 건강식을 모토로 다양한 종류의 스시와 롤을 제공하여 고객들의 오감을 만족시켜주고 있다.

- 영업시간 11:30~23:00
- ☎ 02) 551-5000

벤또랑

벤또랑은 오픈형 주방에서 주문 즉시 요리를 해준다. 혼자 가더라도 서먹하지 않은 일본식 수제 도시락 집으로, 보는 즐거움과 맛보는 즐거움을 동시에 느낄 수 있는 곳이다. 한 끼 때우고 마는 도시락이 아닌 건강을 고려해 재료를 푸짐하게 넣은 양질의 수제 도시락을 맛볼 수 있다.

- 영업시간
  월요일~토요일 11:00~21:30
  일요일 11:00~20:30
- ☎ 02) 2016-7711

델리

델리는 1984년 압구정 로데오 거리에 오픈, 국내 최초로 커리와 필라프를 선보인 후 지금까지 변치 않는 맛을 지켜온 커리 선분섬이다. 델리 특유의 육수에 20여 종의 스파이스와 허브, 갖가지 채소와 과일, 그리고 와인으로 맛을 낸다.

- 영업시간 10:00~22:00
- ☎ 02) 2016-5599

松

현대백화점 무역센터점 9층에 있는 송은 계절에 관계없이 30분 이상 긴 줄을 서야만 먹을 수 있는 메밀국수 집이다. 기다리기 지루할 때는 대기표를 뽑은 후 백화점을 한 바퀴 둘러보고 오면 식사 시간을 맞출 수 있다. 손님들이 많기 때문에 번호를 놓치면 다시 뽑아야 한다. 쟁반메밀국수가 이곳의 대표 메뉴다.

- 영업시간 11:30~22:00
- ☎ 02) 566-0606

라그릴리아(LAGRILLIA)

이탈리안 레스토랑으로 음식에 사용되는 모든 신선한 재료들을 숯불을 이용한 그릴에 한번 구운 후 제공되기 때문에 맛이 담백하고 깔끔하다.
비프온더스톤은 테이블에서 즉석으로 스테이크에 불을 붙여주는 화려한 볼거리를 자랑하는 라그릴리아의 대표 메뉴다.
국내 청정 지역에서 채취한 천연석을 5시간 이상 뜨겁게 달구어 나온 돌 속의 미네랄과 스테이크가 어우러져 만드는 풍부한 향, 육즙, 소리를 오감으로 느낄 수 있다.
식사 후에는 20여 가지의 핸드메이드 디저트가 준비되어 있어 상큼하고 담백한 디저트를 골라 먹을 수도 있다.

- 영업시간 12:00~23:00
- ☎ 02) 553-9192

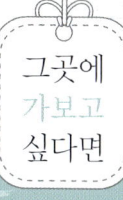

삼성역
피아노분수광장
코엑스 아티움   G20정상회의광장
라그릴리아
갤러리 아쿠아
코엑스   그랜드
아쿠아리움 반디앤루니스   인터컨티넨탈호텔
   메가박스   링코
       토다이   현대백화점, 松
           델리 벤또랑

삼성동 코엑스 가는 길

 2호선 삼성역

🚌 간선 143, 146, 301, 333, 341, 342, 362, 401, 640, 740
   지선 2413, 2415, 3217, 3411, 3412, 3414, 3417, 3418, 4318, 4419
   좌석 1100, 1700, 2000, 6900, 7007, 8001, 9407, 9414, 9507, 9607
   공항 6000, 6006, 6103, 6704
   마을 강남01, 강남06, 강남07

☎ 02) 6000-0114

롯데백화점
관광 명소 명동에 자리한

해외 관광객들로 북적이는 명동에 자리한 롯데백화점 명품관 에비뉴엘.

롯데백화점에서 운영하는 에비뉴엘(AVENUEL)은 을지로 입구에 위치한 '가든&갤러리' 콘셉트의 명품 백화점이다. 롯데백화점 본점과 연결되어 있으며, 해외 패션 브랜드와 보석 브랜드 매장만이 입점해 있는 백화점이다. 따로 포토존이 만들어져 있을 정도로 독특한 인테리어로 꾸며져 있다.

지하 1층부터 5층까지는 샤넬, 구찌, 루이비통 등의 명품 매장이 들어서 있으며, 6층부터 8층까지는 롯데시네마가 자리하고 있다. 9층에는 레스토랑, 10층에는 피부 클리닉센터 등이 있어 쇼핑도 즐기고 다양한 서비스도 받을 수 있다.

롯데백화점 본점 8층에 있는 에코숍에서는 친환경 소재로 만든 의류, 잡화, 문구류를 판매한다. 값은 다소 비싼 편이지만 아이들에게 안전한 제품을 사주고 조금이나마 환경을 생각하는 물건을 구입할 수 있다는 점에서 소비자의 호응이 이어지고 있다.

관광객들이 많이 찾는 지역적 특성을 고려해 외국인 관광객들을 위한 서비스도 제공하고 있다. 지하 1층 안내데스크에서는 영어, 일어, 중국어로 기본 통역을 비롯해 쇼핑 정보, 면세품, 세금환급 등을 안내받을 수 있고, 지하 1층과 7층에서는 환전 서비스도 받을 수 있다. 12층, 14층에는 다양한 테마의 예술작품을 상설전시하고 있는 갤러리가 있다.

롯데백화점 에비뉴엘 바로 옆에 있는 롯데 영플라자.

한국을 대표하는 스타들을 소개하는 롯데백화점 스타에비뉴. 이곳은 일본 관광객들에게는 필수 관광코스로 유명한 곳이며, 한류를 빛낸 스타들의 대형 브로마이드와 포스터, 핸드프린팅 등을 볼 수 있다.

- 이용시간
  본점 10:30~20:30
  에비뉴엘 10:30~20:00
- ☎ 02) 771-2500
- 🚇 1, 2호선 시청역
  2호선 을지로입구역 지하통로 연결
  4호선 명동역
- 🚌 간선 143, 151, 152, 202, 261, 262, 405, 500, 702A, 702B
  지선 1711, 7011, 7013A, 7013B, 7016, 7017, 7018, 7021, 7022, 8000
  좌석 1150, 2500, 5000, 5005, 5007, 5500, 5500-1, 5500-2, 5500-3, 8100, 8600, 9000, 9301, 9401, 9401B, 9701, 9710, M4101, M4102, M4108, M5107, M5115
  일반 111, 1002
  공항 6001, 6002, 6005, 6015, 6701
  순환 05, 90S투어, 91S투어
  마을 종로09, 종로11

쇼핑과 예술이 어우러진
신세계백화점

우리나라 최초의 근대 유통 구조를 도입한 신세계백화점 본점.

신세계백화점은 1960년대 초, 근대 백화점의 개념을 처음 도입하고 최초의 직영 체제를 확립한 곳이다. 신세계백화점 본점은 신세계의 전통과 가치를 대변하는 상징적인 장소인데, 국내 최초의 백화점인 미츠코시 경성지점이 있던 자리로 고풍스런 건물이 역사를 보여준다. 지난 2007년 리모델링 공사를 거쳐 현재는 문화공간을 표방한 명품관으로 자리하고 있다.

이곳에서는 명품 브랜드인 에르메스, 샤넬, 루이비통을 비롯해 신세계가 단독으로 선보이는 조르지오 아르마니 블랙라벨, 데님마니아, 슈즈홀릭 등 다양한 명품 브랜드를 만나볼 수 있다. 차별화된 쇼핑 서비스를 위해 5층에는 편집 매장 분더숍&컴퍼니(BOONTHESHOP & COMPANY)를 운영한다. 우리나라 편집 매장의 원조라 할 수 있는 분더숍에서는 젊은 브랜드와 신진 디자이너의 브랜드를 소개하고 있다.

이곳의 서비스는 쇼핑에서 멈추지 않고 문화와 어우러진 공간에서도 차별화된다. 6층 트리니티가든은 세계적 거장들의 예술작품이 전시된 조각공원으로 유명하다. 미국 출신의 작가 제프 쿤스, 모빌의 창

시자인 알렉산더 칼더, 여성, 새 등을 상징화한 형상에 음각으로 선을 넣은 특징을 가진 호안 미로의 작품이 있고, 청계천광장의 〈스프링〉으로 유명한 클래스 올덴버그, 〈거미〉의 작가 루이스 부르주아, 영국 조각의 아버지 헨리 무어의 작품도 전시되어 있다. 조각작품들 사이로는 물이 흐르고 곳곳에 벤치가 놓여 있어 쇼핑 후 작품을 감상하며 휴식을 취할 수 있다.

트리니트가든뿐만 아니라 지하 1층에서 6층까지 엘리베이터 홀과 아트월이 신개념 복합 갤러리로 되어 있어 각 층마다 다른 콘셉트의 작품을 감상할 수 있다. 전통과 현대가 조화를 이룬 작품들을 통해 쇼핑 공간을 넘어 휴식을 주는 문화공간으로 꾸며놓았다.

- 이용시간 10:30~20:00
  식당가 10:30~22:00
- 1588-1234
- 1, 2호선 시청역
  4호선 회현역 7번 출구 지하통로 연결
- 간선 100, 103, 104, 105, 143, 202, 401, 406, 502, 504
  지선 1711, 7011, 7013A, 7013B, 7016, 7017, 7019, 7021, 7022, 8000
  좌석 1150, 2000-1, 2500, 5000, 5005, 5007, 5500, 5500-1, 5500-2, 5500-3,
     8100, 8600, 8880, 9000, 9301, 9401, 9401B, 9701, 9710, M4101, M4102,
     M4108, M5107, M5115
  일반 1002
  공항 6001, 6005, 6015, 6701
  순환 02, 03, 05, 90S투어, 91S투어
  마을 종로09, 종로11

현대백화점

패션의 중심 압구정동에 위치한

압구정동의 최신 트렌드와 다양한 문화센터, 각종 서비스를 제공하고 있는 현대백화점 압구정본점.

강남 패션의 중심 압구정동에 위치한 현대백화점 압구정본점은 국내 최고의 명품 브랜드로 구성된 쇼핑 공간이다. 우수한 브랜드로 구성된 상품을 비롯해 문화센터 등 다양한 시설과 서비스를 고객들에게 제공하고 있다.

고급스런 인테리어와 상품 구성으로 구매력 높은 40~50대 중장년층에게 꾸준히 사랑받아왔는데, 20~30대 젊은층을 겨냥해 파격적인 매장 리뉴얼을 시도해 좀 더 젊어진 모습으로 고객들을 맞이한다.

특히 지하 2층은 천장에 환기구와 마감재를 그대로 드러내며 현대적인 멋을 살려 꾸며졌는데, 천장만 보면 홍대 클럽이 떠오른다. 백화점은 밝고 깔끔해야 된다는 고정관념을 깨고 젊은층이 선호하는 카페나 클럽에서 유행하는 인더스트리얼(공장풍) 인테리어로 연출했다.

2층 명품 매장은 멀버리, 드리스 반 노튼, 클로에 등 30대가 선호하는 브랜드 중심으로 되어 있다.

6층 하늘정원은 눈에 띄는 공간으로 현대백화점 압구정본점만의 특징이 잘 드러나 있다. 젊은 주부들의 모임 장소나 여성 고객들의 쉼터로 인기 있는데, 사방이 막혀 답답한 서울에서 하늘을 볼 수 있는 정원이다. 넓은 잔디밭과 곧게 자란 대나무, 자작나무로 꾸며져 휴식 공간으로 부족함이 없으며, 여름에는 노천카페를 운영해 은은한 커피향과 함께 여유로운 시간을 보낼 수 있다.

- 이용시간 10:30 ~ 20:00
- 월 1회 휴무
- ☎ 02) 547-2233
- 🚇 3호선 압구정역 6번 출구 지하통로 연결
- 🚌 간선 141, 143, 147, 148, 240, 301, 342, 362, 440, 472
  지선 2411, 3011, 4318, 4412, 4419
  직행 6800, 9407, 9507
  공항 6010

서울을 대표하는 종합시장
남대문시장

다양한 먹거리와 쇼핑의 즐거움이 있는 남대문시장. 이곳에서는 없는 물건 찾기가 더 쉽다는 말이 있을 정도로 다양한 물건이 판매되고 있다.

남대문시장은 아동의류, 여성의류, 남성의류를 비롯한 섬유제품, 주방용품, 선물용품, 민예품, 토산품, 식품, 수입상품, 일용잡화, 액세서리 등 일상생활에 필요한 모든 상품을 취급하는 국내 최대의 종합재래시장이다. 주요 취급 품목은 의류인데, 특히 아동복은 전국 아동복 시장의 90퍼센트 이상을 차지하고 있다.

국내에서 가장 다양한 품목을 취급한다고 알려져 있는 남대문시장의 최대 장점은 상품의 가격이 싸다는 점이다. 그 이유는 각 점포가 규모는 작지만, 직접 상품을 생산하고 판매하는 독립된 업체로 생산자와 소비자가 직접 연결되는 유통구조 때문이다.

 밤 11시에 개점하여 새벽 4시가 되면 전국의 소매상들이 성시를 이루어 한국인의 부지런함을 보여주는 광경은 지구촌 어느 나라에서도 찾아보기 어려울 만큼 이색적이다. 품질 좋고 저렴한 쇼핑을 즐길 수 있는 곳, 맛있는 먹거리가 있어 쇼핑의 즐거움을 더해주는 남대문시장은 이제 외국인들도 꼭 찾게 되는 세계적인 쇼핑 명소다.

인삼 상가

인삼 상가는 남대문시장 중앙통 양쪽 80여 미터에 걸쳐서 20여 개 점포들이 나란히 있으며, 남대문극장 빌딩 2층 인삼유통센터에 7개 점포가 입주해 있다.

이곳에서는 수삼을 비롯하여 인삼차, 분말, 정과 등의 인삼 가공 제품을 팔고 있다. 그밖에도 한국인삼공사의 홍삼 제품, 꿀, 영지, 전통차, 현미, 율무, 야채효소 등 인삼 관련 제품과 건강식품도 함께 취급한다. ☎ 02) 752-1012

정관장 남대문로 본점

정관장은 세계 60여 개국에 수출되고 있는 한국 고유의 홍삼 브랜드다. 6년근 홍삼으로 만든 건강기능식품으로 유명한 정관장은 미국, 일본, 홍콩, 대만 등 8개국에 매장을 두고 있을 정도로 해외에서도 유명하다.

정관장 남대문로 본점은 관광명소인 남대문시장과 가까워 많은 외국인 관광객들이 즐겨 찾고 있다. 홍삼농축액, 뿌리삼 제품, 홍삼캔디, 홍삼초콜릿 등이 판매되고 있다.

☎ 02) 774-2304

삼익패션타운

삼익패션타운은 지하 5층, 지상 10층의 규모로 총 1천 5백여 개의 점포가 입점해 있는데, 특히 이곳은 1층 아동복 매장인 서울 원아동복과 6층 구두 매장이 유명하다.

한 건물에 숙녀복, 아동복, 남성복, 구두, 잡화 등 토탈 아이템과 전문 식당가, 휴게시설을 갖추고 있어 지방에서 올라오는 도소매 상인뿐만 아니라 실속파 소비자들도 편리하게 쇼핑을 즐길 수 있다.

☎ 1566-4578

남대문 문구, 미술용품 상가

남대문시장 입구 1번 게이트 쪽, 숭례문 수입상가 쪽에는 문구와 미술용품을 파는 가게가 모여 있다.

이곳은 도매와 소매 비율이 6대 4 정도인데, 일반 소비자에게 팔리는 가격도 시중보다 저렴하다. 화방동에서 화방용품이나 문구류를 대량으로 구입하면 5~10퍼센트 더 싸게 살 수 있다. 일요일에는 알파문구를 제외한 모든 상가들이 휴무다.

남대문 안경 상가

남대문시장에는 150여 곳의 안경 도소매점이 밀집해 있는데, 이곳의 안경 유통량은 전국 유통량의 50퍼센트 이상을 차지하고 있다. 안경점 가운데 규모가 큰 곳에서는 자체 브랜드를 직접 생산·판매도 하며, 그렇지 않은 경우에도 하청공장과 직거래하므로 일반 소비자도 시중가보다 30~50퍼센트 정도 싸게 살 수 있다.

액세서리 상가

남대문시장의 액세서리 상가에는 한 품목만 전문으로 파는 점포가 많으며 머리핀, 목걸이를 비롯해 의류, 모자 등에 사용되는 모든 종류의 액세서리를 판매한다. 대도상가 E동 2층 렝땅액세서리에서는 독특한 수제 액세서리를 소매로도 구입할 수 있다.

숭례문(남대문) 수입상가

숭례문 근처에 위치한 숭례문 수입상가는 외국여행이 자유롭지 못한 시절부터 세계 각국의 물품이 거래되었던 곳이다. 현재에도 세계 유명 제품을 현지보다 싼 가격에 판매하고 있다.

- 이용시간 08:00 ~ 19:00(일요일 휴무)
- ☎ 02) 753-2805

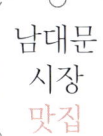

갈치조림 골목

호남식당

TV 맛집 프로그램에 여러 번 소개된 식당. 이곳을 방문한 사람들뿐만 아니라 남대문 상인들도 즐겨 찾고 있다. 국내산 갈치로 조리한 칼칼한 맛의 갈치조림과 양념이 잘 배어 있는 부드러운 무 맛이 일품이다.

☎ 02) 775-5033

전주식당

40여 년을 이어온 갈치조림 식당. 일본에도 소개되어 많은 일본인들이 방문하는 곳이기도 하다. 주인 할머니의 푸근한 정이 느껴지는 맛집이다.

☎ 02) 756-4126

칼국수 골목

회현역(남대문시장) 6번 게이트에서 10미터 정도 들어오면 좌측에 비닐로 된 문이 보이는데, 그 문을 열고 골목 안에 들어서면 20여 곳의 맛깔스러운 칼국수 맛집들이 옹기종기 모여 있다. 칼국수를 시키면 삶은 달걀이 얹혀진 새콤달콤한 비빔냉면이 서비스로 제공되고, 보리밥을 시키면 칼국수에 비빔냉면까지 나와서 푸짐하게 먹을 수 있다.

한순자손칼국수 ☎ 02) 777-9188
형제분식 ☎ 02) 773-2848
민속식당 ☎ 02) 752-9113
남해식당 ☎ 02) 319-7245

남대문 막내회집

남대문 막내회집은 남대문 상인들이 손꼽는 맛집으로, 두툼하고 싱싱한 회로 유명한 곳이다. 양념이 잘 배인 푹 익은 무와 함께 나오는 고등어조림과 다른 반찬도 맛깔나다.

• 영업시간 11:00~24:00
☎ 02) 755-5125

은호식당

남대문시장에 좌판을 펴고 꼬리곰탕을 만들기 시작해서 지금까지 3대에 걸쳐 그 맛을 꾸준히 이어 오고 있다. 꼬리곰탕 이외에도 도가니탕, 설렁탕, 수육 등을 맛볼 수 있다.

• 영업시간 06:00~22:00
☎ 02) 753-3263

부원면옥

남대문시장에서 50여 년간 자리를 지켜온 평양냉면집으로 이북이 고향인 어르신들이 많이 찾는 곳이다. 노릇노릇하게 잘 구워낸 녹두빈대떡과 깔끔한 육수가 입맛을 살려주는 평양냉면은 이 집의 자랑이다.

• 영업시간 11:00~21:00
☎ 02) 753-7728

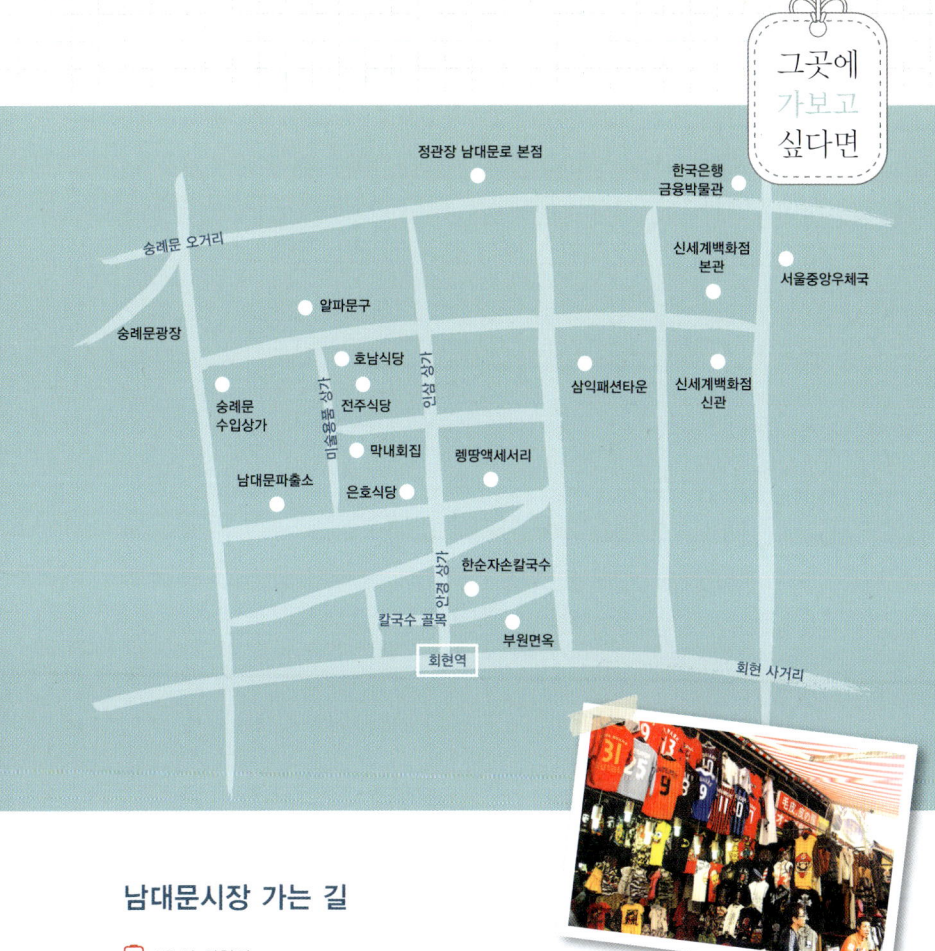

남대문시장 가는 길

🚇 4호선 회현역

🚌 간선 104, 105, 263, 402, 405, 421, 503, 505, 507, 604
　　지선 7011, 7013A, 7013B, 7017, 7021, 7022, 1711, 7016, 7019
　　좌석 1000, 1100, 1150, 1200, 1900, 2000-1, 2500, 5007, 8100, 8600, 8880, 9001,
　　　　 9003, 9300, 9301, 9401, 9703, 9709, 9714, 9401B, M4101, M4102, M7106
　　일반 1002
　　공항 6001, 6015, 6050, 6701, 6702
　　순환 02, 03, 05, 90S투어,
　　마을 종로09, 종로11, 서대문06

국제적인 패션 명소
동대문시장

　서울 흥인지문(통칭 동대문)은 보물 제1호이며 수도 서울의 동쪽 관문이자 태조 이성계가 수도를 보호하기 위하여 도성을 축성할 때 함께 세운 문이다. 1396년(태조 5년) 9월에 세워지고, 1453년(단종 1년)에 중수되었으며, 1869년(고종 6년)에 전적으로 개축(조선 후기의 건축양식이 잘 나타나 있음)하여 오늘에 이르게 되었다.

　중앙에 홍예문을 두고 정면 5칸, 측면 2칸으로 문루를 세워 지은 2층 건물로 서울의 8대문 중 유일하게 바깥으로 성문을 보호하기 위해 옹벽을 쌓았다. 대문 주위의 성벽은 모두 헐리고 옹벽과 문만 남아 있다.

예전에는 차도 한가운데에 동대문만 있었는데 주변에 녹지광장을 만들고 포토아일랜드를 설치하는 등 바로 앞에서 관람할 수 있도록 꾸몄으며, 인근에 동대문 패션타운 등이 있어 많은 이들이 찾고 있다. 특히 패션타운의 화려한 조명과 대조적으로 흥인지문의 은은한 아름다움이 조화를 이루어 야간 사진촬영 장소로 각광받고 있다.

동대문성곽공원

☎ 02) 2236-9135 동대문관광안내소

동대문시장

동대문시장이라고 하면 예전에는 광장시장이 있는 종로 4~5가를 이르는 말이었지만, 이제는 청계천로 좌우로 형성된 시장 전체를 동대문시장이라고 한다.

1990년대 이후 재래시장 건너편에 밀리오레, 두산타워 등 소매를 중심으로 하는 대형 쇼핑몰이 생겨나면서 상권이 더욱 커졌다.

동대문 패션타운은 낮이나 밤이나 쇼핑하는 사람, 지방 상인, 외국인 여행자들로 북적거린다.

동대문 밀리오레

동대문의 대표적인 종합 패션 쇼핑몰. 1990년대 이후 동대문시장이 현대화되면서 대형 패션몰들이 생겨났는데 동대문 밀리오레도 그중 하나다. 이곳의 주 고객층은 고객의 80퍼센트를 차지하고 있는 10대들이다. 그만큼 10대 감각에 맞는 최신 유행의 옷들이 매장을 가득 채우고 있다. 다양한 제품, 저렴한 가격이라는 재래시장의 장점과 깨끗하고 현대적인 건물, 다양한 부대시설이라는 백화점의 장점을 두루 갖추고 있는 패션몰이다.

한자리에서 모든 것을 해결할 수 있는 원스톱 쇼핑 공간을 지향하는 동대문 밀리오레.

- 이용시간 10:30~05:00
- 일요일은 23시까지 영업
  공휴일은 정상 영업
- ☎ 02) 3393-0001

동대문종합시장 · 쇼핑타운

오랜 역사와 전통을 자랑하는 동대문종합시장은 한국의 대표적인 시장이다. 동대문종합시장은 A, B, C, D동 및 쇼핑타운, 총 5개 동으로 이루어져 있으며 원단류, 의류 부자재, 액세서리, 혼수용품 등을 전문으로 취급하는 4

천 3백여 개의 상가가 밀집해 있다. 특히 원단류와 의류 부자재 시장은 국내외 최신 원단과 의류 부자재를 실시간으로 보급하고 있으며 최대 물량을 보유하고 있어 국내 유수의 패션업체는 물론 해외업체들이 반드시 들르는 국제적인 패션타운으로 성장하였다. 일반 소비자들은 대형 쇼핑몰을 많이 이용하고 있지만, 이곳엔 아직도 옛 정서를 간직한 시장의 모습이 남아 있다.

- 이용시간
  원단류, 의류 부자재 08:00~18:00
  혼수용품 08:00~19:00
- 일요일, 명절 휴무
- ☎ 02) 2262-0114

동대문종합시장 액세서리 상가

단일 시장으로 동양 최대 규모인 동대문종합시장 내에 위치한 액세서리 매장은 수공예 액세서리 작가들에게는 중요한 곳이다. 이곳보다 많은 종류의 액세서리 부자재가 갖춰진 곳이 없기 때문에, 국내 유명 수공예 액세서리 작가들의 작품들이 만들어지는 곳이라고 할 수 있다. 리본, 코사지, 비즈 등 다양한 액세서리와 부자재들을 저렴한 가격에 구입할 수 있으며, A동과 B동의 5층에 있다.

- 이용시간
  08:00~18:00
- 일요일, 명절 휴무
- ☎ 02) 2262-0114

다양한 액세서리 부자재들을 고르며 판매상들에게서 만드는 방법까지 조언을 들을 수 있고, 완제품도 저렴하게 구입할 수 있다.

평화시장

평화시장은 한국전쟁 당시에 피난 온 실향민들이 청계천 5, 6가에 판자촌을 형성하고 재봉틀 한두 대로 옷을 만들거나 미군복을 염색이나 탈색해 팔기 시작하면서 형성되었다. 평화시장이 저렴한 가격과 좋은 품질로 전국적인 명성을 얻게 되자 인근에 신평화시장, 동평화시장, 청평화시장 등 '평화'라는 단어를 사용하는 상가가 생겨나기도 했다.

- 이용시간 22:00~18:00
- 02) 2265-3531

신평화패션타운

신평화패션타운은 한국 의류산업의 중심지인 동대문시장에서 30여 년의 전통을 자랑하고 있다. 동남아, 중남미, 유럽, 러시아 등 많은 외국 바이어들과 관광객들이 찾는 쇼핑과 관광 명소이기도 하다.

　1천 2백여 개의 점포가 영업 중인데 직접 디자인과 생산을 하는 곳이 많아 유행을 선도해 동대문

- 이용시간
  지하~1층 24시간
  2~4층 22:00~12:00
- 02) 2253-0714

패션시장을 대표하는 상가로 거듭나고 있다. 특히 1층의 언더웨어 상가는 전국에서 가장 큰 도매 상가로 유명하다.

02) 2253-0714

두산타워(doota)

두타는 디자이너 숍, 셀렉트 숍, 브랜드관, 명품관뿐만 아니라 카페&다이닝 같은 부대시설을 갖추고 있어 편리한 원스톱 쇼핑 환경을 제공하고 있다. 10대에서 30대까지 주 고객을 이루고 있으며 매년 1백만 명 이상의 외국인들이 이곳을 찾고 있다.

디자이너 지망생들에겐 꿈의 무대인 '두타벤처디자이너 컨퍼런스'를 통해 젊고 능력 있는 신진 디자이너를 선발하고, 두타 지하 1층에 매장 운영의 기회를 제공하여 신진 디자이너를 육성하고 있다.

- 이용시간 10:30~05:00
- 일요일은 23시까지 영업
  공휴일은 정상 영업
- ☎ 02) 3398-3114, 2386

서울 광장시장

우리나라 최초의 상설시장이다. 주거래 품목으로는 주단, 포목(한복), 직물(양복, 양장지), 여성의류, 커텐지, 침구, 수예, 나전칠기, 주방용품, 수입품, 청과, 건어물, 제수용품, 생선, 정육, 야채 등이 있다.

많은 거래 규모를 자랑하는 종합적인 시장이라 할 수 있는데, 특히 다양하고 질 좋은 한복을 구입할 수 있는 혼수한복의 메카로 알려져 있다.

최근 전통 시장이나 도보 음식 투어에 대한 관심이 커지면서 일본인을 비롯한 많은 외국인들이 서울 광장시장을 찾고 있다.

- 이용시간 09:00~19:00
- 일요일 휴무(먹자골목은 연중무휴)
- ☎ 02) 2267-0291~5

동대문 문구·완구 도매 종합시장

지하철 1호선 동대문역 4번 출구로 나와 독일약국 옆 골목으로 들어서면 동대문 문구·완구 도매 종합시장이 나온다. 1960년대에 생기기 시작해서 국내 문구와 완구 판매의 중심지로 자리잡았다.

 이곳은 공책류와 크레파스, 연필, 실내화, 가방, 스케치북 등의 학용품부터 어린이 장난감이나 팬시용품, 파티용품 등 문방구나 완구점에서 파는 문구와 완구가 모두 모여 있다. 가격은 시중보다 30~40퍼센트까지 싸게 살 수 있고, 한 번에 구입하는 단위가 클수록 가격이 저렴해진다. 또한 작년에 팔다 남은 이월상품을 정가의 절반 이하로 파는 곳도 많다.

승진완구

승진완구는 20년 전통의 장난감, 완구, 봉제인형, 각종 캐릭터 제품을 판매하고 있는 매장이다. 동대문 문구·완구 거리에 자리잡고 있는 이곳은 넓은 매장과 국내 최대 규모의 완구 종류가 있어 아이들에게 인기가 높다. 부모와 함께 동행한 13세 이하의 아동들이 주요 고객이며 여러 종류의 인형, 옥스포드, 레고. 리틀타익스와 같은 완구 등 다양한 종류의 제품들이 판매되고 있다. 모든 제품을 정가보다 30퍼센트 할인된 가격으로 살 수 있다.

- 이용시간 9:00~18:30 (일요일 10:00~17:00)
- ☎ 02) 747-1900

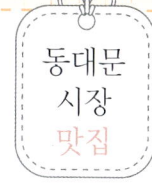

동대문 닭한마리와 생선구이 골목

대학천 책방거리 옆에는 생선구이와 닭한마리 집들이 사이사이 들어서 있는데, 이곳의 역사가 자그마치 30년이 넘는다고 한다.

큼지막한 생선구이 한 토막이면 시장 상인들의 배를 채울 수 있었고, 세숫대야만한 양푼에 닭 한 마리와 감자, 파, 대추, 마늘을 넣고 푹푹 삶아내어 여러 명이 나누어 먹는 정이 가득한 음식이었다.

이 골목이 세계 최고 권위의 여행정보 안내서인 〈미슐랭가이드〉 한국편에도 소개되었고, 여러 방송과 책자에 나오면서 많은 외국인 관광객들도 찾고 있다. 모처럼의 쇼핑길에 들러 배를 채워봄직한 곳이다.

생선구이
호남집 ☎ 02) 2271-0771
전주집 ☎ 02) 2267-6897
아내의 밥상 ☎ 02) 2271-0771

닭한마리
양지 닭한마리 ☎ 02) 763-5121
진원조 닭한마리 ☎ 02) 2272-2722

서울 광장시장 빈대떡 골목

종로5가에 위치한 서울 광장시장은 무려 1백 년이라는 역사를 지닌, 우리나라에서 가장 오래된 상설시장이다. 청계천의 광교와 장교 사이에 있다고 해서 광장이라는 이름이 붙여졌다. 본래도 많은 사람들이 즐겨 찾는 곳이었지만 청계천 복원 이후 다시 명물로 떠올랐다. 시장 안 교차로 중심에 빈대떡 집들이 모여 있고, 그 주변으로 2백 미터 가량 되는 골목에 여러 음식점이 빼곡하게 들어섰다. 여러 먹거리들 중 광장시장의 별미로 꼽히는 것은 두툼한 녹두빈대떡과 톡 쏘는 맛이 중독적이라 일명 마약김밥이라 부르는 꼬마김밥이다.

진옥화할매 원조 닭한마리

1978년에 문을 열어 30년이 넘게 대를 이어 자리를 지켜온 진옥화할매 원조 닭한마리는 종로5가와 6가 사이에 위치해 있다. 신선한 영계만 골라 냉동하지 않고 사용하며 강하지 않은 양념에 끓여내기 때문에 영계 고유의 부드러운 맛을 최대한 살린 것이 이곳만의 특징이다. 남은 국물에 끓여 먹는 칼국수 사리도 일품이다. 육수가 진하고 구수하면서도 시원하다.

- 영업시간 10:00~22:30
- ☎ 02) 2275-9666

에베레스트 레스토랑

네팔은 히말라야산맥 중앙부의 남쪽 인도와 티베트 사이에 위치하고 있어 양국의 문화를 다양하게 접할 수 있는 나라다. 에베레스트 레스토랑은 네팔과 인도, 그리고 티베트의 음식을 모두 접할 수 있는 곳이다. 이곳은 네팔 현지인이 운영하는 음식점으로 인도와 네팔에 관심이 많은 젊은 학생들을 위해서 보다 저렴한 가격으로 네팔의 전통 음식을 제공하고 있다. 음식과 문화에 대한 설명뿐 아니라 네팔의 음악과 영화도 상영하고 있어, 동호회 모임이나 세미나 장소로도 좋다.

- 영업시간 11:00~23:00
- ☎ 02) 766-8850

사마리칸트

러시아 요리에 바탕을 둔 우즈베키스탄의 맛을 그대로 볼 수 있는 곳으로, 요리사는 물론 종업원까지 모두 현지인이다. 양고기와 소고기를 이용한 꼬치, 양고기 전골을 비롯해 타바카, 플로브, 슈르파 등 다양한 러시아 요리와 중앙아시아 요리가 준비되어 있다. 추천 메뉴는 양고기와 소고기 샤슬릭이다.

- 영업시간 10:00~23:30
- ☎ 02) 2277-4261

그곳에 가보고 싶다면

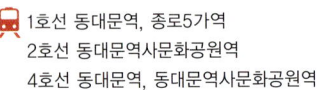

동대문시장 가는 길

🚇 1호선 동대문역, 종로5가역
　2호선 동대문역사문화공원역
　4호선 동대문역, 동대문역사문화공원역

🚌 간선 101, 102, 103, 105, 107, 108, 144, 152, 163, 201, 260, 262,
　　　270, 271, 301, 407, 720
　지선 1014, 2012, 2013, 2014, 2015, 2112, 2233, 7025, 7212
　좌석 9301, 9403
　일반 111
　공항 6002, 6001
　순환 90S투어
　마을 종로03, 종로08

서울이 주는 선물 3.

역사

조선 제일의 으뜸 궁궐

경복궁

임진왜란 때 소실되었으나 흥선대원군이 재건한 오늘날 경복궁의 모습. 5개의 궁궐 중 맨 처음으로 만들어진 조선의 법궁이다.

경복궁은 1395년 태조 이성계에 의해서 새로운 조선왕조의 법궁으로 지어졌다. 창덕궁(동궐)이나 경희궁(서궐)보다 북쪽에 있어 '북궐'이라 불리기도 했는데, 조선의 5대 궁궐 가운데 가장 큰 규모와 건축미를 자랑한다. 이곳에서는 국가의식을 거행했던 근정전, 연회를 베풀던 경회루를 비롯하여 자경전, 풍기대 등 국보와 보물로 지정된 유물을 곳곳에서 볼 수 있다.

경복궁은 임진왜란 때 상당수의 건물이 불타 없어진 아픔을 갖고 있으며, 고종 때 흥선대원군의 주도 아래 7천 7백여 칸에 이르는 건물들을 중건하였다. 그러나 명성황후 시해사건이 일어나면서 왕조의 몰락과 함께 경복궁도 왕궁으로서의 기능을 상실하고 말았다.

간결하면서도 호화롭게 장식한 조선 후기 누각 건축의 특징이 잘 나타나 있는 경회루와 경복궁 후원의 상징적 건축물인 향원정이 원형대로 남아 있으며, 근정전의 월대와 조각상들은 당시의 조각작품을 대표하고 있다.

- 이용시간
  3월~10월 09:00~18:00
  11월~2월 09:00~17:00
  5월~8월 중 휴일과 공휴일은 19시까지
- 화요일 휴무
- 입장료
  대인 3,000원 / 청소년, 65세 이상 무료

경복궁 수문장 교대의식

덕수궁 대한문 앞에서 조선시대 수문장이 교대하는 의식을 1996년부터 재현해오고 있었는데, 경복궁에서도 2002년부터 재현하고 있다. 이 두 곳은 복식이나 수문장 교대방식이 다르다.

경복궁 수문장 교대의식은 조선 전기(예종)를 복원한 것이고, 대한문 수문장 교대의식은 조선 후기(영·정조)를 복원한 것이다. 우리나라 왕궁 수문장 교대의식은 영국 왕실의 근위병 교대의식과 비견되는 화려하고 품위 있는 전통의 궁중문화 재현행사다. ☎ 02) 3210-1645~6

[경복궁 수문장 교대의식]
- 10:00~15:00 매시간 (화요일 휴무)

- 이용시간
  4월~9월   09:00~18:30
  10월   09:00~18:00
  11월, 3월 09:00~17:30
  12월~2월 09:00~17:00
  (마감 1시간 전까지 입장가능. 월요일 휴무)
- 입장료
  대인 3,000원
  청소년, 65세 이상 무료
- 궁궐 통합관람권
  대상 : 경복궁, 창덕궁(후원 포함), 창경궁, 덕수궁, 종묘
  입장료 : 10,000원(유효기간 1개월)

1 근정전 2 강녕전 3 사정전 4 천추전 5 교태전

근정전

경복궁의 정전으로 왕이 신하들의 조하를 받거나 공식적인 대례 또는 사신을 맞이하던 곳으로 가장 규모가 크고 웅장하다. 국보 제223호.

강녕전

왕의 침전으로, 내외 종친을 불러 연회를 하거나 신하들을 불러 은밀히 정사를 논의했던 곳이다.

사정전

경복궁의 편전 영역은 사정전을 중심으로 이루어져 있는데, 편전은 왕이 평소에 정사를 보고 문신들과 함께 경전을 강론하는 곳이었다.

천추전

편전 일곽의 서편전에 해당하는 천추전에는 온돌이 설치되어 있는데, 이곳에서 추운 겨울철에 독서를 하거나 연회를 베풀었을 것으로 추정된다. 현재의 천추전은 1865년(고종 2년)에 중건한 것이다.

교태전

왕비의 침전. 교태전 뒤쪽으로는 인공으로 조성된 언덕이 있는데, 중국에서 가장 아름답고 신비롭다는 산의 이름을 빌어 '아미산'이라고 불렀다. 이곳에는 교태전 온돌에서 나오는 연기가 빠져나갈 수 있는 아름다운 굴뚝이 세워져 있다.

1 수정전 2 자경전 3 경회루 4 향원정

수정전

세종대왕 때 집현전이 있던 자리에 경복궁을 중건하면서 다시 지은 건물이다. 고종 초기에는 침전과 편전으로 사용되었으며, 갑오개혁 시절에는 군국기무처 및 내각 청사로 사용되었다. 보물 제1760호.

자경전

보물 제809호인 자경전은 흥선대원군이 경복궁을 중건하면서 고종의 양어머니였던 조대비(신정황후)를 위하여 지은 건물이다. 뒤편에는 십장생과 박쥐문, 당초문을 새긴 십장생 굴뚝이 있다.

경회루

국보 제224호인 경회루는 왕의 침전인 강녕전 서쪽 연못에 있는 누각으로 나라의 경사나 사신이 왔을 때 연회를 베풀었던 장소다. 임진왜란 때 화재로 모두 소실되었고, 현재의 경회루는 1867년(고종 4년)에 중건된 것이다.

향원정

1873년 고종이 건청궁을 지을 때 그 앞에 연못을 파서 연못 가운데에 섬을 만들고 지은 2층으로 된 정자다. 향원정으로 가는 섬에는 나무로 만들어진 취향교라는 구름다리가 있다. 보물 제1761호.

1 건천궁   2 태원전   3 집옥재   4 자선당, 비현각

건천궁

경복궁 가장 깊숙한 뒤쪽에 있는 건천궁은 고종이 정치적 자립의 일환으로 세운 건물이다. 명성황후가 이곳에서 시해된 후 고종이 러시아 공사관으로 거처를 옮기자 일제가 이를 철거하고 그 자리에 미술관을 건립했다. 현재 건물은 2006년 문화재청에서 복원한 것이다.

태원전

조선을 건국한 태조 이성계의 초상화를 모시던 건물로, 후에는 빈전이나 혼전으로도 쓰였다. 태원전 건물은 일제에 의해 철거되었다가 다시 옛 모습대로 복원되었다. 이곳은 궁 안 외진 곳에 자리잡고 있어 비교적 한적하고, 건물 자체도 단정한 외관이다.

집옥재

협길당, 팔우정과 더불어 당초 창덕궁 함녕전의 별당으로 지어진 건물이지만, 고종이 창덕궁에서 경복궁으로 거처를 옮기면서 함께 옮겨왔다. 고종은 이곳을 서재와 외국 사신들의 접견 장소로 사용하였다.

자선당, 비현각

자선당과 비현각은 동궁의 주 전각이다. 동궁은 왕세자와 왕세자빈의 생활 공간이었으며 왕세자의 교육과 업무가 이루어지던 곳이었다. 경복궁 창건 당시에는 궁내에 동궁이 마련되지 않았으며, 세종 때 창건되었다가 일제에 의해 소실된 것을 1999년에 다시 복원하였다.

그곳에
가보고
싶다면

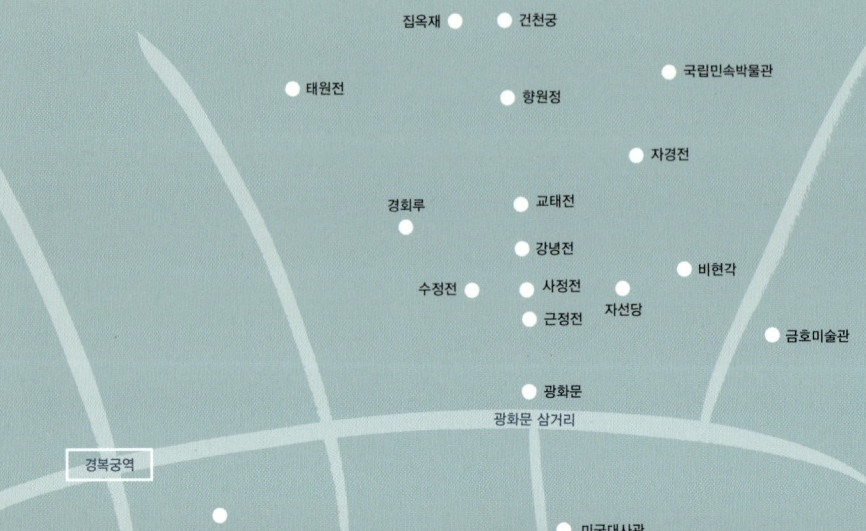

경복궁 가는 길

 3호선 경복궁역, 안국역
5호선 광화문역

 간선 109, 171, 272, 401, 406, 601, 606, 700, 704, 708
지선 1020, 1711, 7016, 7018, 7022, 7025, 7212, 8000
좌석 1005-1, 5000, 5005, 5500, 5500-1, 5500-2,
　　　5500-3, 7900, 9000, 9401, 9401B, 9703
공항 6011
순환 90S투어, 91S투어
마을 종로09, 종로11

☎ 02) 3700-3900~1

우리나라 근대 역사가 남아 있는
덕수궁

덕수궁은 궁궐로서는 유일하게 근대식 전각과 서양식 정원, 분수가 있으며 중세와 근대가 잘 어우러져 있다.

덕수궁은 성종의 형인 월산대군의 사저였으나, 임진왜란 때 왕궁이 모두 불타서 1593년부터 행궁으로 사용하기 시작하였다. 선조는 의주로 피난갔다가 한양으로 환도한 뒤 이곳에 머물렀다. 선조의 뒤를 이은 광해군은 1608년 이곳에서 즉위한 후, 1611년 정릉동 행궁으로 불리던 이곳을 경운궁이라 고쳐서 부르고 왕궁으로 사용하다가 1615년에 창덕궁으로 옮겼다. 그리고 1618년 선조의 계비인 인목대비를 폐위한 뒤 이곳에 유폐시키고 '서궁'으로 낮춰 부르게 했다.

　1623년 인조반정으로 광해군이 폐위되고 인조가 덕수궁 즉조당에서 즉위했으나 곧 창덕궁으로 옮긴 이후, 270년 동안 별궁으로 사용되었다. 1897년 고종 황제가 러시아 공사관에 있다가 환궁하면서 다시 왕궁으로 사용하였고, 고종이 황제 즉위식을 한 뒤에는 정궁이 되었다. 고종이 1907년 순종에게 양위한 후, 왕궁을 창덕궁으로 옮긴 후에도 이곳에 거처했는데, 이때부터 고종 황제의 장수를 비는 뜻에서 덕수궁이라 부르게 되었다. 이런 까닭으로 최근 들어 경운궁이라는 본래의 명칭을 사용해야 한다는 주장도 제기되고 있다.

　이곳은 또한 고종 황제가 일제의 압박으로 양위를 강요당하고, 한많은 여생을 보내다가 1919년 1월 22일 함녕전에서 승하하자, 일제가 고종 황제를 독살한 것으로 알려져 3·1운동의 직접적인 계기가 되기도 했다. 덕수궁에는 지난 날 많은 건물이 있었으나 현재는 대한문, 중화전, 광명문, 석어당, 준명당, 즉조당, 함녕전, 덕홍전 및 석조전만이 남아 있다. 경복궁처럼 웅장하지는 않지만 인왕산 줄기 아래 아기자기한 전각들이 정감 있게 배치되어 자연스러운 정취 속에서 산책하기 더 없이 좋은 곳이다.

- 이용시간 09:00~20:00
  (월요일 휴관)
- 입장료
  대인 1,000원
  청소년, 65세 이상 무료

1 대한문
2 중화전
3 광명문
4 보루각 자격루

대한문

대한문은 원래 이름이 대안문이었고, 경운궁의 정문이 아니라 동문이었다. 1906년 대안문이 수리되면서 이름도 대한문으로 고쳐졌다. 보통 정문은 돈화문과 같이 중문이나, 중화전이 단층으로 재건됨에 따라 조화를 이루기 위해서 단층으로 지어졌다. 현재 이곳에서는 덕수궁 수문장 교대의식을 하고 있어 시민들과 외국인 관광객의 발길이 끊이질 않는다.

중화전

대한제국의 정전으로 조선 제26대 왕 고종의 근대국가 건설에 대한 자신감을 엿볼 수 있는 곳이다. 중화전은 1902년 중층으로 건립되었으나 1904년 화재로 소실된 후, 1906년 단층으로 중건되었다. 중화전 주위에 장방형으로 행랑이 둘러져 있었으나 일제 때 철거되고, 현재는 일부만 남아 있다.

광명문

광명문은 고종 황제의 침전인 함녕전의 정문으로 1904년(광무 8년)에 큰불이 나서 타버린 것을 같은 해에 다시 지었다. 1938년 석조전을 미술관으로 개관하면서 정동에 있던 흥천사의 범종과 창덕궁 보루각에 있던 자격루를 지금의 자리로 옮겨와 세웠다.

보루각 자격루

1536년(중종 31년)에 만들어진 물시계. 물시계가 처음 만들어진 것은 1434년(세종 16년) 장영실에 의해서였다. 장영실의 물시계는 정해진 시각이 되면 격발장치를 건드려 쇠알이 굴러가서 여러 운동을 하게 만들어졌다. 장영실에 의해 처음 만들어진 물시계는 경복궁에 보관되었는데 현재 남아 있지 않고, 중종 때 본떠서 다시 만든 일부가 창덕궁 보루각에 보관되었다가, 지금까지 전해지고 있다.

흥천사종
  함녕전
③ 덕홍전
④ 석조전

흥천사종

이 종은 1462년 7월 태조가 신덕황후를 추모하기 위하여 만든 것이다. 원래 신덕황후 능 근처인 흥천사에 있었으나, 흥천사가 1510년(중종 5년)에 소실되어 1747년(영조 23년)에 경복궁 정문인 광화문으로 옮겨졌다. 일제강점기 때 창경궁으로 옮겨졌고, 그 후에 덕수궁의 광명문에 자리잡게 되었다.

함녕전

함녕전은 왕의 침전이다. 고종 황제가 이곳에서 기거하다가 승하하였다. 1904년 함녕전에 일제의 방화로 추정되는 대화재가 발생했는데, 당시의 정치적 상황으로 볼 때 각국의 공사관 사이에 위치한 이곳에 고종 황제가 기거하는 것을 일제가 못마땅해했다는 점이 방화를 의심케 한다. 고종은 불이 난 후, 다음 날부터 재건공사에 착수하도록 지시하여 같은 해 12월에 중건하였다.

덕홍전

덕홍전은 명성황후의 혼전으로 사용되었던 경효전이 위치했던 곳으로, 고종 황제가 고위 관료와 외교사절을 맞이하는 접견실로 사용하였다. 1911년에 건립되었으며 현존하는 전각 중에 가장 나중에 지어진 전각이다. 외부는 한옥이지만 내부는 서양식으로 지어졌다.

석조전

1900년에 착공하여 1909년에 준공한 석조 건물로, 조선왕조에서 마지막으로 지은 큰 규모의 건물이다. 건물의 외관은 19세기 초 유럽에서 유행했던 신고전주의 양식을 따랐으며 정면에 있는 기둥의 윗부분은 이오니아식으로 처리하고 실내는 로코코풍으로 장식하였다. 광복 후에는 미소공동위원회 회의장, 국립중앙박물관, 궁중유물전시관 등으로 이용되었다. 동관과 서관으로 나뉘어져 있으며 서관은 현재 덕수궁미술관으로 사용하고 있다.

정관헌

정관헌은 1900년 건립된 것으로 추정되는 동양적인 요소가 가미된 서양식 정자다. 러시아 공사관에 머물면서 서양식에 익숙해진 고종이 이곳에 앉아 커피를 즐기며 외국 공사관들을 초대해 국사를 논의하던 곳이다. 영화 〈가비〉의 마지막 장면에 소개되기도 했다.

중명전

덕수궁 돌담길을 돌아 뒤쪽으로 가면 정동극장이 있고, 그 골목으로 들어가면 중명전이 보인다.

중명전은 대한제국의 중요한 역사적 현장이다. 특히 1904년 덕수궁 대화재 이후 이곳으로 거처를 옮긴 고종 황제의 편전으로 사용되었다. 1905년 11월 을사조약이 중명전에서 불법적으로 체결되었으며, 국제사회에 을사조약의 부당함을 알리고자 1907년 4월 20일에 헤이그특사로 이준 등을 파견한 곳도 바로 중명전이다. 일제는 헤이그특사 파견을 빌미로 고종 황제를 강제 퇴위시켰다. 한편 중명전은 1925년 화재로 외벽만 남기고 소실된 뒤 다시 재건하여 외국인을 위한 사교장으로 주로 쓰이다가 자유당 정부가 들어서면서 국유재산으로 편입되었다.

- 이용시간
  평일 – 오전 10:00~12:00(자유관람)
  　　　 오후 1시, 2시, 3시, 4시
  　　　 (오후 시간 인터넷 사전 예약 필수)
  주말 – 오전 10시, 11시
  　　　 오후 1시, 2시, 3시, 4시
  　　　 (인터넷 예약 필수, 전시관 안내해설)

1963년 박정희 전 대통령이 영구 귀국한 영친왕과 이방자 여사에게 중명전을 돌려주었으나 다시 민간에 매각되어 사무실, 주차장으로 방치되기도 하였다. 그 후 다시 문화관광부에서 매입한 뒤 문화재청이 관리하면서, 2007년 2월 7일 사적 제124호로 덕수궁에 편입되었다. 2009년 12월 복원을 거쳐 2010년 8월부터 전시관(대한제국의 운명이 갈린 곳, 덕수궁 중명전)으로 일반인에게 공개하고 있다.

덕수궁 수문장 교대의식

1996년부터 대한문 앞 광장에서는 역사학자들의 철저한 고증을 바탕으로 왕궁 수문장 교대의식을 재현하고 있다. 정해진 시간에 궁궐의 문을 열고 닫는 것에서부터 경비, 순찰의 임무를 맡고 있는 수문장들이 고유 의상을 입고 하루 3회 교대의식을 갖는다.

- 일정 : 11:00, 14:00, 15:30
- 월요일 휴무
- 장소 : 덕수궁 대한문 앞

  2012년 5월 1일부터는 왕궁 수문장 교대의식에 관람객들이 직접 참가하는 기회를 제공하여 또 다른 즐거움을 주고 있다. www.royalguard.or.kr의 '나는 수문장이다' 체험코너를 통해 신청할 수 있다.

덕수궁 돌담길

일제가 덕수궁을 훼손하는 과정에서 궁 영역을 대폭 축소하고, 그 중간에 길을 내고 담을 쌓은 것이 오늘날 덕수궁 돌담길이 되었다.

  2004년 기존의 도로를 보행자 중심의 도로로 재정비했는데, 느티나무 38주와 살구나무 10주 등 모두 48주의 나무를 심고, 차도와 보도의 경계를 따라 무당벌레 모양을 본뜬 차량 차단 기둥을 설치해서 걷기 좋은 거리가 되었다. 이곳은 사계절 모두 아름답지만, 특히 가을이 되면 샛노란 은행잎이 점점이 떨어지면서 가을의 정취를 한껏 느낄 수 있다.

  주변에 서울시립미술관과 정동극장이 있어 문화산책 코스로도 제격이다.

정동극장

덕수궁 돌담길의 아늑한 정취를 따라 걸어들어오면 만날 수 있는 정동극장은 시민들이 편리하게 이용할 수 있는 생활 속의 열린 문화공간이다. 현재 공연되고 있는 한국 전통 뮤지컬 '미소'는 15년째 관객들의 사랑을 받고 있으며, 2010년부터는 미소전용관으로 거듭났다. ☎ 02) 751-1500

서울광장

서울광장은 3·1운동, 1987년 6월 민주화운동 등 한국 현대사의 한 획을 긋는 역사적 사건의 무대였으며, 2002년 월드컵 기간에는 시민들의 축제 마당이었다. 서울광장의 역사는 고종이 러시아 공사관으로 피신했다가 덕수궁으로 돌아온 1897년부터 시작된다. 황제의 자리에 오른 고종은 나라의 기틀을 새롭게 하기 위해 덕수궁 대한문 앞을 중심으로 방사선형 도로를 닦고 앞쪽에는 광장과 원구단을 설치하였다. 이때부터 광장은 고종 보호 시위, 3·1운동, 4·19혁명, 한일회담 반대 시위, 1987년 6월 민주화운동, 2002년 월드컵에 이르기까지 시민참여광장이 되었다. 서울광장은 도심 한가운데 위치해 있고 주변에 역사적인 문화재들이 있으며 국가적 상징성과 역사성을 지닌 서울을 대표하는 광장이다.

☎ 02) 731-6611

그곳에
가보고
싶다면

덕수궁 가는 길

🚇 1, 2호선 시청역

🚌 간선 101, 150, 172, 402, 472, 501, 506, 600, 602, 603
지선 1711, 7011, 7013B, 7016, 7017, 7018, 7019, 7021, 7022, 8000
좌석 909, 1000, 1100, 1200, 1900, 2000, 2000-1, 2500, 5000, 5005, 8100, 8600, 8880, 9000, 9080, 9701, 9703, 9709, 9710, 9714, M4108, M7106, M7111
일반 1002, 111
공항 6005, 6701, 6002, 6015, 6001
순환 90S투어, 91S투어
마을 종로05, 종로09, 종로11, 서대문06

☎ 02) 771-9951

자연과 어우러진 아름다운
창덕궁

창덕궁은 조선의 궁궐 중 가장 오랜 기간 동안 임금들이 거처했던 궁궐로 원형이 잘 보존되어 있으며 자연과의 배치가 아름답게 이루어져 있다.

창덕궁은 1405년(태종 5년)에 지은 조선왕조의 이궁이었다. 정궁인 경복궁의 동쪽에 있다고 해서 창경궁과 함께 '동궐'이라고도 불렀다. 처음에는 크게 이용되지 않았으나 임진왜란 때 경복궁, 창경궁이 함께 불에 타버리자 가장 먼저 복구되어 정궁 역할을 하게 되었다. 고종 때 경복궁을 중건하기 전까지 화재를 입은 경우도 많았지만 즉시 복원되어 여러 건물이 현재까지 비교적 잘 보전되어 있다.

인정전, 대조전, 선정전, 낙선재 등 많은 문화재가 조화롭게 배치되어 있는데, 1997년 12월 이탈리아 나폴리에서 열린 유네스코(UNESCO) 세계유산위원회에서 수원 화성과 함께 세계문화유산으로 등록되었다.

창덕궁 후원은 창덕궁 창건 당시 조성된 것으로, 임금을 비롯한 왕족들의 휴식 공간이었다. 후원은 북원(北苑), 금원(禁苑)이라고도 불렀으며, 고종 이후 비원(秘苑)으로 불렀다. 낮은 야산과 골짜기에 자연 그대로 모습을 그대로 두고 꼭 필요한 곳에만 사람의 손을 댄 우리나라의 아름다운 원림으로 160여 종의 나무들이 울창하게 숲을 이루고 있으며, 3백 년이 넘는 오래된 나무들도 볼 수 있다.

이곳에는 부용정과 부용지, 주합루와 어수문, 영화당, 불로문, 애련정, 연경당 등을 비롯한 많은 정자와 샘들이 어우러져 절경을 이루는데, 특히 단풍들 때와 낙엽지는 가을이 가장 아름답다.

✓ **주요 문화재**

인정전(국보 제225호), 돈화문(보물 제383호), 인정문(보물 제813호), 선정전(보물 제814호), 희정당(보물 제815호), 대조전(보물 제816호), 구선원전(보물 제817호), 향나무(천연기념물 제194호)

✓ **관람 코스**(약 2.1킬로미터)

돈화문 ⇨ 궐내각사 ⇨ 금천교 ⇨ 인정문 ⇨ 희정당 ⇨ 대조전 ⇨ 낙선재

1 돈화문 2 금천교 3 홍문관 4 내의원 5 규장각

돈화문

창덕궁의 정문으로 1412년(태종 12년)에 처음 지어졌다. 숭례문, 창경궁 홍화문과 함께 조선시대 내루보 분의 건축양식을 살펴볼 수 있는 중요한 유적이다.

지금의 돈화문은 1608년(광해군 원년)에 다시 지은 것으로 남아 있는 궁궐 정문 가운데 가장 오래되었다. 조선시대에는 2층 문루에 종과 북이 있어 시간을 알려주었다고 하나 지금은 남아 있지 않다.

금천교

창덕궁 금천교는 창덕궁이 창건되고 나서 6년 뒤인 1411년(태종 11년) 진선문 밖 어구에 설치되었는데, 그 후 숱한 화재와 전란에도 불구하고 창건 당시의 모습을 잘 보존하고 있다. 현존하는 궁궐 안 돌다리 가운데서 가장 오래된 것이다. 다리 아래 남쪽에는 해태상, 북쪽에는 거북상을 배치하여 궁궐의 수호신으로 삼았다. 다리 중간에는 잡귀를 쫓는 귀면이 조각되어 벽사의 의미를 더하고 있다.

궐내각사

궐내각사는 궁궐 안에 관원들이 근무하던 관청들 중 궁궐 안에 세운 것을 가리킨다. 성지를 보좌하는 홍문관(옥당), 왕의 건강을 보살피는 내의원, 정신문화를 담당하던 왕실도서관 규장각(내각), 왕의 칙령과 교서를 보관하던 예문관 등이 있다. 조선의 궁궐들 중에서 창덕궁 궐내각사터가 가장 잘 보전되어 있다.

1 인정문 2 인정전 3 희정당 4 낙선재 5 대조전

인정문과 인정전

보물 제813호인 인정문은 인정전의 정문으로 1405년(태종 5년)에 창건했으나 임진왜란 때 소실되어 1608년(광해군 원년)에 재건되었다. 인정전은 창덕궁의 정전으로 왕의 즉위식, 신하들의 하례, 외국 사신의 접견 등 국가 중요 행사가 행해진 궁궐의 대표적 공간이다. 현재 건물은 1804년(순조 4년)에 복원한 것으로 조선 후기 건축양식을 보여준다.

희정당

임금의 침실이 딸린 편전이었는데, 나중에 어전 회의실로 사용되었다. 1917년 대화재로 소실되어 지금의 건물은 1920년 경복궁의 강녕전을 옮겨 지었는데, 이 과정에서 내부가 서양식으로 꾸며져 전통의 맛이 사라지게 되었다. 벽에는 해강 김규진의 그림 〈금강산만물초승경도〉, 〈총석정절경도〉가 걸려 있다. 현재 남행각 정문은 자동차가 드나들 수 있도록 변형되었다.

낙선재

낙선재, 석복헌, 수강채가 하나의 일곽을 이루고 있는데 이를 통칭하여 낙선재라 부른다. 원래 상중에 있는 황후들이 거주하던 곳이어서 단청도 되어 있지 않다. 이곳에서 마지막 황후인 윤황후(순정효황후)가 1966년까지, 덕혜옹주와 이방자 여사가 1963년부터 1989년까지 거처했으며 조선의 마지막 황태자 영친왕도 낙선재에서 숨을 거두었다. 아름다운 화계(꽃계단)와 꽃담, 다채로운 창살들이 돋보인다.

대조전

대청마루를 사이에 두고 왕비의 침전인 서온돌과 임금의 침전인 동온돌로 나눠진다. 이 건물에는 용마루가 없는데, 이는 용으로 비유되는 임금이 잠자는 곳에 또 다른 용을 상징하는 용마루가 있으면 두 용이 충돌한다 하여 설치하지 않았다고 한다. 마지막 임금인 순종이 이곳에서 승하하였다.

창덕궁 향나무

수령이 750여 년으로 추정되며, 나무의 모양이 마치 용이 하늘을 오르는 모습처럼 생겼다. 문화적 자료로서의 가치가 높아 천연기념물로 지정·보호하고 있는데, 2010년 태풍 곤파스의 영향으로 가장 큰 가지가 부러지는 아픔을 겪었다. 다행히 전체적인 풍채는 그대로 남아 있어 천연기념물 지정은 해제되지 않았다.

창덕궁 후원

창덕궁 후원은 1405년(태종 5년) 창덕궁 창건 당시에 조성되었으며, 창경궁과도 통했던 곳이다. 이곳에는 각종 희귀한 수목이 우거져 있고 많은 건물과 어정, 연못 등이 있다. 이곳에서 역대 왕과 왕후들이 여가를 즐기고 학문을 닦았으며 연회를 베풀기도 하였다.

후원은 우리나라의 전통적인 원림으로 자연적인 지형에 건물들을 조화롭게 배치했으며 꽃과 나무를 심고 못을 파서 더욱 아름답다. 세계에 자랑할 수 있는 대표적인 왕궁이며 비원(秘苑)으로도 알려져 있다.

 후원 특별 관람

함양문 ⇨ 부용정 ⇨ 의두합 ⇨ 불로문 ⇨ 애련시 권역 ⇨ 연경당 ⇨ 존덕정 권역 ⇨ 옥류천 ⇨ 돈화문

※안내원의 안내에 따라 관람하는 제한 관람이다. 오전 10시부터 오후 4시 30분까지 하루 9회 시간별로 관람이 가능하다.

그곳에
가보고
싶다면

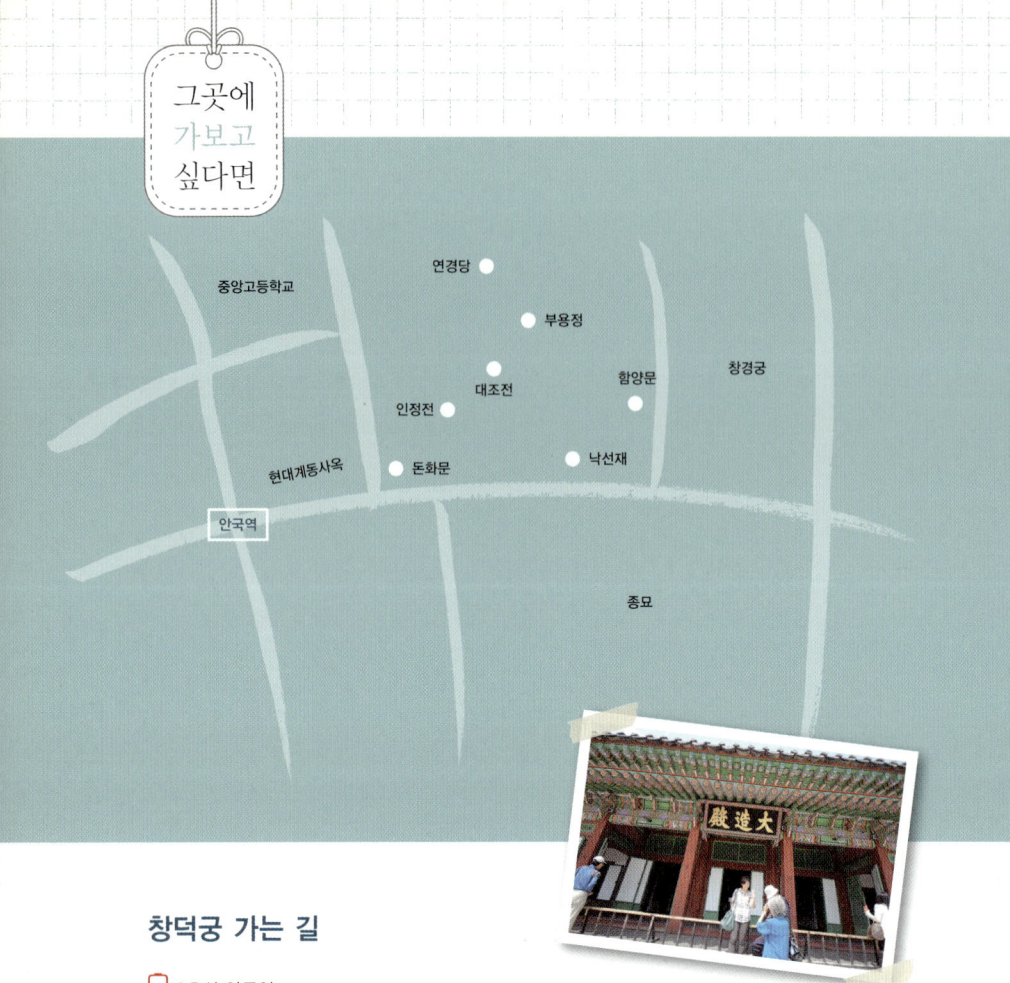

창덕궁 가는 길

🚇 3호선 안국역
　1, 3, 5호선 종로3가역

🚌 간선 100, 102, 104, 106, 107, 108, 171, 172, 272
　지선 7025
　공항 6011
　순환 90S투어, 91S투어
　마을 종로01, 종로02, 종로07, 종로12

☎ 02) 762-8261, 9513

왕실의 생활을 볼 수 있는
창경궁

창경궁은 왕후들이 주로 기거했으며, 국사를 돌보는 궁궐이라기보다는 궁궐의 생활 장소인 내전 공간이 발달된 곳으로 왕실의 모습을 엿볼 수 있다.

창경궁은 세종대왕이 상왕인 태종을 모시고자 1418년에 지은 수강궁이 그 전신이다. 이후 성종 때 당시 생존하였던 세조의 비 정희왕후, 덕종의 비 소혜왕후, 예종의 비 안순왕후를 모시기 위해 명정전, 문정전, 통명전을 짓고 창경궁이라 불렀다.

이곳에는 아픈 사연이 많다. 임진왜란 때 전소되어 1616년(광해군 8년)에 재건되었으나 이괄의 난과 1830년(순조 30년)의 대화재로 인해 내전이 소실되었다.

　숙종 때 인현왕후와 장희빈, 뒤주에 갇혀 죽임을 당한 사도세자의 이야기 등이 창경궁 뜰에 묻혀 있다. 또한 일제강점기 때 이곳을 창경원이라 격하시켜서, 동물원과 식물원을 설치하고, 궁 안에는 벚꽃 수천 그루를 심어놓았다.

　일제의 잔재를 없애기 위한 노력으로 정부에서 1987년부터 복원계획을 세워 본래 창경궁의 모습을 되찾게 되었다.

✓ 주요 문화재

홍화문(보물 제384호), 명정문(보물 제385호), 명정전(국보 제226호), 통명전(보물 제818호), 옥천교(보물 제386호)

1 홍화문 2 옥천교 3 명정문 4 명정전

홍화문

홍화문은 창경궁의 정문이다. 영조와 정조가 이 문을 통해 백성들과 만났다고 전해진다. 영조는 1750년 균역법을 시행하기 전에 홍화문에 나와 양반과 평민들을 만나 의견을 수렴하였고, 정조는 자신의 어머니인 혜경궁 홍씨의 회갑을 기념해 이곳에 나와 백성들에게 쌀을 나누어주었다고 한다. 1484년(성종 15년)에 창건되었으나 임진왜란 때 소실되고, 1616년(광해군 8년)에 재건되어 오늘에 이른 것으로 추정된다. 보물 제384호.

옥천교

조선의 왕궁은 모두 명당수 위의 석교를 건너서 정전으로 들어가도록 만들어졌는데, 1483년(성종 14년)에 조성된 옥천교는 명당수가 흐르는 어구(御溝) 위에 설치한 다리다. 보물 제386호.

명정문

이 문은 명정전을 둘러싼 월랑 중 명정전과 마주보고 있는 동월랑의 중앙부에 있으며, 창경궁의 외문인 홍화문보다 안쪽에 놓여 중문의 기능을 하고 있는 평삼문이다. 보물 제385호.

명정전

명정전은 창경궁의 으뜸 전각으로 즉위식(인종이 이곳에서 즉위), 신하들의 하례, 과거시험, 궁중연회 등의 공식적인 행사를 치렀던 정전이다. 1484년(성종 15년)에 창건되어 임진왜란 때 소실되었다가 1616년에 재건되었다. 현존하는 전각 중 가장 오래된 목조 건물인 명정전은 규모면에서는 그리 크지는 않다. 경복궁이나 창덕궁의 정전과는 달리 남향이 아닌 동향인데, 이는 창경궁의 지세에 따른 것이다. 국보 제226호.

1 문정전 2 함인정 3 숭문당 4 환경전

문정전

문정전은 창경궁 창건 때 편전으로 건립되었으며, 임진왜란 때 소실된 것을 명정전과 함께 중건하였다. 이 건물의 서쪽에서 숭문당 남쪽으로는 경사진 자연지세를 이용하여 남북 방향으로 2단의 아름다운 화계(花階)를 꾸몄고, 동쪽 행각 사이에는 문정문이 있다. 사도세자가 뒤주에서 죽은 휘녕전이 문정전의 옛 이름이다.

함인정

이 자리에는 원래 1484년(성종 15년)에 지은 인양전이 있었는데, 임진왜란 때 불타버렸고, 그 자리에 인조가 함인정을 건립하였다. 함인정은 주로 왕이 신하들을 만나고 경연하는 곳으로 이용되었는데, 1830년(순조 30년)에 소실되었다가 1833년(순조 33년)에 재건되었다. 영조는 이곳을 문무과거에서 장원급제한 사람들을 접견하는 곳으로 사용했다고 한다.

숭문당

명정전 좌측에 있는 전각으로 조선 경종 때 건립되었으며, 1830년(순조 30년)에 큰 불로 소실된 것을 그해 가을 중건하여 오늘에 이른다. '崇文堂'의 현판과 '日監在玆'라 쓴 계판은 영조의 어필이다. 영조는 학문을 숭상하고 특히 인재 양성에 힘썼는데, 이곳에서 친히 태학생을 접견하여 시험하기도 하고, 주연(酒宴)을 베풀어 그들을 격려하기도 하였다.

환경전

1484년(성종 15년)에 건립되었으며, 임진왜란으로 소실된 것을 1616년(광해군 8년)에 중건하였다. 그러나 그 후 1830년(순조 30년)의 큰불로 소실되었던 것을 4년 후에 중수하여 오늘에 이른다. 이곳은 창경궁의 내전으로 왕이 늘 거동하던 곳이며, 중종이 이곳에서 승하했고, 효명세자가 승하했을 때는 빈궁(殯宮)으로 사용하기도 했다.

1 통명전 2 양화당 3 경춘전 4 영춘헌·집복헌

통명전

내전으로 왕실의 대비들이 거주했던 공간인데 내전을 이루는 전각 중에서 가장 큰 규모다. 임진왜란 때 소실되었다가 1616년(광해군 8년) 재건되고, 다시 이괄의 난과 정조 때 전소된 것을 1834년(순조 34년)에 중건하였다. 보물 제818호.

양화당

병자호란 때 남한산성으로 파천하였던 인조가 환궁하면서 이곳에 거처하였고, 1878년(고종 15년) 철종의 비 철인왕후가 이곳에서 승하하였다. 현판은 순조의 어필이다.

경춘전

내전으로 1483년(성종 14년)에 건립되었다. 그후 임진왜란 때 소실되었다가 1616년(광해군 8년)에 재건하였으나, 1830년(순조 30년)에 불탄 것을 1834년(순조 34년)에 다시 지어 오늘에 이른다. 정조와 헌종이 이곳에서 탄생했으며, 현판은 순조의 어필이다.

영춘헌·집복헌

영춘헌은 내전 건물이고, 집복헌은 영춘헌의 서행각으로 건립 시기는 알 수 없다. 행각이란 정당(正堂) 앞이나 좌우에 지은 줄행랑이다. 집복헌에서는 1735년(영조 11년)에 사도세자가 태어났고, 1790년(정조 14년)에는 순조가 태어났으며, 정조는 영춘헌에서 거처하다가 재위 24년만인 1800년에 승하하였다.

1 풍기대 2 춘당지
3 관덕정 4 대온실

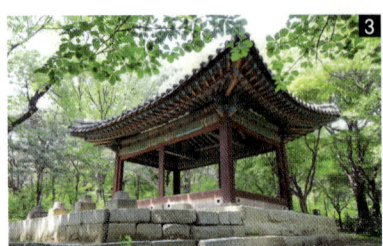

풍기대

이곳은 1732년(영조 8년)에 만들어진 것으로 추정된다. 풍기대 위의 구멍에 깃대를 꽂고 그 깃대에 기를 달아 바람의 방향과 속도를 재던 기구이며, 방향은 24방향으로 측정하였다. 1985년에 보물 제1846호로 지정되었다.

춘당지

춘당지가 있는 이곳은 원래 연산군이 서총대 앞 대지를 파다가 중종반정으로 중단한 곳이다. 그 후 권농장의 논으로 사용하다가 일제가 이곳을 연못으로 만들고, 수정을 지어 일본식으로 변모시켰으나 창경궁이 복원되면서 한국식 연못으로 정비되었다.

관덕정

춘당지 동북쪽 야산 기슭에 있는 정자로 1642년(인조 20년)에 취미정(翠微亭)이란 이름으로 창건되었으나 1664년(현종 5년)에 지금의 이름으로 개명하였다. 《예기(禮記)》에 있는 "활쏘는 것으로 덕을 본다. 쏘아서 정곡을 맞추지 못하면 남을 원망치 않고 제 몸을 반성한다."라는 글귀에서 이름을 정한 것으로 풀이된다.

대온실(식물원)

일제가 1909년 완공하여 식물원으로 공개한 곳으로 우리나라 최초의 서양식 온실이다. 전체적인 모습은 당시 서양에서 유행했던 수정궁류의 근대 건축을 연상시킨다. 1986년 창경궁 복원공사를 계기로 자생목 중심으로 야생화를 함께 전시하고 있다.

창경궁 가는 길

🚇 3호선 안국역
　4호선 혜화역

🚌 간선 100, 102, 104, 106, 107, 108, 171, 172, 272
　지선 2112, 7025
　좌석 6011
　순환 90S투어, 91S투어
　마을 종로01, 종로07, 종로08, 종로12

☎ 02) 762-4868~9

- 이용시간
  4월~10월　09:00~18:30
  11월, 3월　09:00~17:30
  12월~2월　09:00~17:00
  (월요일 휴관)
- 입장료
  대인 1,000원
  청소년, 65세 이상 무료

신성한 왕실의 사당
종묘

조선왕조의 혼과 역사가 살아 숨 쉬는 종묘.

종묘는 조선왕조 역대 왕과 왕비 및 추존된 왕과 왕비의 신주를 모신 유교사당으로 정제되고 장엄한 건축물 중 하나다. 1394년 10월 조선왕조가 한양으로 도읍을 옮긴 그해 12월에 착공하여 이듬해 9월에 완공했으며, 곧이어 개성으로부터 태조의 4대조인 목조, 익조, 도조, 환조의 신주를 모셔왔다. 현재 정전에는 19실에 49신위, 영녕전에는 16실에 34신위가 모셔져 있고, 정전 뜰 앞에 있는 공신당에는 조선시대 공신 83신위가 모셔져 있다.

1 하마비 2 공민왕신당 3 외대문 4 삼도 5 재궁

하마비

하마비란 말에서 내리라는 뜻이다. 조선시대에는 외대문에 이르면 왕이라 할지라도 말이나 가마에서 내려 걸어 들어가야 했다. 조상을 모시는 정성을 엿볼 수 있다.

공민왕신당

고려 31대 공민왕을 위하여 종묘가 세워질 때 함께 만들어진 신당이다. 정식 명칭은 '고려 공민왕 영정 봉안지당'이며 공민왕과 노국대장공주가 함께 있는 영정과 준마도가 봉안되어 있다.

외대문

외대문은 종묘의 정문으로 외삼문이라고도 한다. 송묘가 놀아가신 왕들의 혼이 머무는 곳이기 때문에 다른 궁궐의 대문과는 다르게 형태가 소박하고 단순하다.

삼도

울퉁불퉁한 박석으로 깔린 3줄의 길로, 솟아 있는 가운데는 신이 다니는 '신로', 동쪽은 왕이 다니는 '어로', 서쪽은 세자가 다니는 '세자로'라고 한다. 경건하고 조심스럽게 행동하라고 거친 박석을 깔았다고 한다.

재궁

재궁은 제사 하루 전에 왕과 세자가 머물면서 몸과 마음을 깨끗하고 제사를 준비하던 곳으로 '어숙실'이라고도 한다. 재궁 북쪽에는 임금이 머무는 어재실, 동쪽에는 세자가 머물던 세자재실이 있고, 서쪽에는 어목욕청이 있다.

1 전사청 2 정전 남문 3 정전 수복방 4 정전 5 정전 악공청

전사청

전사청은 종묘제례 때 쓰는 제물, 제기 외에 여러 가지 기구와 운반구를 보관하던 곳으로 뜰을 가운데 두고 그 주위로 건물을 ㅁ자 형으로 배치하였다.

정전 남문·동문·서문

정전 남문은 '남신문'이라고도 하며 신(혼백)이 드나드는 문으로 신로가 연결되어 있다. 동문은 왕이 출입하는 문으로 동문 앞에는 왕과 세자의 판위가 있다. 서문은 악공이 드나드는 문이다.

정전 수복방

정전의 동문 북쪽에 있는 수복방은 종묘를 지키고 제사를 돕는 낮은 계급의 관리나 노비가 지내던 곳이다. 수복방 앞에는 제사 때 음식을 차리기 전에 제물을 심사하던 찬막단이 있다.

정전

정전은 종묘의 중심 건물로 신위를 모시고 제사를 지내는 곳이다. 영녕전과 구분하여 태묘라고 부르기도 한다. 신위가 보관된 신실의 판문 앞에 제례를 위해서 최소한의 툇간을 갖추고 있다. 신위가 늘어날 때마다 신실을 증축했기 때문에 단일 건축물로는 우리나라에서 가장 긴 형태로 되어 있다. 국보 제227호.

정전 악공청

종묘는 정전과 영녕전 두 곳에 악공청이 있다. 악공청은 종묘제례 때 음악을 연주하기 위해 악공들이 기다리거나 연습하던 곳이다. 정전 악공청은 정면 6칸, 측면 2칸의 박공집으로 소박하고 간결한 양식으로 되어 있다.

1 향대청 2 영녕전 3 공신당 4 칠사당 5 영녕전 악공청

향대청

향대청은 종묘에서 사용하는 향·축·폐와 제물을 보관하는 창고였다. 제향 전후에 헌관(獻官)들이 기다리면서 이곳에서 휴식을 취했던 공간이기도 하다. 남북으로 긴 뜰을 사이에 두고 동쪽과 서쪽에 건물이 배치되어 있다.

영녕전

영녕전은 정전과 더불어 종묘의 중심을 이루는 곳이다. 정전의 서북쪽에 자리잡고 있다. 세종 때 종묘의 신실이 부족하게 되어 정전 서쪽에 새로 지은 건물로, 조종(祖宗)과 자손이 길이 평안하라는 의미로 영녕(永寧)전이라 하였다. 영녕전 지붕 가운데 태실 4칸은 높게, 좌우 협실 6칸은 태실에 덧붙이듯이 한 단 낮게 하여 겉모습부터 정전과 다르다. 보물 제821호.

공신당

공신당은 정전 담장 안 하월대 남동쪽에 있다. 조선왕조 역대 공신들의 신위를 모신 곳으로 공신이 늘어남에 따라 지금처럼 길게 증축되었다. 공신 83신위를 모시고 있으며 창건 당시에는 담장 밖에 있었는데 태종 때 담장 안으로 옮겨졌다.

칠사당

칠사당은 정전 담장 안 월대 남서쪽에 있는 맞배지붕의 3칸짜리 작은 집이다. '칠사(七祀)'란 인간의 삶과 생활에 관여하는 일곱 신을 의미하며 이를 위해 제사를 지내는 곳이 칠사당이다.

영녕전 악공청

정전 악공청과 더불어 음악을 연주하는 악공들이 기다리거나 연습하던 곳으로 영녕전 서문이 바로 보이는 곳에 위치하고 있다. 정면 3칸, 측면 1칸의 박공집이다.

종묘제례

종묘제례란 조선시대 왕과 왕비의 신위를 모신 종묘에서 지내는 제사로, 대제(大祭)라고도 한다. 제례의 절차를 보면 신을 맞이하기 위해 향을 피우고 땅에 술을 부으며 조상께 흰 모시를 바치는 영신례와 헌폐례, 그리고 제상을 차리고 술잔을 올리고 축

- 정전 제례 : 13:00~15:00
- 영녕전 제례 : 9:30~11:30

문을 읽으며 신이 찾아와 즐기는 과정인 진찬례, 초헌례, 아헌례, 종헌례, 후손이 복을 받기 위해 제상에 올린 음식을 먹는 음복례의 순으로 진행된다. 마지막으로 신을 보내는 송신례를 지낸다. 1년에 한 번 매년 5월 첫째 주 일요일에 종묘제례를 볼 수 있다.

종묘제례악

종묘제례에는 각 제사 의례에 맞추어 경건한 분위기를 고양시키기 위한 음악과 무용으로써 종묘제례악이 따른다. 종묘제례악은 그 음악성이 뛰어나고 장엄해서 역사적으로 큰 가치를 지닌다.

우리나라에서는 1964년 중요 무형문화재로 지정되었으며, 2001년 유네스코 세계무형유산 걸작으로 지정되었다. 종묘 홈페이지(jm.cha.go.kr)의 관람안내를 참조하면 종묘제례악을 직접 감상할 수 있는 일정이 자세히 소개되어 있다.

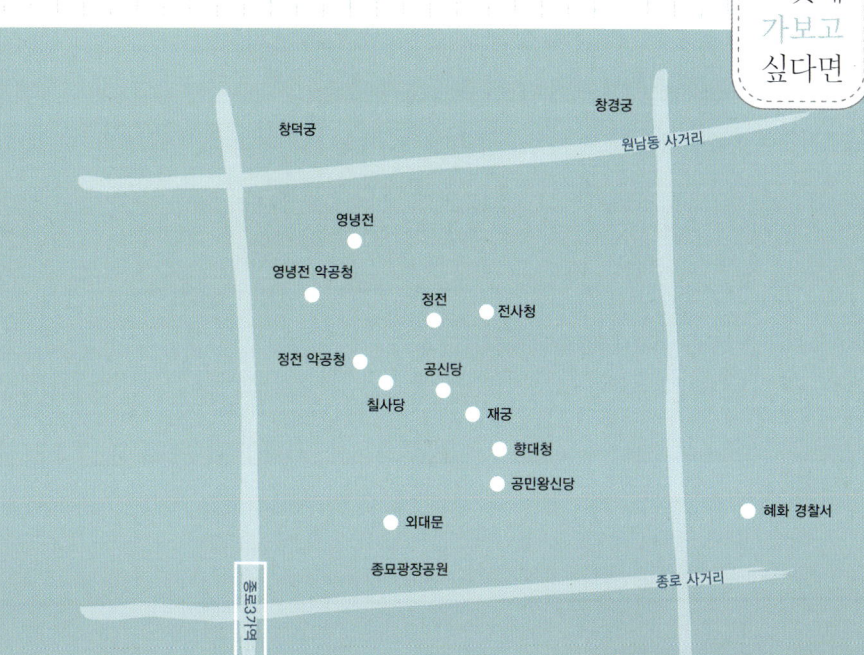

종묘 가는 길

 1, 3, 5호선 종로3가역

🚌 간선 104, 106, 109, 140, 143, 150, 601, 708, 710
　　지선 2112, 7025, 7100, 7212
　　좌석 9301
　　일반 111
　　공항 6011, 6002
　　순환 90S투어, 91S투어
　　마을 종로01, 종로02, 종로08, 종로12

☎ 02) 765-0195

- 이용시간
  3월~9월 09:00~18:00
  10월~2월 09:00~17:30
- 토요일 자유관람일
  화요일 휴관
- 입장료
  대인 1,000원
  청소년, 65세 이상 무료

남산골 한옥마을

한옥에서 느끼는 한국의 문화

서울 시내가 한눈에 내려다보이는 남산자락에 서울 곳곳에 흩어져 있던 전통 가옥 5채를 복원해놓았다.

남산골 한옥마을은 '남산골 제 모습 찾기' 사업의 일환으로 서울 곳곳에 흩어져 있던 전통 가옥 5동을 이전 복원하고 전통 정원으로 꾸민 곳으로, 전통 한옥 5동, 전통공예관, 누와정, 전통 정원, 서울천년타임캡슐광장으로 구성되었다.

남산골 한옥마을의 가장 깊숙이 자리잡고 있는 타임캡슐광장은 1994년 서울 시민의 생활상을 엿볼 수 있는 6백 개의 품목을 선정, 타임캡슐에 담아 지하 15미터에 매장해놓았다. 이 타임캡슐은 4백 년 후인 2394년에 개봉된다.

타임캡슐광장을 따라 내려오며 펼쳐지는 전통 정원은 남산의 산세를 살려 구릉지와 계곡을 조성하고 소나무 등 전통 수종을 식재하였다. 간간이 설치된 누각과 함께 멀리 펼쳐지는 시내 전경이 서울의 과거와 현재를 되돌아보게 한다.

전통 정원의 한켠으로는 5동의 한옥 가옥들이 옛 모습을 보여주고 있는데, 삼청동 오위장 김춘영 가옥과 관훈동 민씨 가옥, 옥인동 윤씨 가옥, 제기동 해풍부원군 윤택영 재실, 삼각동 도편수 이승업 가옥이다. 이 중 건물 이전이 불가능할 정도로 낡은 윤씨 가옥만 새 자재를 사용해 복원하고 나머지는 모두 건물을 하나하나 뜯어내 이전했으며, 재활용이 불가능한 목재는 설악산의 자생육송으로 대체하였다.

현재 옥인동 윤씨 가옥에서는 예절 배우기, 국방공예 등 문화학교가 열리고, 해풍부원군 윤택영 재실에서는 서예, 한시, 사군자 등의 문화 강좌가 열린다.

관훈동 민씨 가옥은 한국의 소리 공연 장소로 사용하고 있다. 오위

• 이용시간
4월~10월 09:00~21:00
11월~3월 09:00~20:00
• 화요일 휴관

장 김춘영 가옥에서는 전통 공예 기능을 전승·보급하는 무형문화재 시연이 열린다. 도편수 이승업 가옥은 전통 찻집으로 운영되고 있다.

전통공예관에서는 민화·침선·나전칠기·전통 매듭 등을 만드는 방법을 재연하고 각종 공예품을 전시·판매하고 있고, 공동마당에서는 민속놀이 재현행사 등이 열리고 있다.

한옥 5동

삼청동 오위장 김춘영 가옥

조선 후기 오위장(군대 하급장교)을 지낸 김춘영이 1890년대에 지은 집으로, 종로구 삼청동에 있던 것을 옮겨 복원했다.

홑처마로 꾸미는 등 전체적으로 서민 주택양식을 보이고 있는데 안방의 뒤쪽 벽, 즉 길가 부분에 화방벽을 쌓아 집의 격조를 더욱 높게 한 것이 눈에 띈다.

관훈동 민씨 가옥

이 집은 민영휘 저택의 일부로 원래는 집채가 여러 개 있었으나 소유자가 바뀌면서 안채와 여기에 연결된 중문간채만 남기고 모두 헐렸다. 1998년 남산골 한옥마을을 조성할 때 안채를 옮겨 지었고 철거되었던 건넌방 쪽을 되살리고, 사랑채와 별당채를 새로 지었다. 서울에서는 흔치 않았던 안방과 부엌의 나란한 배치, 크고 넓은 목조 구조, 6칸에 달하는 부엌 규모 등은 당시 일반 가옥과는 다른 최상류층 저택의 면모를 보여주고 있다.

삼각동 도편수 이승업 가옥

경복궁이 중건될 때 도편수(조선 후기 목수의 우두머리) 이승업이 지은 집으로 삼각동에 있던 것을 이전했다. 현재는 안채와 사랑채만 남아 있으며, 안채는 정(T)자형, 사랑채는 ㄴ자형이다. 앞면과 뒷면의 지붕 길이를 다르게 꾸민 것이 특징이다.

제기동 해풍부원군 윤택영 재실

순종의 장인인 해풍부원군 윤택영이 그의 딸이 동궁의 계비에 책봉되어 창덕궁에 들어갈 때 지은 집이다. 제기동에 있던 것을 이전하였으며, 가옥의 전체 분위기는 살림집이라기보다는 재실 용도에 맞게 되어 있다. 우리나라에서 드물게 평면이 원(元)자형으로 되어 있다.

옥인동 윤씨 가옥

1910년쯤 지어진 집이며 순종의 비 순정효황후의 큰아버지 윤덕영의 소유였던 곳이다. 옥인동에 있던 이 집은 너무 낡아 옮기지 못하고 건축양식 그대로 복원했다. 장대석 기단, 정자살창, 화방벽이 설치된 점 등으로 보아 최상류층 저택임을 알 수 있다.

누(樓)와 정(亭)

천우각

조선시대에는 흐르는 계곡이 있어서 여름철 더위를 쫓는 피서지로 유명했던 곳.

망북루

임금님을 그리워하며 북쪽 기슭 근정전을 바라보는 누각.

청류정

흐르는 물소리를 들을 수 있는 6각 정자.

관어정

고기가 유영하는 모습을 바라보았다는 4각 정자.

피금정

더위에 옷고름을 펼쳐보였다는 4각 정자.

서울남산국악당

남산골 한옥마을 내에 위치한 서울남산국악당은 전통 한옥 형태의 외관을 갖춘 국악 전용 공연장이다. 330석 규모의 이곳은 음향과 조명, 무대설비 등 국악 공연에 적합한 최적의 시설을 갖추고, 전기음향을 사용하지 않은 전통 국악의 소리 그대로를 감상할 수 있는 국내 유일의 공연장이다. 뿐만 아니라 국악기 및 전통 예술 강좌와 다양한 체험 프로그램을 운영하고 있어서 서울 시민이라면 누구든지 국악을 가까이에서 향유하고 즐길 수 있는 공간이다.

- 세종문화회관 인포샵에서 예매 가능
- 월요일 휴관
- ☎ 02) 399-1114~6

서울천년타임캡슐

이곳은 서울 정도(定都) 6백 년을 맞이해서 서울 시민의 생활과 서울의 모습을 대표할 수 있는 문물 6백 점을 캡슐에 담아 4백 년 후인 서울 정도 1천 년에 우리 후손에게 문화유산으로 남기기 위해 만든 것이다.

4백 년간의 시간여행을 위해 지금도 긴 잠에 빠져 있는 타임캡슐은 특수 재질로 만든 높이 1.7미터, 직경 1.3미터 크기의 보신각종 모

- 수장품
  1994년 서울 시민과 도시를 대표할 수 있는 문물 6백 점
  (실물 축소모형 마이크로 필름 Video-CD 형태로 수장)
- 매설과 개봉
  1) 매설 일시 : 1994년 11월 29일
  2) 개봉 일시 : 2394년 11월 29일

양으로 지하에서 4백 년을 견딜 수 있도록 특수 제작돼 1994년 11월 29일에 수장됐다. 캡슐이 묻힌 남산골 타임캡슐광장은 5천여 제곱미터의 분화구 모양의 분지 형태를 이루고 있으며 42미터의 크기로 동그랗게 움푹 파인 곳에 타임캡슐이 묻혀 있다.

전통공예관

우리의 전통 공예품을 한자리에 상설전시해 한국 전통 공예의 멋과 아름다움, 전통적인 생활문화를 이해할 수 있도록 돕는 곳이다. 우리의 전통 공예품을 관광상품으로 만들어 많은 외국인들에게 소개하고 있다.

[전통 혼례 예약안내]
- 남산골 한옥마을 관리사무소에서 상담 후 접수
  ☎ 02) 2266-6923~4

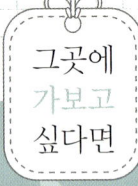

남산골 한옥마을 가는 길

🚇 3, 4호선 충무로역
 (동국대 충무로 영상센터와 매일경제신문사 사잇길로 150미터)

🚌 간선 104, 105, 140, 263, 421, 507, 604
 지선 7011
 공항 6001, 6015
 순환 02, 05, 90S투어

☎ 02) 2264-4412

정조의 꿈이 담긴 신도시
수원 화성

지극한 효심으로 축성된 근대 성곽 건축의 백미로 손꼽히고 있는 수원 화성.

 수원 화성은 불운하게 세상을 떠난 아버지에 대한 정조의 효심이 축성의 근본이 되었고, 당쟁에 의한 당파정치 근절과 강력한 왕도정치의 실현을 위한 원대한 정치적 포부가 담긴 정치 구상의 중심지로 만들어진 새로운 신도시였다. 또한 임진왜란을 겪으며 더욱 절실해진 수도 남쪽의 국방요새로 활용하기 위한 것이기도 했다.
 수원 화성은 서쪽으로는 팔달산을 끼고 동쪽으로는 낮은 구릉의 평지를 따라 쌓은 평산성으로, 시설의 기능이 가장 과학적이고 합리적이며, 실용적인 구조로 되어 있어 중국이나 일본에서는 찾아볼 수 없는 동양 성곽의 백미로 손꼽히고 있다.

1794년에 착공하여 1796년 9월 10일에 준공되었는데, 기존의 방식과는 다르게 화강석과 벽돌을 함께 사용하여 성을 쌓았으며 이 공사에는 정약용이 고안한 거중기가 사용되었다.

축성 후 1801년에 발간된 《화성성역의궤》에는 축성계획, 제도, 법식뿐 아니라 동원된 인력의 인적사항, 재료의 출처 및 용도, 예산 및 임금계산, 시공기계, 재료가공법, 공사일지 등이 상세히 기록되어 있어 건축사에 큰 발자취를 남기고 있으며 역사적 가치가 큰 것으로 평가되고 있다. 《화성성역의궤》 덕분에 일제강점기와 한국전쟁으로 인해 파괴되었던 부분들이 완벽하게 복원될 수 있었다.

수원 화성은 1963년 사적 제3호로 지정되어 관리되고 있으며, 소장 문화재로 팔달문(보물 제402호), 화서문(보물 제403호), 장안문, 공심돈 등이 있다. 완벽한 복원을 인정받아 1997년 12월 유네스코 세계문화유산으로 등록되기도 했다.

1 장안문 2 팔달문 3 남포루 4 동북포루 5 동포루

장안문

화성의 북문이자 정문으로 조선시대의 일반적인 성문이며 규모나 구조는 조선 초기에 세워진 서울 숭례문과 비슷한 당당한 외관을 갖추고 있다. 옹성, 적대와 같은 방어시설을 갖춘 것이 특색이다.

팔달문

화성의 남문으로, 사방팔방으로 길이 열린다는 의미를 담고 있다. 동문이나 서문보다 크고 화려하게 꾸며졌다. 팔달문의 옹성은 규모와 형태 면에서 한층 돋보인다. 또한 도성의 문루처럼 우진각 형태의 지붕과 잡상 장식을 갖추고 있는데, 조선 후기 문루 건축을 대표한다고 할 수 있다.

남포루

남포루는 성벽의 일부를 밖으로 돌출시켜 치성과 유사하게 축조하면서 내부를 공심돈과 같이 비워 그 안에 화포 등을 감추어 두었다가 위·아래와 삼면에서 동시에 공격할 수 있도록 한 시설이다. 팔달문에서 화양루에 이르는 방어 역할을 수행하였다.

동북포루

동북포루는 각건대(角巾臺)라고 부르기도 한다. 지세가 갑자기 높아져서 용두(龍頭)를 눌러 굽어보고 있다. 《성서(城書)》에 보면 '치성의 위에 지은 집을 포(鋪)라 한다.' 고 나와 있는데, 치성에 있는 군사들을 가려 보호하려는 목적으로 세워진 것이다.

동포루

동포루는 화성의 5개 포루 중 동쪽 동일치와 동이치 사이에 위치하고 있다. 포루는 적이 성벽에 접근하는 것을 막기 위해 화포를 쏠 수 있도록 만든 시설물로 치성의 발전된 형태다. 화성의 포루는 모두 벽돌을 사용하여 만들었으며 공심돈과 같이 안을 비워 적을 위·아래에서 동시에 공격할 수 있게 하였다.

1 동일포루 2 북서적대 3 서북공심돈 4 서장대

동일포루

동일포루는 1796년(정조 20년)에 완성된 것으로 동쪽의 평탄하고 넓은 지형에 위치하고 있고, 서북쪽의 포루와 다르게 성벽에서 많이 돌출되었으며, 판문이 설치되어 있지 않다.

북서적대

북서적대는 장안문의 북서쪽에 있는 적대다. 적대란 성곽의 중간에 약 82.6미터의 간격을 두고 성곽보다 다소 높은 대를 마련하여 화창이나 활, 화살 등을 비치해두는 한편, 적군의 동태와 접근을 감시하는 성곽 시설물이다. 화성 축성 때에는 이미 총포가 전쟁에 사용되던 때지만, 옛날의 축성법에 따라 적대를 만들어 창과 활 대신 총포를 쏠 수 있도록 총안을 마련하였다.

서북공심돈

서북공심돈은 화서문 북치(北雉) 위에 있다. 《성서(城書)》에 보면 벽돌로 삼면을 쌓고 가운데를 비워두고 구분하여 널빤지로 누를 만들고 나무 사닥다리를 사용하며, 위·아래에 공안(空眼)을 많이 뚫어서 바깥을 엿보는 데 편리하게 하고 불랑기(佛狼機) 백자총(百子銃)을 발사해도 적이 어느 곳에서 화살이나 총탄이 날아오는지를 모르게 되어 있다고 나와 있다.

서장대

서장대는 지휘하는 사람이 올라서서 명령하는 장대를 가리키는데 위에 올라가서 굽어보면 팔방으로 모두 통한다. 석성의 봉화와 군사들이 한눈에 들어오고, 성의 완급과 사방의 벽이 마치 손바닥 위에 올려진 듯 훤하게 알 수 있다. 이 산 둘레 백 리 안쪽의 모든 동정은 앉은자리에서 다 통제할 수 있었다고 한다.

화성행궁

행궁(行宮)은 왕이 전란(戰亂), 휴양, 능원(陵園) 참배 등으로 지방에 거동할 때 별도의 궁궐을 마련하여 임시 거처하는 곳을 말한다. 화성행궁은 정조가 현륭원에 전배하기 위한 능행 때 임시로 머물던 처소였는데, 평상시에는 부아(부사가 집무하던 곳)로도 쓰였다고 한다.

정조는 현륭원 천봉 이후 11년간 12차례에 걸친 능행을 거행했는데, 이때마다 화성행궁에 머물면서 혜경궁 홍씨의 회갑연을 여는 등 여러 행사를 열었다. 정조가 승하한 뒤 순조 1년에 행궁 곁에 화령전을 건립하여 정조의 진영을 봉안하였는데, 그 후 왕들이 화성행궁을 찾아오면 이곳에 머물렀다.

1 신풍루 2 봉수당 3 중앙문 4 미로한정 5 서리청

신풍루

신풍루는 화성행궁의 정문으로 1790년(정조 14년)에 누문 6칸을 세우고 진남루라고 하였다. 1795년 정조는 신풍루로 고치라고 명하고 조윤형으로 하여금 다시 편액을 쓰게 하였다. '신풍'이란 이름은 한나라 고조가 '풍 땅은 새로운 또 하나의 고향'이라는 고사에서 유래한 것으로, 정조에게 있어 화성은 고향과 같은 고장이라는 의미로 편액을 걸게 한 것이다. 정조는 신풍루 앞에서 백성들에게 쌀을 나누어주고 굶주린 백성에게는 죽을 끓여 먹이는 진휼행사를 했다고 한다.

봉수당

봉수당은 화성행궁의 정전이자 화성유수부의 동헌 건물로 장남헌이라고도 한다. 1795년(정조 19년) 정조는 이 건물에서 혜경궁 홍씨의 회갑연인 진찬례를 성대하게 거행하였다.

중앙문

중앙문은 궁궐 건축의 삼문 설치 형식에 따라 행궁의 정전인 봉수당 바로 앞을 가로막아 굳게 지키는 역할을 했던 내삼문(內三門)이다.

미로한정

'장차 늙어지면 한가하게 쉴 정자'라는 뜻을 가진 미로한정은 행궁 후원에 만든 정자다. 후원 서쪽 담 안에 있다.

서리청

서리는 문서의 기록 및 수령, 발급을 담당하는 아전이고, 서리청은 그들이 사무를 보던 곳이었다.

1 경룡관 2 비장청 3 유여택 4 장락당

경룡관

경룡관은 장락당의 바깥문으로도 사용한 부속 건물이다. '경룡'이란 제왕을 상징하는 큰 용을 뜻하는 것으로, 당태종이 거처한 궁궐 이름에서 따왔다. 정조는 이 건물에서 휴식을 취하며 조선의 태평성세를 구상했을 것이다.

비장청

비장은 관찰사나 절도사 등 지방관이 데리고 다니던 막료로, 조선 후기에는 방어사를 겸한 수령까지 모두 비장을 거느리는 것을 관례화했다. 이곳 비장청은 화성유수부의 비장들이 사용하던 건물이다.

유여택

유여택은 평상시에는 화성유수가 거처하다가 정조가 행차 시에 잠시 머무르며 신하를 접견하였던 건물이다. 유여택이라는 이름은 《시경》 중에서 주나라 천명을 받아 나라를 크게 하고 집을 주었다는 데서 따온 것으로, 정조의 입장에서는 화성유수를 임명하여 내려보내는 곳이라는 의미가 된다. 유여택은 건립 당시에는 은약헌이었는데, 증축하면서 유여택으로 이름을 바꿔서 달았다.

장락당

장락당은 1795년 을묘원행 당시 혜경궁 홍씨의 침전으로 사용된 곳이다. 1794년(정조 18년) 화성 성역 중에 완성되었으며, 봉수당 남쪽에 있는데 봉수당의 서남쪽 지붕과 겹쳐 있으며, 동향으로 세워졌다. 장락당은 전한의 도읍인 장안성의 궁전이었던 장락궁에서 이름을 따왔다.

1 복내당 2 낙남헌 3 집사청 4 득중정

복내당

복내당은 행궁의 안방으로 정조가 행차 시에 머물렀던 곳이다. 장락당 남쪽에 위치해 있다. 복내당이란 '복은 안에서 생겨나는 것이다.' 라는 뜻이다.

낙남헌

낙남헌은 일제강점기에 화성행궁이 철거될 때 훼손당하지 않고 남아 있는 건축물 중 하나이다. 낙남헌이란 이름은 후한의 광무제가 낙양으로 도읍을 옮기고 궁궐 이름을 '남궁(南宮)'이라고 한 데서 따왔으며, 혜경궁 홍씨의 회갑연 기간 중에는 각종 행사가 이곳에서 열렸다.

집사청

행궁의 집사청은 궁궐의 액정서(국왕이 쓰는 붓과 먹, 벼루 등을 보관하며 대궐 안의 열쇠를 간수하고 여러 가지 설비, 비품을 관리하는 관청)와 같이 잡다한 사무를 보던 집사들이 사용하던 건물이다. 일제강점기에 파괴되었다가 2003년에 복원되었다.

득중정

득중정은 활을 쏘기 위해 세운 정자로 '활을 쏘아 맞으면 제후가 될 수 있고, 맞지 않으면 제후가 될 수 없다(射中 則得爲諸侯 射不中 則不得爲諸侯).'라고 한 구절에서 '득'자와 '중'자를 따서 이름을 붙였다.

화성열차

동력차와 관광객 탑승차량 3량으로 구성된 관광열차이며 앞부분은 임금(정조대왕)을 상징하고 힘찬 구동력을 표현하기 위해 용머리로 되어 있다. 관광객들이 앉는 객차는 임금의 권위를 나타내면서 관람의 편의성을 위해 임금이 타던 가마(어연)를 형상화했다.

- 이용시간
  매일 10:00~17:50
  (눈·비, 영하 날씨에서는 운행되지 않음)
- 운행열차 : 4대
- 운행구간
  팔달산(성신사) ⇨ 화서문 ⇨ 장안공원 ⇨ 장안문 ⇨ 화홍문 ⇨ 연무대(3.2킬로미터)
- 소요시간
  편도 30분(팔달산 ↔ 연무대)
- ☎ 031) 228-4683 팔달산
  031) 228-4686 연무대

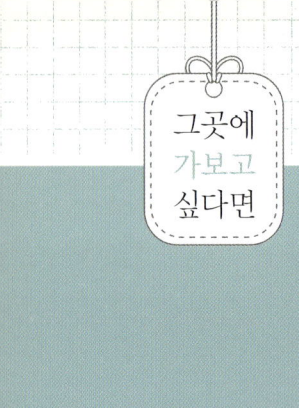

그곳에 가보고 싶다면

수원 화성 가는 길

 좌석 900, 1007, 2007, 3000, 7770, 8409
일반 3, 5, 7-1, 60, 66, 66-4, 82-1, 301, 310, 777

☎ 031) 290-3600

- 이용시간
  3월~10월 09:00~18:00
  11월~2월 09:00~17:00
- 입장료
  수원화성 대인 1,000원 / 청소년, 군인 700원 / 어린이 500원
  화성행궁 대인 1,500원 / 청소년, 군인 700원 / 어린이 500원

과거로 떠나는 시간여행
한국민속촌

조선 후기 생활모습을 그대로 옮겨놓은 한국 고유의 민속전시관으로 전통 가옥과 풍속이 모두 모여 있다.

한국민속촌은 우리나라 문화자원을 보존하고, 어린이들의 교육을 위한 학습장으로 활용하며, 외국인이나 내국인들에게 우리의 전통 문화를 알리기 위한 목적으로 1974년에 세워졌다.

조선 후기의 생활상을 재현하여 한국의 전통 문화를 체험해볼 수 있도록 구성되어 있으며, 특히 당대 사농공상의 계층별 문화와 무속신앙, 세시풍속 등이 그대로 재현되어 있다. 또 지방(남부, 북부, 중부, 제주도,

울릉도)별로 서민 가옥과 양반 가옥을 이건 또는 복원해 당시 생활상은 물론 지방별 특성까지도 알아볼 수 있도록 하였다.

공연행사로는 농악, 줄타기, 전통 혼례식, 마상무예 공연 등 이벤트 행사가 절기별로 있다. 그리고 야외에서 재현하고 전시하기 어려운 부분은 민속전시관을 통해 민속생활 전반을 재현·전시해놓았다.

놀이시설로는 눈썰매장을 비롯하여 다양한 놀이동산이 있어 아이들과 함께 즐거운 하루를 보낼 수 있으며, 장터에 가면 전통적인 방식으로 담근 동동주와 증편, 인절미, 북어구이, 빈대떡, 파전 등을 맛볼 수 있다.

각종 드라마와 영화의 단골 촬영지로도 유명하며, 용상 체험, 효과음 체험, 폐가 체험, 옥사 체험 등 다양한 체험거리를 마련해놓았다.

✓ 한국민속촌

서낭당 ⇨ 대장간 ⇨ 남부지방대가 ⇨ 한약방 ⇨ 관아 춘향이 옥사 ⇨ 공연장 - 농악 ⇨ 북부지방 가옥 ⇨ 장터 ⇨ 제주민가 ⇨ 민속관 ⇨ 그네터 ⇨ 세계민속관

[11월 16일~2월 28일] 평일 09:00~17:00 / 주말 09:00~17:30
[3월] 평일 09:00~17:30 / 주말 09:00~18:00
[4월] 평일 09:00~18:00 / 주말 09:00~18:30
[5~6월] 평일 09:00~18:30 / 주말 09:00~19:00
[7~8월] 평일 10:00~19:30 / 주말 09:30~20:00
[9월] 평일 10:00~19:30 / 주말 09:30~20:00
[10월] 평일 10:00~17:30 / 주말 09:30~20:00
[11월 1일~11월 15일] 평일 09:00~17:30 / 주말 09:00~18:00
※ 놀이시설은 기계점검을 위해 10시 30분에 개장

전통 가옥

지방별 특색을 살려 서민 가옥과 양반 가옥을 복원해놓았다. 뿐만 아니라 옛날 지방 행정기관이었던 관아를 비롯하여 교육기관이었던 서원과 서당, 의료기관이었던 한약방, 토속종교 건물이었던 사찰과 서낭당, 점술집 등도 이건 또는 복원하여 당시 생활상을 엿볼 수 있도록 했다.

✓ **관아**

조선시대 지방 행정을 담당하는 관리들이 공무를 집행하는 곳을 재현해 놓았다. 정문, 행랑, 중문, 정청과 내당이 있고 뒤뜰에 감옥도 볼 수 있다.

✓ **선비집**

전형적인 양반 주택을 재현한 것으로, 본채와 문간채, 제사, 초당, 사당 등의 부속 건물을 고루 갖추고 있다. 선비들의 정신적, 학구적 생활양식을 반영해서 토호의 대저택처럼 호화롭거나 번거롭지 않고 조촐하게 되어 있다.

✓ **중부지방 양반가**

속칭 99칸 집. 1861년 수원 화성 안에 지어졌던 건물을 그대로 옮겨왔다. 솟을대문, 줄행랑, 바깥사랑, 안행랑, 안사랑, 내당, 초당 등 유교를 숭배하던 상류층의 모든 살림 공간이 갖추어진 전형적인 양반집이다.

✓ **제주 민가**

집이 낮고 3면은 돌벽으로 쌓았다. 시원한 큰 마루와 부뚜막이 없으며 지붕이 거북이 등처럼 된 것이 특징이다.

공연행사

✓ **농악**
한국민속촌 농악은 호남 우도 농악으로 김제, 정읍, 고창, 영광, 보성 등에서 전승되는 놀이다.

✓ **전통 혼례식**
우리의 전통 문화를 복원하자는 취지에 따라 관혼상제의 하나인 전통 혼례를 선보이고 있다.

✓ **마상무예**
마상무예는 조선 건국 초기 여진족을 비롯한 북방의 오랑캐들을 방어하고 공격하기 위해 중점적으로 연마되었던 기예다.

✓ **줄타기**
중요 무형문화재 제58호로 지정되어 있는 줄타기는 높이 3미터, 길이 10미터 정도로 줄을 매어놓고 줄광대가 줄 위에서 재주를 부리는 놀이이며 삼국시대부터 전해져왔다.

- 농악   1회(11:00), 2회(15:00)
- 줄타기   1회(11:30), 2회(15:30)
- 마상무예 1회(13:00), 2회(14:30)
- 전통 혼례식(12~2월 휴연)
  1회(12:00), 2회(16:00) / 22호 양반가
※ 우천 시 휴연될 수 있음

옹기생활관

옹기와 관련된 전반적인 문화와 내용을 한눈에 볼 수 있게끔 만들어진 옹기생활관은 유물전시, 모형전시, 영상전시 등을 통해 우리 삶과 함께해온 옹기의 다양한 쓰임새를 보여주고 있다.

[한국민속촌 옹기생활관]
- 이용시간
  3~10월 09:00~18:00
  11~2월 09:00~17:00
  ※ 주말, 공휴일은 30분 연장 운영
☎ 031) 274-3335 옹기생활관
　031) 288-0000 민속촌

조각공원

전시된 작품들은 9개국 16명의 작가들이 '전통+현대=교감' 이라는 하나의 주제로 국제조각심포지엄을 진행하면서 현장에서 직접 제작한 작품들과 그간 수집한 작품들을 미술관을 중심으로 전시·배치하였다.

  이탈리아 조각가 스타치올리, 착시 예술의 대가 쿠르즈디에즈, 상파울로 비엔날레 대상 수상 작가 레오폴드 말레르 등 국제적으로 명망 있는 작가들의 작품과 국내 조각계의 중진 20여 명의 조각작품이 설치되어 있다.

전통 민속관

민속촌의 기능과 역할을 보완하기 위해 1996년에 설립되었으며 기존의 야외 민속촌에서 재현·전시하기 어려웠던 다양한 민속분야를 보다 적극적으로 수용하여 민속과 문화 자료의 교육적 활용과 수집·보존을 위해 전시되고 있다.

민속촌 놀이동산

민속촌 놀이동산은 바이킹, 순환열차, 범퍼카 등 13종의 놀이기종이 있으며 민속촌을 찾는 어린이들과 부모들에게 즐거움을 주고 있다. 주변의 폭포와 플라워가든, 조각공원이 있어 즐거운 하루를 보낼 수 있다.

한국
민속촌
맛집

한국관

ㄷ자형 기와와 팔작지붕의 전통 한옥건물로 옛 정취를 흠뻑 느낄 수 있어 외국인들이 즐겨 찾는 곳이다. 식사류에는 소갈비살 주물럭, 한방갈비탕, 진사골곰국, 해물돌솥비빔밥, 버섯불고기덮밥 등이 있다. 안주로는 모둠 해물파전, 시골장떡, 녹두빈대떡 등이 있는데 맛이 모두 일품이다. 코스별 한정식은 사전 예약이 필요하다.

☎ 031) 288-2836

길목집

전통 재래식 지붕인 너와가 눈에 띄는 집이다. 식사류에는 된장찌개, 순두부, 김치알밥, 돌솥비빔밥, 불고기/열무보리밥(여름), 열무국수(여름)가 있다. 막걸리, 동동주와 더불어 안주류에는 김치전과 녹두빈대떡, 직접 만들어 향과 맛이 더욱 부드러운 도토리묵 등이 있다.

☎ 031) 288-2838

양반장

부담 없는 가격이 매력적인 양반장. 뒤편으로 물레방아가 있어 자연 속에서 식사를 즐길 수 있다. 식사류로는 가마솥에 끓이는 장국밥과 불고기, 불고기덮밥, 묵비빔밥이 있고 안주류로는 해물파전, 황태구이, 녹두빈대떡, 도토리묵 등이 있다.

☎ 031) 288-2837

그곳에 가보고 싶다면

한국민속촌 가는 길

🚌 좌석 1560, 5001-1, 7007-1
일반 10-5, 37, 88
마을 30, 32, 45, 54

셔틀버스
수원역 앞 한국민속촌 영업소
운행시간 10:30 / 12:30 / 14:30(30분 소요)
영업소에서 한국민속촌 입장권 구입 후 무료 승차

☎ 031) 200 0000

- 자유이용권
  대인 20,000원
  청소년 17,000원
  아동 15,000원

- 입장권
  대인 15,000원
  청소년 12,000원
  아동 10,000원

우리나라 문화예술의 정수를 보여주는
국립중앙박물관

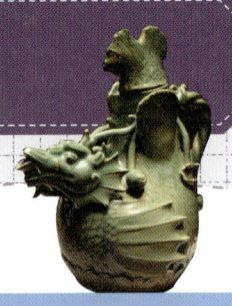

우리나라 문화유산을 보존·전시하고 있으며 국제적인 문화교류의 장으로 활용되고 있는 한국을 대표하는 박물관인 국립중앙박물관.

국립중앙박물관은 규모면에서 세계 6대 박물관 중 하나다. 자연과 인공과의 조화, 대범한 단순성을 가진 한국의 전통적 건축정신을 기본 개념으로 설정해서 지어졌다.

현재 22만 점의 유물을 소장하고 있으며 고고, 역사, 미술, 기증, 아시아 관련 문화재를 전시하는 상설전시실과 다양한 주제의 전시가 가능하도록 가변성 있게 구성된 기획전시실, 체험과 참여를 통해 전시를

청자 비룡 모양 주전자(고려시대) 국보 제61호

이해하도록 설계된 어린이박물관, 박물관 야외정원을 이용하여 석탑 등 다양한 석조유물을 전시한 석조물 정원으로 이뤄져 있다.

　박물관 건물 주변을 보면 전통적인 배산임수로 배치되어 있고, 거울못, 미르폭포, 나들못을 통하여 용산가족공원과 자연스럽게 연결되어 있어 산책하기도 좋다. 또한 이곳에서는 관람객에게 역사와 문화유물에 대한 해설을 통해 감동을 전하는 관람 서비스를 제공하고 있는데, 국립중앙박물관 전관 해설과 각 전시관별 해설을 들으면서 우리 역사와 문화의 소중함을 느낄 수 있다. 이밖에도 국립중앙박물관 내에 있는 극장 '용'에서는 흥미로운 공연이 준비되어 또 다른 즐거움을 준다. 전시관 내에 카페테리아와 휴게 공간, 아트숍, 식당가, 편의점 등이 있어 편리하게 이용할 수 있다.

청자정

국립중앙박물관의 랜드마크라고 할 수 있는 청자정은 한국 박물관 개관 1백 주년 기념 사업으로 건립되었는데, 1157년(고려 의종 11년) 대궐 별궁에 양이정을 짓고, 지붕을 청자로 덮었다는 고려사 기록에 근거해서 만들었다. 청자로 빚은 기와는 전 세계에서 유일무이해 우리의 독창적인 문화를 보여준다.

석조물 정원

국립중앙박물관의 석조물 정원은 돌로 만든 전시물을 한데 모은 야외 전시장이다. 통일신라시대부터 조선시대까지 만들어진 석탑과 석불 등을 서로 비교하면서 감상할 수 있다.

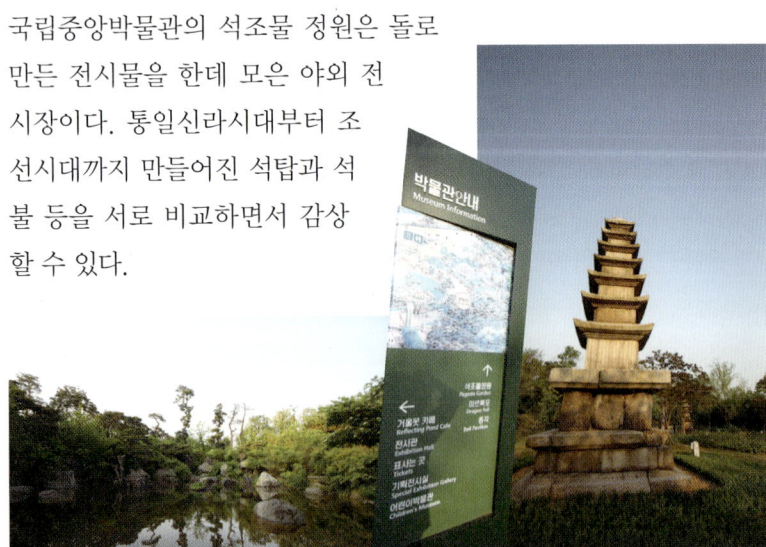

용산가족공원

국립중앙박물관과 연결된 용산가족공원은 시원스럽게 탁 트인 잔디밭, 주변과 잘 어울리는 연못, 산뜻하게 닦여진 산책로가 시민들의 나들이를 즐겁게 만든다.
미8군 골프장 부지를 공원으로 조성한 곳으로, 국립중앙박물관 건립에 따라 공원이 축소되어 현재 9천여 제곱미터를 사용하고 있다.
골프장의 잔디, 숲, 연못 등은 그대로 유지한 채 2킬로미터의 산책로, 자연학습장, 태극기공원 및 잔디광장 등을 새로 조성했다.
공원 곳곳에는 비둘기, 호로새, 야생꿩, 청동오리 등이 서식하고 있고, 조각품도 전시되어 있다.

☎ 02) 792-5661

그곳에
가보고
싶다면

국립중앙박물관 가는 길

🚇 4호선, 중앙선 이촌역

🚌 간선 100, 502
　 지선 0018, 2016, 6211
　 순환 90S투어
　 공항 6030

☎ 02) 2077-9000

- 이용시간
　 화요일, 목요일, 금요일 09:00~18:00
　 수요일, 토요일 09:00~21:00
　 일요일, 공휴일 09:00~19:00
- 월요일 휴관

서울이 주는 선물 4.

공원

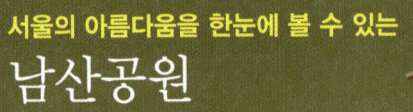

서울의 아름다움을 한눈에 볼 수 있는
남산공원

남산은 한양이 조선의 도읍으로 정해지면서 도성의 남쪽에 위치하는 산이라는 뜻으로 남산이라고 불렀다. 조선시대의 모습을 담은 《한경식략》이라는 책에서는 남산이 안장을 벗어버리고 훌훌 달리는 말의 형상이라고 표현하고 있다.

남산의 정상에는 5개의 화구를 가진 봉수대가 설치되어 있는데, 전국에서 올라오는 중요한 봉화가 서울로 집결되게 하여 도성 방어의 중심적 역할을 수행했다.

남산은 조선의 개국 이후 역사의 무대에 등장하는데, 조선은 서울에 도읍을 정하고 남산을 비롯해 북악산, 인왕산, 낙산을 외부 방패로 삼았다. 그리고 이 산들을 잇는 18킬로미터 가량의 성곽을 축조했는데, 이 성곽이 서울성곽(현재 서울성곽은 서울 한양도성으로 명칭이 변경되었다.)이다. 성곽은 높이와 험난한 정도에 따라 높고 험한 곳은 석성으로, 낮고 평탄한 곳은 토성을 쌓았는데, 남산은 높이가 높고 험난한 지역에 해당하여 석성으로 축조되었다. 이후 여러 차례 증축과 보수가 이루어졌고 현재는 국가지정문화재 사적 제10호로 지정되었다.

　《태조실록》에 의하면 1395년(태조 4년) 남산을 목멱대왕으로 봉하고 이를 모시는 사당을 목멱신사라고 했는데, 해마다 기우제 등을 올리면서 목멱신사를 국사당이라고 불렀다고 한다. 다시 말해 남산은 서울의 방패이면서 서울을 지켜주는 산신을 모시고 제사를 올렸던 제단 구실을 했던 곳이었다.

이승만 전 대통령의 호를 따서 우남정이라고 불렸던 남산의 팔각정. 4·19혁명 때 철폐되어 그 후에 다시 세워졌으며 현재는 남산의 명소가 되었다.

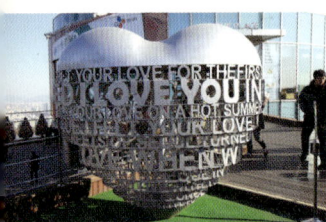

　남산에는 높이 236.7미터의 N서울타워와 탑골공원의 정자를 본뜬 팔각정, 남산봉수대, 남산케이블카 등의 볼거리와 휴식 공간이 있다. 또한 도심에 위치해 있어도 191종의 수목과 361종의 풀이 자생하고 있으며 꿩, 다람쥐 등 61종의 날짐승과 들짐승도 서식하고 있다.

　이외에도 1997년에 조성된 소나무숲이 있는 야외식물원, 2002년에 남산외인아파트 2동을 철거한 후 '남산 제 모습 가꾸기' 사업의 일환으로 조성된 야생화공원과 소월시비를 비롯한 기념비, 유관순 동상을 비롯한 애국선열들의 동상을 곳곳에서 볼 수 있다.

남산봉수대

조선시대 초고속 통신시설인 남산봉수대는 일명 경봉수 또는 목멱산 봉수라고도 불렸다. 1423년(세종 5년) 2월 병조의 요청에 따라 남산에 설치된 5개소의 봉화 중 하나로, 봉화대에서 올라오는 봉화를 최종적으로 집결하여 상황을 도성에 알리는 역할을 하였다.

남산봉수대는 전국의 5개 주요 간선로에서 보내오는 봉수를 받는데, 전국 어느 곳에서 올리든 12시간 내에 남산으로 도착하도록 했다.

전국 각지의 정보를 받아 병조에 종합해서 보고를 하고, 병조는 이를 매일 새벽 승정원에 보고하여 국왕에게 알렸는데, 변란이 있으면 밤중이더라도 즉시 승정원에 보고하였다. 갑오개혁 다음 해인 1894년까지 거의 5백여 년 동안이나 사용되었다고 한다.

[남산봉수대 봉화의식]
화요일~일요일 10:00~12:30
(월요일 휴무)
[남산봉수대 전통 문화 공연]
장소 : 남산 팔각정
화요일~일요일 15:00~15:30
(월요일 휴무)

남산봉수대 봉화의식은 남산봉수대를 순찰하는 순찰의식과 봉수군이 수비하는 수위의식, 거화를 올리는 봉수의식으로 진행된다.

남산케이블카

남산케이블카는 남산 정상까지 오를 수 있는 대표적인 교통수단으로, 1962년 5월 12일 운행이 시작된 우리나라 최초의 케이블카다. 케이블카를 통해 아름다운 남산과 서울의 모습을 조망할 수 있다.

🚇 4호선 명동역 3번 출구에서 퍼시픽 호텔 오른쪽 길
🚌 남산오르미 : 남산3호터널 입구에서 케이블카 승강장 입구까지 운행 (09:00~24:00 무료 운행)
☎ 02) 753-2403 주간
　02) 757-1308 야간

N서울타워

서울의 아름다운 모습과 화려한 야경을 한눈에 내려다볼 수 있으며 남산의 가장 높은 곳에 위치한 N서울타워는 수도 서울의 공간적 중심이자 상징적인 랜드마크의 역할을 하고 있다.

　서울을 한눈에 볼 수 있는 전망대는 일요일부터 목요일은 밤 11시까지, 금요일과 토요일은 밤 12시까지 운영한다. 플라자 2층에 위치한 루프테라스는 연인들이 사랑을 맹세하고, 서로의 사랑을 자물쇠로 굳게 걸어 잠그는 로맨틱한 장소로도 유명하다.

삼순이 계단

현빈과 김선아가 출연했던 드라마 〈내 이름은 김삼순〉 엔딩신 장소로 나와 유명해진 곳이다. 연인들이 많이 찾고 있으며, 관광객들의 기념 촬영지로 인기가 높다.

　서울시 교육연구정보원 옆에 있는 가파른 계단이 바로 삼순이 계단이다.

남산도서관

오랜 역사를 자랑하는 남산도서관은 서울의 중심에 위치하여 서울의 전 지역에서 쉽게 접근할 수 있으며 남산의 수려한 경관까지 볼 수 있어 서울·경기권의 여러 곳에서 이용자들이 많이 찾고 있다. 또 외국인들이 쉽게 찾아올 수 있다는 점에 착안하여 우리나라를 알리기 위한 자료나 외국인들이 이용할 수 있는 원서 자료의 수집을 특성화한 곳이다.

- 이용시간
  자료실 09:00~22:00(주말 17시까지)
  열람실 07:00~22:00(11월~2월 9시 개관)
- 1, 3주 월요일, 공휴일 휴관
- ☎ 02) 754-7338

서울애니메이션센터

서울시가 국내 만화, 애니메이션 산업을 지원·육성하기 위해 설립하고 SBA가 운영하는 기관이다. 시설로는 국산 캐릭터를 활용하여 애니메이션의 원리를 재미있게 배울 수 있는 캐릭터 체험 전시실, 문화콘텐츠 관련 자료가 있는 도서정보실, 다양한 영상 자료와 시청석이 마련되어 있는 애니툰존, 애니메이션 전용극장인 서울애니시네마 등이 있다.

- 이용시간
  09:00~18:00
- 월요일, 공휴일 휴관
- ☎ 02) 3455-8341

안중근의사기념관

독립운동가 안중근 의사를 기리는 기념관이다.

안중근 의사의 사진을 비롯해 부조·붓글씨·관련 자료 등이 전시되어 있으며, 삼흥학교 졸업하기, 안중근 의사에게 편지쓰기 등의 프로그램을 체험할 수 있는 체험전시실도 있다.

- 이용시간
  3월~10월 10:00 ~ 18:00
  11월~2월 10:00 ~ 17:00
- 월요일(월요일이 공휴일인 경우 개관하고 다음 날 휴관),
  1월 1일, 명절 당일 휴관
- ☎ 02) 3789-1016, 1026

그곳에
가보고
싶다면

남산공원 가는 길

🚇 4호선 명동역

🚌 간선 143, 401, 402, 405, 406, 503, 505
　 지선 7013A, 7013B
　 순환 02, 03, 05, 90S투어

☎ 02) 3783-5900

선유도공원
정수장에서 생태공원으로

한강 위의 작은 섬 선유도에서는 도심과 전혀 다른 여유로움을 느낄 수 있다.

지금의 서울 영등포구 양평동에는 매혹적인 봉우리가 있었는데, 바로 선유봉(仙遊峯)이다. 조선시대 진경산수화의 대가인 겸재 정선이 1742년 비단에 채색한 선유봉의 모습은 신선이 놀았던 봉우리처럼 보인다. 그림 속 봉우리와 능선의 소나무, 강변에 한가롭게 떠 있는 나룻배 등이 마치 무릉도원 같다.

그러나 이 아름다운 봉우리는 일제에 의해 사라졌다. 일제가 제방을 쌓거나 비행장을 건설하기 위해 선유봉의 암석을 채취한 것이다. 이후

1978년 이곳에 정수장이 세워졌고, 2002년에는 공원으로 재탄생되었다.

선유도공원

양화대교 중간에 위치한 선유도공원은 과거 정수장 건축물을 재활용하여 국내 최초로 조성된 생태공원이자 '물(水)공원'이다. 선유도 일대에 기존 건물과 어우러진 수질정화원, 수생식물원, 환경물놀이터, 시간의 정원 등을 조성해 생태교육과 자연 체험의 장을 제공하고 있다.

이밖에도 한강역사관에는 한강유역의 지질과 수질·어류·수종 등 생태계와 한강을 주제로 한 지도, 한강변 문화유적 등의 생활상이 전시되어 있을 뿐 아니라 한강 관리의 역사까지 한눈에 볼 수 있도록 정리되어 있다.

겸재 정선의 진경산수화.

선유정

선유정은 선유도가 개발되기 전부터 있었던 정자로, 선유정수장을 생태환경공원으로 조성하면서 소박하지만 전통미를 살린 선유정을 복원했다. 이곳에 오르면 한강 맞은편 마포와 용산 일대의 한적한 강변 장관을 볼 수 있다. 옛 모습을 그대로 복원해놓아 선인들의 풍류도 느낄 수 있다.

선유교

선유교는 한강시민공원 양화지구와 선유도를 이어주는 다리다. 미래지향적 테크놀로지와 자연친화적 이미지 조화를 목표로 하고 이러한 상징성을 구현하기 위해 일반적인 육교와는 다르게 날렵한 아치 형태의 보행자 전용 교량으로 제작되었다. 무지개 모양의 선유교는 수면에 반사되는 아름다운 조명 경관을 연출한다.

밤이 되면 조명으로 더욱 빛을 발하는 선유교의 모습.

환경놀이마당

선유도공원의 환경놀이마당은 원형 구조물과 철제다리, 그리고 녹슨 송수관을 재활용하여 옛 정수장의 흔적을 느낄 수 있도록 놀이와 휴식 공간을 연출했으며 바닥은 흙으로 되어 있다. 나들이 나온 부모와 어린이들이 즐겨 찾는 곳이다.

수생식물원

선유도에 있는 수생식물원은 침전지에서 흘러들어온 물을 모래와 자갈로 된 여과장치를 이용하여 물 속의 불순물을 걸러내는 곳이었다. 이곳에는 금불초, 물억새, 낙지다리, 노랑꽃창포, 어리연꽃, 네가래, 생이가래, 백련, 수련 등의 하천이나 늪, 습지에서 볼 수 있는 각종 수생식물들을 생활형에 따라 분류해 식재해놓있다.

녹색기둥의 정원

이곳은 정수된 물을 담아두던 정수지의 흔적을 볼 수 있도록 상부를 받치고 있던 기둥을 그대로 살려 담쟁이 덩굴식물로 꾸며놓았다. 마치 오래된 조각작품을 보고 있는 듯한 신비로움을 느낄 수 있는데, 특히 조명과 어우러지는 모습이 아름다워 영화나 드라마 촬영지로 각광받고 있다.

환경물놀이터

수질정화원에서 정화된 물을 이용하여 조성한 놀이터로, 물높이를 낮게 하여 아이들이 안전하게 물놀이를 즐길 수 있도록 하였다. 수로 위쪽으로는 모래놀이를 할 수 있는 모래밭이 있고, 물놀이 주변 공간에는 목재 평상을 설치하여 아이들이 젖은 몸을 말리고 쉴 수 있도록 꾸며놓았다.

그곳에 가보고 싶다면

선유도공원 가는 길

🚇 2, 6호선 합정역 9번 출구에서 버스 환승
   2, 9호선 당산역 1, 9번 출구에서 버스 환승
   9호선 선유도역 2번 출구

🚌 간선 602, 603, 604, 605, 642, 642, 661, 670, 760
   지선 5616, 5712, 5714, 6514, 6623, 6631, 6632, 6712, 6716, 7612
   일반 2, 60, 60-3, 70, 70-2, 70-3, 88
   마을 영등포02

☎ 02) 3780-0590~5

한강과 어우러지는
여의도의 공원들

해마다 여의도에서는 벚꽃이 활짝 피어나는 4월 중순 경에 한강 여의도 봄꽃축제가 열린다.

여의도 한강공원은 정치·금융·언론의 중심지인 여의도에 자리하고 있으며, 지하철·버스 등 대중교통을 이용한 접근성이 좋아 직장인과 일반 시민들이 즐겨 찾고 있다.

봄에는 한강 여의도 봄꽃축제가, 가을에는 서울세계불꽃축제 및 각종 공연과 마라톤 등 다양한 행사가 이어져 볼거리와 즐길거리가 풍성한 휴식 공간이 되고 있다.

또한 철새 도래지인 밤섬, 여의도 샛강 등이 비교적 자연 그대로 보

서울세계불꽃축제

수상 레포츠

존되어 있어서 생태학습장이나 자연친화적인 공원으로도 손색이 없다. 뿐만 아니라 한강르네상스 특화사업으로 물빛광장, 수상무대 및 수상분수, 빛의 폭포, 피아노 물길, 페스티벌랜드, 요트마리나 등의 시설물들이 새로 조성되어 시민들에게 더욱 사랑받고 있다.

여의도공원

뉴욕에 센트럴파크, 런던에 하이드파크가 있다면 서울에는 여의도공원이 있다. 여의도공원은 도심에서 자연을 접할 수 있는 녹색 공간으로 어린이에서 노인에 이르기까지 모든 시민들이 여가와 휴식, 산책, 운동뿐만 아니라 각종 문화행사를 즐길 수 있는 장소다. 한국 전통의 숲, 잔디마당, 자전거도로, 산책로, 문화의 마당, 자연생태의 숲으로 이루어져 있다.

63시티

대한민국의 랜드마크라 할 수 있는 63시티는 여의도에 있는 고층 건물이다. 지상 60층, 지하 3층 규모이며, 지상높이 249미터에 달하는 하늘을 찌를 듯이 높이 솟아오른 빌딩에 갖가지 볼거리들이 있어 서울의 상징적인 관광 명소로 손꼽힌다.

63스퀘어(Square)라고 부르는 지하 1층은 생생한 바다세상을 체험할 수 있는 '63씨월드', 풍부한 상상력이 만들어내는 이야기 공간인 '63아이맥스영화관', '63뷔페 파빌리온'을 비롯해 전문 레스토랑, 격조 높은 인테리어와 새로운 미각을 선보이는 푸드코트, 베이커리, 카페 등으로 구성되어 있다.

지하 3층에는 국내 최초의 밀랍전시관인 '63왁스뮤지엄'이 있다. 또한 해발 264미터로 하늘에서 가장 가까우며 세계에서 가장 높은 전망대 미술관인 '63스카이아트'에서는 작품과 함께 서울의 전망까지 감상할 수 있다.

- 63스카이아트 10:00~22:00
- 63씨월드 10:00~22:00
- 63왁스뮤지엄 10:00~22:00
- ☎ 02) 789-5663 고객센터

서울색공원

서울색공원은 마포대교 교각과 둔치 사이의 하부 공간에 색을 주제로 조성된 공원이다.

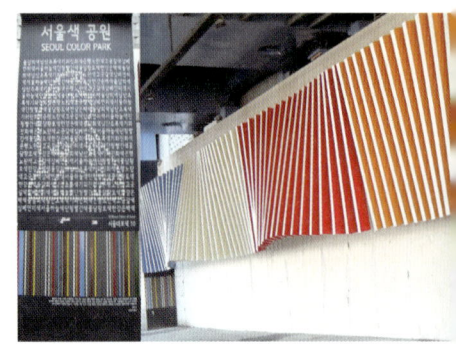

  서울시는 색채환경 개선과 고유한 도시 이미지 형성을 위하여 서울의 색을 선정하고, 이 색들을 적용한 서울색공원(Seoul Color Park)을 조성하였다. 이곳에서는 한강을 찾는 시민들에게 휴식과 함께 일상적 디자인을 체험할 수 있는 기회도 제공하고 있는데, 한강의 물결을 형상화한 서울색 조형물, 서울의 10가지 대표색을 활용한 서울색 바코드 그래픽 및 벤치 등이 설치되어 있다. 또한 인라인 스케이트장, 파크골프장 등의 체육시설이 있고 자전거를 대여할 수도 있어 다양하게 즐길 수 있다.

여의도 샛강생태공원

서울 한복판에 온갖 야생화가 피어나는 들판과 버들치, 송사리, 붕어가 뛰노는 샛강이 있다. 이곳은 여의도의 샛강을 환경친화구역으로 만들고 자연학습장으로 활용하기 위해 조성한 국내 최초의 생태공원

으로, 천연기념물 제323호인 황조롱이를 비롯해 흰뺨검둥오리, 왜가리, 제비꽃, 말즘, 버들치 등 희귀 동식물이 살고 있다.

  갈대와 물억새가 무성하게 자라는 여의도 샛강생태공원에는 6킬로미터의 산책로가 조성되어 있고, 20~30미터 간격으로 안내판이 설치되어 있어 우리 토종식물에 대해 공부할 수 있다.

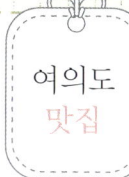

여의도
맛집

63뷔페 파빌리온

63시티 지하에 위치한 국내 최대 규모의 뷔페 레스토랑 파빌리온은 프리미엄 뷔페 레스토랑 중에서 가장 많은 고객 수를 자랑하고 있다. 한식, 중식, 일식, 양식 등 2백여 가지의 다양한 종류와 맛으로 미식가들 사이에서 정평이 나 있다.

- 영업시간
  평일 12:00~15:00, 18:00~22:00
  주말 및 공휴일
  점심 (1부) 11:00~13:00 (2부) 13:40~15:30
  저녁 (1부) 17:00~19:20 (2부) 19:40~22:00
  ☎ 02) 789-5731~4

양마니

양마니는 '양마니아'의 줄임말로, 양 대창구이 전문점이다. 양마니만의 특제 소스와 신선한 재료로 씹을수록 고소함이 깊어지는 맛이 일품이다.

- 영업시간
  평일 11:30~22:30
  주말 11:30~22:00
  ☎ 02) 784-9282

모락

한식과 다채로운 우리의 전통 술을 맛볼 수 있는 모락은 가족 모임이나 각종 비즈니스 모임 장소로도 인기가 높다. 모둠버섯 비빔밥, 모락 떡갈비, 차돌박이 향채무침 등 모락에서만 즐길 수 있는 모던한 담음새의 한식은 눈으로 보기만 해도 즐거워진다.

- 영업시간 11:30~22:30
- 주차 런치 1시간(6시 이전), 디너 1시간 30분(6시 이후)
  ☎ 02) 783-4934

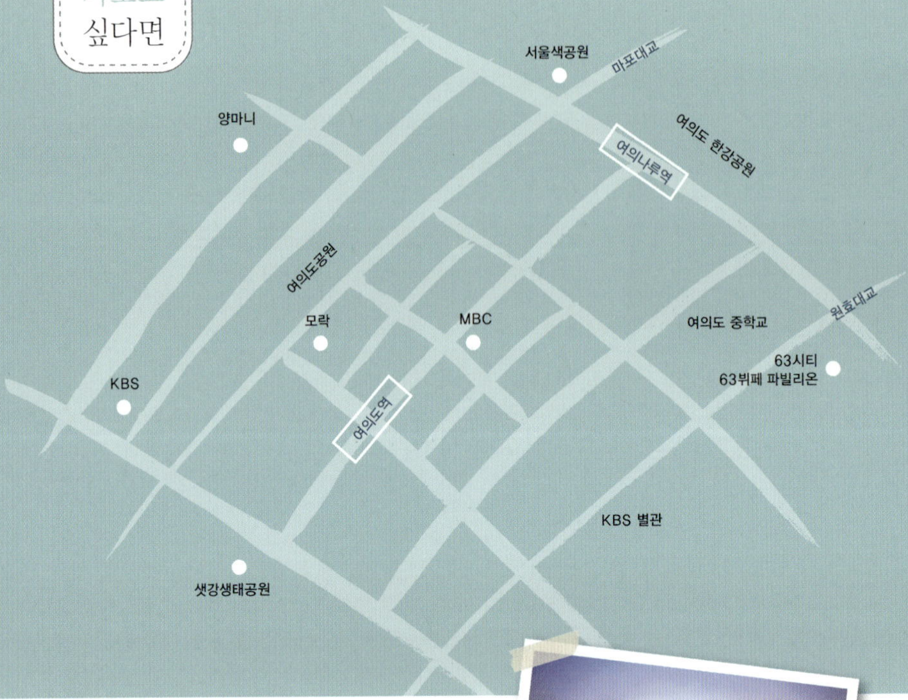

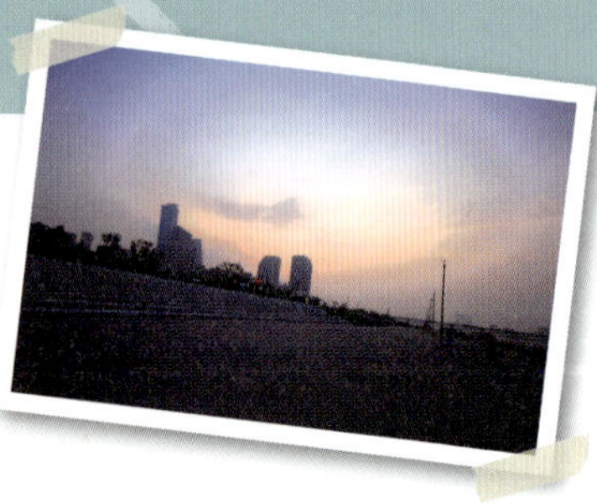

여의도의 공원 가는 길

🚇 **여의도 한강공원** 5호선 여의나루역
여의도공원 9호선 국회의사당역, 5, 9호선 여의도역
여의도 샛강생태공원 9호선 여의도역, 샛강역

🚌 간선 160, 162, 260, 261, 262, 360, 360, 362, 461, 503, 505, 600, 661, 662, 662, 753
지선 5012, 5534, 5615, 5618, 5623, 5633, 5713, 5713, 6513, 6623, 6623, 6628, 6628, 7611, 7613, 8153
좌석 108, 300, 301, 320, 700, 871, 2500, 5601, 8600, 7007-1, M5609, M7613
일반 10, 11-1, 11-2, 70-2, 83, 88, 510, 1002
공항 6030
순환 61, 62

☎ 02) 3780-0561 여의도 한강공원
  02) 761-4079 여의도공원
  02) 3780-0570 여의도 샛강생태공원

월드컵공원

쓰레기더미에서 생태숲으로 다시 태어난

월드컵공원에는 유니세프광장을 비롯하여, 별자리광장, 평화잔디광장, 난지잔디광장, 평화광장 등이 있어 놀이 공간과 휴식 공간 역할을 하고 있다.

유니세프광장은 2002년 월드컵경기 기간 중 전야제를 비롯한 다양한 행사가 열려 많은 사람들이 모였던 곳이다. 수변음악회 등 다양한 이벤트가 진행되고 있으며, 많은 시민들이 자전거와 인라인 스케이트 등을 즐길 수 있다. 별자리광장은 바닥에 별자리(천상열차분야지도)를 표현해놓았으며, 이 광장과 별자리휴게소 사이에는 바닥분수가 설치되어 있어 아이들의 물놀이 장소로 이용되고 있다. 평화잔디광장은 드넓은 잔디밭을 배경으로 계절에 따라 여러 가지 꽃이 어우러져 산책하기 좋다. 난지잔디광장은 학생

[월드컵공원 관찰교실]
나무교실, 유아나무교실, 초록빛교실, 조류탐사교실, 곤충채집과 관찰, 토요가족 자연관찰회
[월드컵공원 체험교실]
공원에서놀자, 나무곤충만들기, 유아 자연 체험, 자연놀이
※ 참가비 무료, 참가인원 20명
　주중 프로그램 단체(15명 이상)는 반드시 사전에 협의
☎ 02) 300-5541 월드컵공원관리사업소 환경보전과

들의 사생대회나 놀이 공간으로 사용되고 있다. 평화광장은 월드컵공원과 경기장을 배경으로 펼쳐지는 각종 마라톤, 걷기대회 등 많은 사람들이 함께 즐기는 행사 장소로 각광받고 있다.

　테마정원으로는 월드컵공원 기념표석이 있는 평화의 정원, 잔디밭 사이로 나무 그늘이 많아 피크닉 장소로 애용되는 평화의 정원 피크닉장, 귀화식물원이 있다. 테마길로는 많은 시민들이 자전거와 인라인 등을 탈 수 있는 공간으로 이용되고 있는 메트로폴리스길, 산림욕을 즐길 수 있는 아름다운 메타세콰이어길, 산으로 변해버린 하늘공원과 노을공원을 감싸고 도는 난지순환길이 있다.

평화의 공원

평화의 공원은 2002년에 개최된 월드컵을 기념하고 세계인의 화합과 평화를 상징하는 이미지를 나타내도록 열린 광장으로 만들었으며, 지역 주민들의 휴식과 운동 공간으로 꾸며졌다.

이곳에는 유니세프광장과 난지연못을 비롯해 평화의 정원, 피크닉장, 난지도 이야기(월드컵공원 전시관) 등이 있다.

하늘공원

하늘공원은 광활한 초지(草地)공원으로 월드컵공원 내에서 가장 사랑받는 곳이다. 남북쪽에는 높은 키의 억새와 띠를, 동서쪽에는 낮은 키의 야생초를 심었는데, 바람에 흔들리는 억새와 띠, 야생초는 시민들에게 자연 속에서 여유로움과 정겨움을 느끼게 해준다.

이곳은 서울 시내가 한눈에 내려다보일 정도로 조망이 좋고, 풍광이 빼어나기로 소문난 곳이다. 북쪽으로 북한산, 동쪽으로 남산과 63시티, 남쪽으로는 한강, 서쪽으로는 행주산성이 하늘공원을 둘러싸고 있으며 이러한 좋은 조망을 살려 경사진 면에 전망대와 쉼터가 설치되어 있다. 또한 5개의 거대한 풍력발전기가 있는데, 이 풍력발전기를 이용해 10킬로와트의 전력을 생산하고, 이렇게 생산된 전력은 공원 내 자체 에너지원으로 사용되고 있다.

10월에는 억새축제가 열리는데, 삶에 지친 시민들이 은빛 억새 물결 사이를 거닐며 해질녘의 여유를 만끽할 수 있도록 야간에도 개장한다. 노을공원이 따로 있긴 하지만 하늘공원의 억새 위에 걸쳐진 노을은 최고라 할 수 있다. 다채로운 공연과 행사도 있어 여유로움과 가을의 정취를 마음껏 느낄 수 있다.

노을공원

탁 트인 시야의 너른 잔디밭에 한강과 북한산이 병풍처럼 둘러져 있고, 한강 하류를 바라보는 노을이 특히 아름다운 노을공원은 조각공원, 바람의 광장, 노을캠핑장, 난지순환길로 되어 있다.

조각공원은 자연과 예술이 어우러져 있는 곳으로 곳곳에 작가들의 조각품을 전시해놓았다. 한강과 노을이 배경이 되어 작품들을 한 폭의 아름다운 그림처럼 감상할 수 있다.

넓은 목장 같은 바람의 광장은 시민들의 휴식 공간과 운동 공간, 사색 공간으로 활용되는데, 이곳에서 서울의 아름다운 일몰을 볼 수 있다. 노을캠핑장은 도심 속에서 아름다운 노을과 서울의 경관을 감상하고, 잔디에서 조용히 쉴 수 있는 곳이다.

노을공원 입구에서부터 끝까지 이어져 있는 난지순환길은 자전거와 산책, 조깅을 할 수 있도록 도로가 편리하게 정돈되어 있다. 하늘공원에서 노을공원으로 이어지는 난지순환길 중 9백 미터 정도 시원하게 뻗은 메타세콰이어길은 월드컵공원의 대표적인 명소 중 하나다.

[노을캠핑장]
- 이용기간 5월 1일~11월 30일
- 이용시간 14:00~다음날 12:00 (22시까지 입장완료)
- 예약 worldcuppark.seoul.go.kr
- ☎ 02) 300-5571

난지캠핑장

한강의 아름다운 전경과 생태공원이 어우러진 난지캠핑장은 월드컵 상암경기장 주변 공원인 난지 한강공원 내에 있는, 최신 시설을 갖춘 21세기형 캠핑장이다. 지하철을 타고 방문할 수 있을 만큼 접근성이 뛰어나다.

하늘공원, 난지천공원, 평화의 공원과 연결되어 있으며 유람선, 요트장, 천연 잔디 야구장, 운동장, 중앙광장, 수영장 등 다양한 시설이 있어 편리하게 이용할 수 있다. 또한 한강변까지 바로 자갈길이 이어져 운치를 더한다.

[난지캠핑장]
- 이용시간 10:30~다음날 09:00
- 입장료
  대인 3,750원/5~7세 2,000원
- 6호선 월드컵경기장역 하차 1번 출구 한강공원 방향 1.6킬로미터 지점에 위치
- 6호선 마포구청역 7번 출구 한강공원 방향으로 1.8킬로미터 지점에 위치
- ☎ 02) 304-0061~3

그곳에
가보고
싶다면

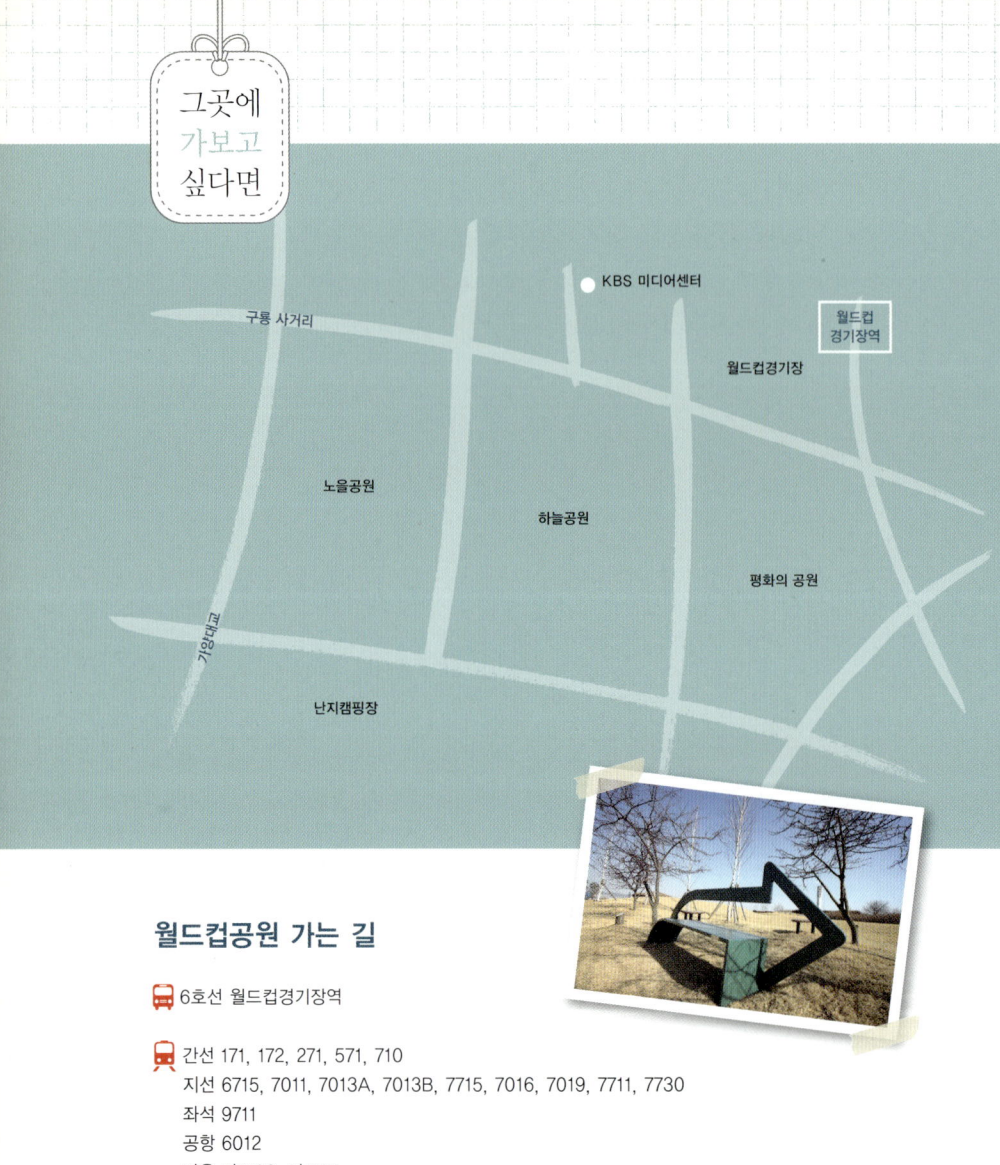

월드컵공원 가는 길

🚇 6호선 월드컵경기장역

🚌 간선 171, 172, 271, 571, 710
　　지선 6715, 7011, 7013A, 7013B, 7715, 7016, 7019, 7711, 7730
　　좌석 9711
　　공항 6012
　　마을 마포08, 마포15

☎ 02) 300-5500~2

도심 속 자연 체험장
서울숲

서울숲은 당초 골프장, 승마장이 있던 뚝섬체육공원 일대를 대규모 도시숲으로 조성한 곳으로, 2005년 문을 연 후 서울 시민들의 휴식 공간으로 사랑받고 있다. 이곳은 문화예술공원, 생태숲, 자연 체험학습원, 습지생태원, 한강수변공원의 5개 테마공원으로 나뉜다.

  최대 면적을 차지하는 문화예술공원은 휴식, 문화, 레포츠를 즐길 수 있는 공간으로 숲속길 산책로, 숲속놀이터, 무장애놀이터, 야외무대, 수변휴게실 등이 마련되어 있다.

생태숲은 과거 한강물이 흘렀던 곳으로 한강과 중랑천을 이어 야생 동물과 야생식물이 공생할 수 있도록 자연과 가장 가까운 환경으로 꾸민 것이 특징이다.

자연 체험학습원은 폐쇄된 정수장을 재활용하여 자연을 학습하고 체험할 수 있도록 되어 있으며 곤충식물원, 나비정원 등이 있다.

습지생태원은 조류 관찰대, 습지초화원 등 푸른 숲이 어우러진 자연 공간으로 친환경적인 체험학습장이다.

연인들의 데이트 코스로 각광받는 한강수변공원에는 자전거도로와 한강유람선 선착장이 있어서 젊음과 낭만을 마음껏 즐길 수 있다.

군마상

서울숲 입구에는 예전 경마장을 기념하는 스타트(START)라는 이름의 조형물이 있는데, 이 조형물은 출발신호 직후 달리는 말들의 모습을 표현한 군마상으로 새로운 도약을 상징하고 있다.

바닥분수

다양한 형태로 연출되는 경쾌한 물줄기가 바닥에서 솟아나와 색다른 물놀이를 즐길 수 있으며 아이들에게 인기 만점인 곳이다.

거울연못

서울숲광장 왼편에 위치한 거울연못은 수심 약 3센티미터의 얕은 연못으로 메타세콰이어 나무와 주변의 풍경, 맞은편에 위치한 응봉산이 거울처럼 비쳐 멋진 경관을 연출하고 있다.

서울숲 조각정원에는 책(최은경), 시인의 발자국(장형택), 약속의 손 (강희덕) 등의 40여 작품이 전시되어 있다.

조각정원
푸른 잔디 위에 모여 있는 조각작품들이 자연과 어우러져 있어 여유롭게 공원을 산책하며 작품을 감상할 수 있다.

숲속놀이터
다양한 형태의 친환경 놀이기구들이 상상력을 자극한다. 아이들이 마음껏 뛰어놀 수 있도록 안전하고 재미있는 시설들이 설치되어 있다.

바람의 언덕과 보행전망교
이곳은 서울숲에서 가장 높은 지역으로 한강에서 항상 바람이 불어와 '바람의 언덕'이라고 불린다. 이 언덕에는 대규모 억새밭이 조성되어 있어 가을이 되면 바람에 물결치는 억새들을 감상할 수 있다.

생태숲

서울숲에 방사된 고라니, 꽃사슴 등을 관찰할 수 있을 뿐만 아니라 한강의 풍경도 한눈에 담을 수 있는 멋진 산책로다. 야생동물이 머물 수 있도록 자연 그대로 보전하였고 일부 구간은 출입을 통제하고 있다.

[꽃사슴 먹이주기]
- 기간 : 2012년 3월 1일~10월 31일
- 화, 목, 토, 일요일
  1회 14:30 / 2회 15:30
- 정원 : 각 회당 2백 명
- ☎ 02) 460-2987

곤충식물원

급속 여과지 건물의 골조 위에 유리를 덧씌워 다목적 온실로 조성하였다. 이곳에서는 관엽식물과 열대식물, 1백여 종의 나비와 곤충을 볼 수 있다.

☎ 02) 460-2905

나비정원

나비정원에는 호랑나비, 산제비나비, 노랑나비, 흰나비 등 도심에서 볼 수 없는 다양한 나비들이 살고 있으며, 나비먹이식물과 흡밀식물이 심어져 있다. 나비 애벌레가 먹이를 갉아먹는 모습과 번데기가 부화되는 과정을 관찰할 수 있다.

갤러리정원

형형색색의 아름다운 꽃과 덩굴식물이 어우러져 있는 그림 같은 정원이다. 누구든지 편히 쉬고 갈 수 있는 열린 공간이다.

가족마당

기존의 골프장 잔디밭을 활용하여 가족들의 피크닉 장소로 조성하였다. 대규모 공연이 가능한 야외무대를 설치하여 음악회나 영화상영 등 다양한 문화프로그램이 진행되기도 한다.

야외무대

뚝도정수장 제1정수지 석축을 그대로 활용하고 스탠드를 설치하여 분지 형태의 소규모 야외 공연장으로 조성하였다. 소규모 문화행사가 진행되는 곳이다.

- 가족마당, 야외무대 신청
  park.seoul.go.kr
  ☎ 02) 460-2908

한강수변공원

서울숲 보행가교를 따라 걸으면 올림픽대로 위를 지나 한강수변공원이 보인다. 넓은 한강변을 따라 자전거도로가 있고, 수상 레저와 스포츠를 즐길 수 있다.

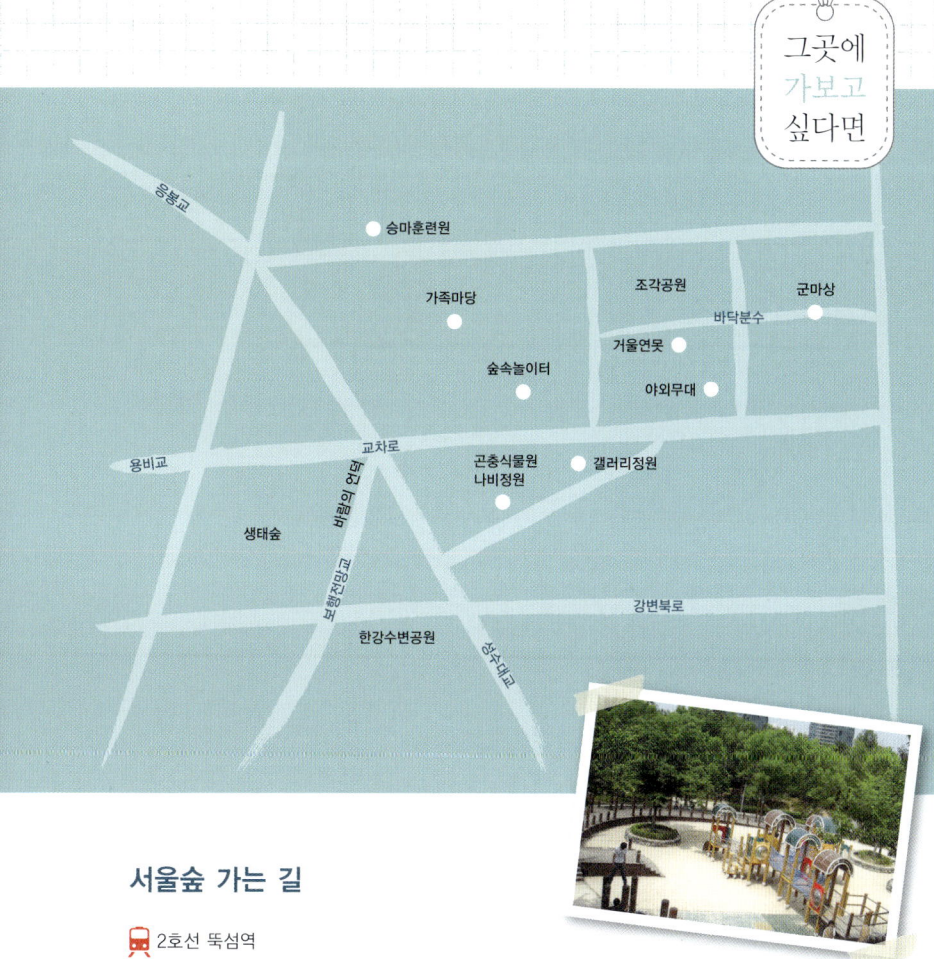

서울숲 가는 길

🚇 2호선 뚝섬역

🚌 간선 141, 145, 148, 410
지선 2014, 2016, 2224, 2412, 2413

☎ 02) 460-2905

88서울올림픽의 감동이 살아 있는
올림픽공원

86서울아시안게임과 88서울올림픽대회를 위해 지어져, 현재 시민들의 다목적 휴식 공간으로 사랑받고 있는 올림픽공원.

올림픽공원은 백제의 유적과 현대적 감각의 최신식 경기장, 숲과 잔디밭이 어우러져 있는 공원이다. 이곳은 도시민의 생활수준 향상으로 건강에 대한 욕구가 높아지면서 마땅한 휴식 공간이 없는 도시 속에서 시민들에게 휴식처뿐만 아니라 다양한 스포츠 공간과 문화 공연을 제공하고 있다.

이곳은 백제 초기 유적인 몽촌토성을 중심으로 142만 제곱미터의 대지 위에 조성되어 있는데 세계적인 작가들의 조각작품들, 기념조형물, 88놀이마당, 산책로, 올림픽스포츠센터 등이 들어서 있으며, 시민들을 위한 각종 공연이 수시로 열리고 있는 체육 공간, 문화예술 공간, 역사 공간, 다목적 휴식 공간의 역할을 하고 있다. 이외에도 인공호수인 몽촌해자에는 물억새, 노랑꽃창포 등 여러 식물이 심어져 있고, 이 식물들이 야생동물의 먹이가 되어 많은 동식물이 서식하는 생태보고 역할도 하고 있다. 또한 국내 최초의 스포츠박물관인 서울올림픽기념관에서는 88서울올림픽의 추억을 떠올릴 수 있다.

올림픽공원은 걸어서 한 바퀴 도는데 약 3시간 이상 걸릴 정도로 넓기 때문에 진입로와 동선을 미리 익혀둬야 관람이 편하다. 어린이를 동반했거나 시간을 절약하려면 평화의 광장 옆에서 호돌이열차(Road Train)를 이용하는 것도 좋다.

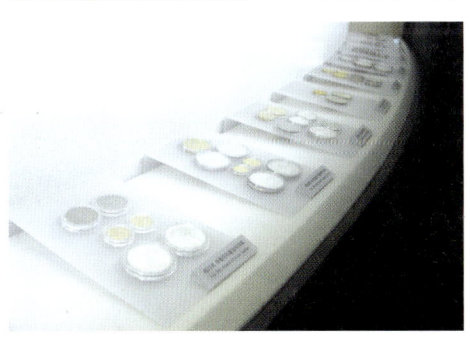

✓ 올림픽공원 9경 스탬프투어

올림픽공원 내에서 가장 아름다운 '9개 장소'와 '구경하다'라는 의미가 내포되어 있는 올림픽공원 9경은 한국사진작가협회에서 추천한 사진촬영 명소다. 이 9곳을 돌아보는 스탬프투어를 완주하면 소정의 기념품도 증정한다.

☎ 02) 410-1325

- 제1경 세계평화의 문
- 제2경 엄지손가락(조각)
- 제3경 몽촌해자 음악분수
- 제4경 대화(조각)
- 제5경 몽촌토성 산책로
- 제6경 외톨이 나무
- 제7경 88호수
- 제8경 들꽃마루
- 제9경 장미광장

올림픽공원 경기장

올림픽공원은 시민들에게 휴식 공간을 제공할 뿐만 아니라 각종 경기, 대형 콘서트, 이벤트 등을 위한 시설과 장소를 대여하고 있다. 88서울올림픽 경기가 열렸던 체조경기장, 펜싱경기장, 역도경기장, 수영경기장, 테니스경기장은 그 규모가 국제적이며 여러 가지 시설을 갖추고 있어 각종 스포츠와 행사 및 공연이 이루어지는 곳이다.

✓ 체조경기장

1만 5천 명을 동시에 수용할 수 있는 체육관으로 수납식 객석이 있어 다목적 공간으로 활용 가능하며, 체육행사·대규모 콘서트·박람회 등 다양한 행사를 하기 좋은 곳이다. 최근 전반적으로 보수하여 더욱 쾌적하고 안전한 환경에서 행사를 진행할 수 있다.

✓ 펜싱경기장(SK핸드볼경기장)

5천여 석 규모의 객석이 있으며 주경기장과 보조경기장으로 나뉘어져 있다. 보수공사를 통해 더욱 편리해진 환경 속에서 다양한 행사를 개최할 수 있다. 옆에 88잔디마당, 한얼광장 등 넓은 휴식 공간이 있어 이용이 더욱 편리하다.

✓ **역도경기장** (우리금융아트홀)

리모델링을 통해 1천 284석 규모의 뮤지컬 전문 공연장으로 새롭게 태어난 이곳은 다양한 장르의 공연을 보여줄 수 있는 문화공간이다. 지하철 5호선 올림픽공원역이 인접해 있어 대중교통 이용이 편리하다.

서울올림픽기념관

88서울올림픽 성공을 기념하기 위해 설립되었다. 서울올림픽의 성과와 그때의 감동을 체계적으로 정리하여 전시하고 있으며, 전시장 관람 외에도 학생들의 소풍이나 사생대회, 백일장 등의 장소로도 이용되고 있는 테마형 기념관이다. 평화의 장, 화합의 장, 번영의 장, 영광의 장, 희망의 장 등 5개 전시관과 스포츠 체험관, 기획전시실, 자료실로 이루어져 있다. 기념관 내에는 카페테리아와 기념품 숍 등의 부대시설이 마련되어 있다.

- 이용시간
  화요일~일요일
  10:00~18:00
- 월요일(월요일이 공휴일이면 화요일), 1월 1일, 명절 당일 휴관
- ☎ 02) 410-1354

몽촌토성

3~4세기 때 만들어진 백제의 토성으로 한강 지류를 끼고 있는 자연 지형을 이용해서 진흙을 다져 쌓아 만든 성벽이다. 북벽의 단을 이룬 곳에서 나무울타리인 목책이 세워져 있으며 주위에 해자가 둘러져 있는 것이 확인되었다.

이 성은 북쪽의 침공에 대비해서 세운 방어적인 성격을 띠고 있는 백제의 토성으로 밝혀졌으며, 성 내부에서 많은 유물들이 나와 백제 전기의 연구에 도움이 되고 있다. 곰말다리, 몽촌토성목책, 움집터 등을 직접 볼 수 있다.

몽촌역사관

올림픽공원 북2문에서 몽촌토성 쪽으로 조금 걸어가다보면 발견할 수 있다. 몽촌역사관은 몽촌토성에서 발굴된 진품 유물 95점과 모조 유물 149점 등이 전시되어 있어 백제의 대표적인 유물과 유적들을 한눈에 볼 수 있다. 이곳은 전시뿐 아니라 어린이 역사교실, 몽촌 가족 체험 프로그램을 운영하고 있으며, 살아 있는 교육장으로 당시의 백제를 생생하게 느낄 수 있도록 되어 있다.

- 이용시간 3월~10월 10:00~17:00
  11월~2월 10:00~16:00
- 월요일, 1월 1일 휴관
- ☎ 02) 424-5138~9

소마미술관

소마미술관은 자연과 공존하는 새로운 미술관이라는 비전으로 2006년 재개관되었다. 미술관 건물을 둘러싼 이곳의 조각공원은 서울올림픽을 기념하기 위한 국제야외조각심포지엄에 참가한 66개국 155명의 작품을 비롯해 현대 작가들의 조각작품 219점을 소장하고 있다.

미술관 1층에는 드로잉센터 전시실인 6전시실을 비롯해 스튜디오, 세미나실, 자료실 등이 있고, 2층에는 중정을 중심으로 1, 2, 4, 5 전시실이 있고 회랑을 따라가면 3전시실이 나온다. 특히 6전시실의 병풍처럼 펼쳐진 긴 통창을 통해 특색있는 테마로 조성된 조각공원의 전경까지 감상할 수 있다.

이곳은 몽촌해자를 사이에 두고 몽촌토성과 대칭을 이루는 약 142만 제곱미터에 이르는 넓은 녹지에 조성되어 있어 예술뿐만 아니라 친목의 장, 화합의 장의 기능을 하고 있다.

- 이용시간
  10:00~18:00
- 월요일, 1월 1일, 명절 당일 휴관
- 입장료
  대인 3,000원 / 청소년 2,000원 / 어린이 1,000원
- ☎ 02) 425-1077

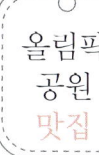

우리강산

올림픽공원 맞은편 방이동 먹자골목 내에 위치한 우리강산은 참숯으로 구워낸 생갈비로 유명한 곳이다.
한옥을 연상시키는 건물 외관이 더욱 운치 있으며 우리나라뿐만 아니라 일본에서도 유명하다. 한우생갈비와 한우양념갈비, 돼지양념갈비와 누룽지탕 등이 있다.

영업시간 10:00~22:00
☎ 02) 415-7131

제주뚝배기

제주의 신선함이 살아 있는 제주오분자기 뚝배기는 시원한 국물이 일품이다. 제주 성산포에서 직접 가져다 쓰는 신선한 재료가 감칠맛의 비밀이다.

영업시간 11:30~22:00
☎ 02) 2203-5353

청해진

올림픽공원 북문 바로 맞은편에 자리잡고 있어 유리창을 통해 올림픽공원 북문 내부와 울타리가 훤히 보이는 전망이 좋은 해물요리 전문 식당이다. 싱싱한 해물의 담백한 맛, 해물로만 만드는 육수, 매운 것 같으면서도 맵지 않은 양념맛으로 남녀노소 누구나 맛있게 즐길 수 있는 곳이다.

영업시간 11:00~22:00
☎ 02) 419-9520

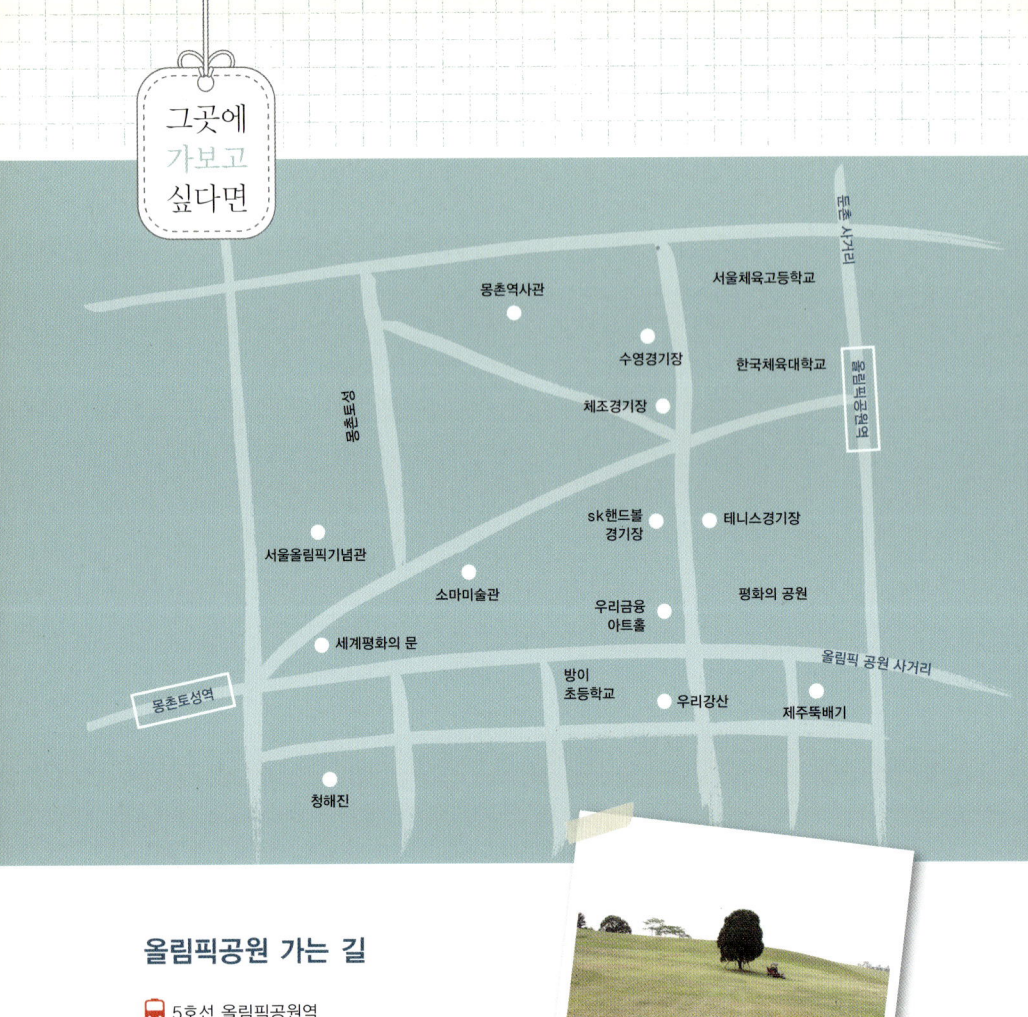

올림픽공원 가는 길

🚇 5호선 올림픽공원역
   8호선 몽촌토성역

🚌 간선 340, 341, 342
   지선 3220, 3318, 3319, 3411, 4318
   공항 6006
   일반 16, 30, 30-1, 30-3, 70

☎ 02) 410-1114

양재 시민의 숲

울창한 산림욕을 만끽할 수 있는

다양한 종류의 나무가 우거져 있고, 주변에 양재천이 흐르고 있어 휴식 공간은 물론 체험학습장으로도 손색이 없는 양재 시민의 숲.

양재 시민의 숲은 서초구 양재동에 위치한 공원으로, 소나무를 비롯해 느티나무, 단풍나무, 잣나무 등 70여 종에 달하는 수목들이 울창한 숲을 이루고 있다. 도심 속에서 산림욕을 할 수 있는 곳으로, 쉼터 역할은 물론 시민들의 피크닉 장소로 각광받고 있다.

공원 조성 이후 꾸준한 관리를 통해 자연생태를 잘 보존하여 체험학습을 하기에 가장 좋은 장소로 손꼽힌다. 숲생태지도자협회의 도움을 받아 진행되는 체험학습은 양재 시민의 숲에 심은 나무와 꽃, 서식하고 있는 작은 곤충들을 배우고 익힐 수 있는 좋은 기회가 되고 있다.

이곳에는 윤봉길 의사의 유물과 독립운동 관련 자료를 전시해놓은 윤봉길의사기념관, 한국전쟁 당시 비정규군 전투부대 희생자를 기리는 유격백마부대 충혼탑, 1987년 북한 테러로 폭파된 대한한공 858기 희생자 위령탑, 1995년 삼풍사고 희생자 위령탑 등이 있어 자연학습과 함께 한국 근·현대사의 굵직한 사건들을 되돌아볼 수 있다.

휴식 공간으로도, 체험학습장으로도 손색이 없는 양재 시민의 숲은 초등학생의 체험학습 장소로, 대학생들의 친목 모임이나 어르신들의 동창회 모임 장소로, 가족 나들이 장소로 사랑받고 있다.

맨발공원

맨발공원은 발바닥을 자극해서 혈액순환 작용과 면역 기능이 회복되어 자연치유력을 강화시킬 수 있는 곳으로 맨발로 걷는 길 140미터, 발 씻는 곳, 의자, 철봉 등의 시설이 마련되어 있다. 목재, 해미석, 황토, 화강석, 스테인리스를 사용해서 더 큰 효과를 볼 수 있도록 꾸며져 있다.

윤봉길의사기념관(매헌기념관)

독립운동가 윤봉길 의사의 업적과 그의 정신을 기리기 위해 세운 3층 규모의 기념관이다. 기념관 앞에 동상과 기념비도 세워져 있으며 윤봉길 의사의 유품과 생애 사진, 훈장, 그리고 항일독립운동 관련 사진 등이 전시되어 있다.

- 이용시간
  4월~10월 10:00~17:30
  11월~2월 10:00~16:00
- 월요일, 명절 휴관
- ☎ 02) 578-3388

양재 시민의 숲 가는 길

🚇 2호선 강남역 6번 출구 성남 방향 버스 환승
　3호선 양재역 7번 출구 성남 방향 버스 환승
　신분당선 매헌역

🚌 간선 140, 405, 407, 408, 421, 440, 441, 462, 470, 471
　지선 3412, 4432, 8441, 8442
　좌석 1005, 1151, 1570, 3200, 5001, 5001-1, 5002, 5003, 5006, 5500-3, 6501, 8101, 8131, 8201, 8251, 8311, 9200, 9201, 9300, 9404, 9408, 9500, 9501, 9503, 9510, 9800
　일반 11-3, 11-7, 500-5, 917
　마을 서초08, 서초09, 서초18, 서초20

☎ 02) 575-3895

서울이 주는 선물 5.

놀이동산

우리나라 최대의 놀이동산
에버랜드 리조트

일 년 내내 신나는 축제가 벌어지는 에버랜드는 다양한 시설과 볼거리가 가득하다.

에버랜드 리조트는 글로벌 페어, 아메리칸 어드벤처, 매직랜드, 유러피언 어드벤처, 주토피아 등 5개의 테마존으로 구분되어 각 존마다 그에 맞는 분위기로 다양하게 꾸며져 있다.

글로벌 페어에서는 이슬람, 스페인, 인도 등 세계 각지의 신기하고 아름다운 건물을 볼 수 있어 문화와 역사를 직접 체험할 수 있다. 아메리칸 어드벤처는 30여 종의 최신 놀이기구가 모여 있는데, 특히 미서부개척시대를 테마로 한 스릴 넘치는 놀이기구는 젊은층들에게 인기가 높다.

　매직랜드에서는 세계 유일의 이솝테마 공간으로 꾸며진 '이솝 빌리지'가 어린이들에게 많은 인기를 모으고 있다. 이솝 빌리지는 맞춤형 테마 공간으로, 이솝 할아버지가 운영하는 레스토랑, 직접 동화를 들려주는 엔터테인먼트, 어린이 전용 놀이터인 플레이야드 등 이솝 동화 속에 나오는 이야기를 그대로 즐길 수 있는 곳이다.

　유러피언 어드벤처에서는 세계 최고의 낙하각을 자랑하는 국내 최초 우든코스터 'T 익스프레스'가 젊은층에게 인기 만점이다. T 익스프레스는 77도 경사면에서 떨어지는 낙하 체험과, 3분이 넘는 탑승 시간 등 국내외 각종 기록을 갈아치우며 전 세계 롤러코스터 마니아들에게 최고의 어트랙션으로 평가받고 있다.

　에버랜드에서는 1년 내내 색다른 테마로 다양한 축제들과 국내 최고 수준을 자랑하는 초대형 이벤트가 매일 열리고 있다. 매년 1백만 송이 장미를 음악과 함께 즐기는 장미축제, 봄을 알리는 튤립축제, 밤하늘을 수놓은 불꽃놀이가 펼쳐지고, 계절별로 썸머 스플래쉬, 해피 할로

윈&호러나이트, 윈터 원더랜드 등도 열리고 있다.

　1만 5천 제곱미터 부지 위에 210종 2천 5백여 마리의 동물들이 있는 사파리월드 주토피아도 빼놓을 수 없는 에버랜드의 자랑거리다. 주토피아는 국내 최초 유인원 전용 테마 공간인 '프렌들리 몽키밸리'와 동물전시의 새로운 기법을 도입한 '애니멀 원더 월드'가 있어 수준 높은 동물원으로 거듭나고 있다. 특히 독수리와 매, 그리고 수백 마리의 뿔닭이 고공 비행하는 장관을 볼 수 있는 '판타스틱 윙스'는 1년 동안의 과학적인 훈련 아래 완성된 세계 유일의 리얼 버드쇼이다.

　이외에도 에버랜드는 2005년 세계테마파크협회에서 선정하는 퍼레이드 부문 대상을 수상하여 퍼레이드 연출력을 세계적으로 인정받기도 했다.

에버랜드의 프렌들리 몽키밸리는 동물과 인간과의 거리를 좁히고, 동물을 더 자세히 관찰함으로써 동물에 대한 애정을 나눌 수 있도록 꾸며졌다.

프렌들리 몽키밸리

에버랜드 내에 있는 프렌들리 몽키밸리는 오랑우탄, 침팬지 등 유인원과 원숭이들이 사는 국내 최초의 유인원 전용 테마 동물원이다.

실내, 실외 전시장을 포함 총 9천 9백여 제곱미터의 크기로 오랑우탄, 침팬지, 흰손긴팔원숭이 등 유인원 3종 18마리, 일본원숭이, 망토원숭이, 여우원숭이, 다람쥐원숭이, 브라자원숭이 등 총 10종 127마리의 원류(猿類)원숭이를 볼 수 있다.

전 세계적으로 3곳밖에 없는 21미터 높이의 '오랑우탄 타워', 온천욕을 즐기는 일본원숭이를 위해 제작한 '몽키 스파' 등 진기한 볼거리가 가득하다. 오랑우탄의 생태환경을 고려해 산비탈을 만들었고, 흰손긴팔원숭이를 위해서는 1백 미터에 이르는 로프를 걸어 줄타기를 할 수 있도록 꾸며놓았다.

돌출된 투명 아크릴 재질 캐노피인 '침팬지 버블'과 같은 독특한 관람 뷰(View)가 있어서 20센티미터 정도의 가까운 거리에서 동물을 관람할 수 있고, 21미터 높이에서 로프를 타고 건너는 오랑우탄 등도 볼 수 있다.

에버랜드 레스토랑

베네치아 레스토랑
베네치아 시 중심에 있는 성 마르코 대성당을 콘셉트로 만든 이탈리안 레스토랑. 곤돌라를 타는 기분으로 이국적인 느낌의 식사를 편안히 즐길 수 있다.

오리엔탈 레스토랑
글로벌 페어에서 가장 큰 식당 중 하나로, 새우커리 라이스 반상, 버섯불고기 덮밥 반상 등의 메뉴가 있다.

뉴욕 센트럴 스낵
아메리칸 어드벤처에 있는 식당으로 스테이크버거, 통살새우버거, 케이준치킨버거 등의 패스트푸드를 즐길 수 있다.

굿 프렌즈 캐빈
이솝 할아버지의 동화 세상을 구경하다보면 금방 배가 고파오는데, 이곳에서 튀김, 떡볶이, 만두 등의 분식을 맛있게 먹을 수 있다.

쿠치나 마리오
'마리오 아저씨의 부엌'이란 뜻의 피자&파스타 전문 레스토랑으로, 그림 같은 전망과 함께 바삭한 화덕피자와 풍부한 맛의 파스타를 즐길 수 있는 로맨틱한 레스토랑이다.

캐리비안 베이

물을 이용한 각종 놀이시설과 부대시설을 갖추고 있는 초대형 테마파크다. 중세 에스파냐 항구를 소재로 설계하여 만든 건물을 비롯해 각종 아열대식물과 난파선 등이 이국적인 분위기를 자아낸다.

아쿠아틱센터 존에는 겨울에 즐길 수 있는 스파·사우나·선텐룸 등이 있어 사계절 이용할 수 있고, 씨웨이브 존인 파도풀에서는 조파시스템이 만들어내는 인공파도를 즐기며 물놀이를 할 수 있다. 그밖에 와일드리버 존의 타워 래프트, 베이슬라이드 존의 워터 봅슬레이와 튜브 라이드 등도 짜릿함과 즐거움을 안겨준다.

✓ **따뜻하게 즐기자! 실내 코스**
유수풀 ⇨ 사우나 ⇨ 샌디풀 ⇨ 실내 어드벤처풀 ⇨ 풀사이드 슬라이드 ⇨ 실내 파도풀 ⇨ 스파

✓ **아찔한 재미를! 스릴만점 코스**
아쿠아 루프 ⇨ 타워 래프트 ⇨ 타워 부메랑고 ⇨ 튜브 라이드 ⇨ 서핑 라이드 ⇨ 파도풀

✓ **삼대가 모두 함께!**
와일드 블라스터 ⇨ 타워 래프트 ⇨ 파도풀 ⇨ 실내 어드벤처풀 ⇨ 유수풀 ⇨ 바데풀 ⇨ 미라클 스파 ⇨ 릴렉스룸

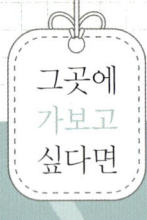

캐리비안 베이

호암미술관　　　　아메리칸
　　　　　　　　어드벤처　　　　글로벌 페어

　　　　　매직랜드

　　　　　　　　　　　주토피아

　　　　유러피언
　　　　어드벤처
　　　　　　　　　눈썰매장

에버랜드 리조트 가는 길

 강남역, 양재역 방면 5002
　　강변역, 잠실역 5700
　　강변역, 천호역, 강동역 1113
　　사당역, 남부터미널역 방면 1500-2
　　수원역 방면 66, 66-4

- 셔틀버스 안내
  www.daesungtour.co.kr
  ☎ (032) 322-7001

☎ (031) 320-5000

세계에서 가장 큰 실내 테마파크
롯데월드

롯데월드 어드벤처에서는 최첨단 놀이시설과 퍼레이드 공연, 레이저쇼 등을 즐길 수 있다.

롯데월드는 모험과 신비를 주제로 한 실내 놀이공원인 어드벤처, 석촌 호수 내의 야외 놀이공원인 매직아일랜드를 비롯해 쇼핑몰, 민속박물관, 아이스링크, 호텔, 백화점 등으로 구성되어 관광, 레저, 쇼핑을 한 곳에서 해결할 수 있는 대단위 복합생활공간이다.

   롯데월드 어드벤처에서는 최첨단 놀이시설을 비롯하여, 환상적인 퍼레이드, 각종 영상시스템, 레이져쇼, 다양한 공연을 연중무휴로 즐길 수 있으며 각국 음식을 맛볼 수도 있다. 연간 입장객 6백여 만 명 중

- 이용시간
  월요일~목요일 09:30~22:00
  금요일~일요일 09:30~23:00
- 야간개장
  월요일~목요일 16:00~22:00
  금요일~일요일 16:00~23:00
- 매직아일랜드는 시즌에 따라 종료시간 조정
- ☎ 02) 411-2000

10퍼센트가 외국인일 정도로 외국에도 관광 명소로 알려져 있다.

민속박물관에는 우리나라 5천 년 역사와 문화가 역사전시관, 모형촌, 놀이마당, 저잣거리로 나누어 재미 있게 재현되어 있다.

가든스테이지는 롯데월드 어드벤처에서 공연이 열리는 중심 무대로 각종 뮤지컬과 공개방송 등의 다양한 이벤트가 진행되고 있고, 호반무대는 롯데월드 매직아일랜드에 위치한 야외무대로 석촌호수를 배경으로 각종 공연이 수시로 열린다. 롯데월드 스타에비뉴는 한류스타 조성 거리이자 체험형 엔터테인먼트 시설로, 특히 외국인 관광객들에게 인기가 높다.

어드벤처

세계 최대의 실내 테마파크로 스페인 해적선, 후룸라이드, 풍선비행, 환상의 오딧세이, 월드 모노레일 등 25종의 다양한 놀이시설이 있으며 매일 2차례 대규모 판타지 퍼레이드를 비롯해서 다채로운 공연을

선보이고 있다. 이외에도 2012년 6월부터는 실내 자연학습 체험관인 '환상의 숲'을 새롭게 오픈했는데, 다양한 체험을 통해 어린이들에게 자연과 교감할 수 있는 기회를 제공하고 있다.

매직아일랜드

실내 놀이공원인 어드벤처와 연결되어 있는 야외 놀이공원 매직아일랜드는 석촌호수를 끼고 있어 시원한 전망과 함께 여러 가지 놀이시설을 즐길 수 있다.

이곳은 국내 최초의 고공 자유낙하 놀이시설인 자이로드롭을 비롯해 번지드롭, 고공 파도타기, 자이로스윙 등 스릴 넘치는 놀이기구와 3D호러입체 영상관인 고스트하우스, 어린이를 위한 환타지드림과 어린이왕국으로 되어 있다. 또한 호반보트와 제네바 유람선도 있어 배를 타고 석촌호수의 정취를 만끽할 수 있다.

즐거운 페스티벌

롯데월드에서는 시즌별로 다양한 행사가 마련되어 있다. 봄에는 가면을 쓰고 즐기는 마스크 페스티벌, 여름에는 리우 삼바 카니발, 가을에는 할로윈 파티, 겨울에는 크리마스 축제와 미리 만나는 플라워 페스티벌이 열린다. 또한 퍼레이드와 귀여운 캐릭터들의 거리 공연이 펼쳐지고, 어드벤처의 가든스테이지에서는 뮤지컬 쇼, 락밴드 공연 등 다양한 무대를 마련해 추억을 선사한다.

실내 아이스링크

롯데월드 지하 3층에 위치한 아이스링크는 사계절 연중무휴로 운영되는 전천후 실내 아이스링크다.

 최신 시설을 갖추고 있고, 실내지만 자연채광이 좋아 쾌적하고 편리한 환경 속에서 가족이나 연인들이 하루를 즐기기에 더없이 좋은 곳이다. 또한 링크 둘레에 4백 석의 좌석이 마련되어 있어 휴식을 취할 수 있고, 세계 각국의 음식을 맛볼 수 있는 식당가가 바로 옆에 있다.

- 성수기(7월, 8월, 12~2월)
  평일 11:00~22:30 / 주말, 공휴일 10:00~22:30
- 비수기(3~6월, 9~11월)
  평일 10:00~21:30 / 주말, 공휴일 10:00~22:30
- 입장료 : 대인 8,500원 / 어린이 7,500원
- 스케이트 대여료 : 4,500원
- ☎ 02) 411-4592~5

민속박물관

민속박물관은 역사전시관, 모형촌, 놀이마당, 저잣거리로 구성되어 있다. 단순하게 유물을 전시해오던 종래의 박물관과는 달리 첨단 영상과 디오라마 연출, 축소 모형 등 다양하고 새로운 전시기법을 도입하여 우리 선조들의 발자취를 쉽고 재미있게 전시해 특별한 지식을 갖지 않아도 친근하게 즐길 수 있도록 되어 있다.

이곳에서는 매년 설날, 정월 대보름, 석가탄신일, 어린이날, 추석에 전통 공연 무대가 열리고, 방학기간에는 전통 마당극 같은 프로그램도 개설되고 있다.

- 이용시간
  09:30~20:00
- 입장료
  대인 5,000원 / 청소년 3,000원 / 어린이 2,000원
  (롯데월드 자유이용권 소지 시 무료 입장,
  36개월 미만 무료 입장)
  ☎ 02) 411-4761~5

역사전시관

선사시대, 삼국시대, 통일신라시대, 고려시대로 나뉘어져 있다. 관람객들의 이해를 돕고 흥미를 느끼게 하기 위해 우리 민족의 역사와 생활문화를 시대별로 구분, 원근감과 현장감을 살린 디오라마 전시기법을 도입했으며, 인물마네킹의 입체 모형을 통해 당시의 모습을 실제처럼 연출해놓았다.

모형촌

유적지에 직접 가보지 않아도 조상들의 생활모습과 중요 문화재를 축소 모형으로 볼 수 있는 곳으로, 조선시대 생활모습을 1/8로 축소하여 2천여 점의 모형을 사용해 재현하였다. 임진왜란관에서는 실물에 영상을 투사시키는 첨단 영상기술인 매직비전과 작동 모형을 이용해 임진왜란 당시의 조선수군과 왜수군과의 치열한 해전을 생생하게 보여준다.

놀이마당

매주 토요일, 일요일 주말 공연으로 진도 북춤, 사물놀이, 설장고, 판굿, 민요, 판소리 등 민속 공연이 이루어진다. 여름방학과 겨울방학에는 전래동화를 재미있게 마당극 형식으로 공연하고 있다. 또한 이곳에는 전통 악기와 조선 초에 사용했던 다양한 무기가 전시되어 있어 볼거리를 제공하고, 주말이 되면 전통 혼례도 볼 수 있다.

저잣거리

조선시대 장터 분위기를 느낄 수 있는 난장, 민속식당가와 전통 공예점으로 구성된 저잣거리에서는 예스러운 분위기 속에서 민속 음식과 민속주를 즐길 수 있다. 전통 공예품 제작과정 시연을 보고서 공예품도 살 수 있다. 우리 조상들의 생활과 민속의 향기가 물씬 풍기는 장소다.

그곳에 가보고 싶다면

잠실역

아이스링크

민속박물관

롯데월드 어드벤처

석촌호수 (동호)

매직아일랜드

잠실레이크 팰리스아파트

석촌호수 (서호)

롯데월드 가는 길

 2호선 잠실역

간선 301, 302, 303, 320, 333, 341, 342, 360, 362
지선 2415, 3217, 3313, 3314, 3315, 3317, 3411, 3414, 4318, 4319
좌석 500-1, 1007-1, 1100, 1117, 1700, 2000, 5600, 5800, 6900, 7007, 8001, 8002, 8212, 9203, M2316
일반 16, 30-1, 30-3, 30-5, 32, 70, 100, 101, 116, 119
공항 6000, 6006, 6705, 6706A

☎ 02) 411-2000

서울대공원

다양한 동식물을 보며 휴식할 수 있는

　서울대공원에는 각종 동물들이 자연에 가깝게 보호·관리되어 국내에서는 유일하게 ISIS(국제종보전시스템) 및 세계동물원 기구의 정회원이며, 세계 10대 동물원 중 하나인 동물원과 1천 260여 종의 다양한 식물이 전시되고 있는 식물원이 있다.
　이밖에도 청계산의 맑은 물과 함께 1박이 가능한 자연캠프장, 청계산의 천연림 속에 조성된 산림욕장 등이 있어 자연 속에서 다양한 동식물과 함께 쉴 수 있는 곳이다.

여기에 근현대 미술세계를 한눈에 확인할 수 있는 국립현대미술관과 국내 최초의 테마파크인 서울랜드가 연결되어 있어 시민들의 나들이 코스로 인기를 얻고 있다.

서울대공원은 각종 동식물의 보존·전시를 통해 자연학습과 함께 즐기는 공간으로서의 역할을 하고 있다.

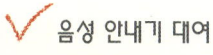
음성 안내기 대여

- 대여장소 : 동물원 정문 안 오른쪽
  (음성안내기 대소 – 동물이야기)
- 대여료 : 2,000원
- 대여/반납시간 : 09:00~19:00

서울동물원

서울대공원 동물원은 2009년 개원 1백 주년을 기념해 '서울동물원'으로 명칭을 바꾸고, '동물이 행복한 동물원, 고객이 행복한 동물원'을 지향하며 새로운 모습으로 변신을 꾀했다.

이곳은 동물의 종류도 무척 많을 뿐 아니라 볼거리도 무궁무진하며 공간도 매우 넓기 때문에 정문에서 가이드맵을 챙기고, 보고 싶은 동물들 위주로 동선을 짜는 것이 좋다.

이곳 동물들에게는 저마다 이름과 사연이 있다. 예쁜 눈이 사랑스러운 호기심 덩어리 아기오랑우탄 보미, 일본에서 온 애교만점 스타 코끼리 사쿠라짱, 연상연하 커플의 알콩달콩 사랑 만들기의 주인공인 풍산개 우리와 두리, 꽃보다 아름다운 버마왕뱀 꽃순이 등 해당 동물에 대한 안내판을 잘 읽어보면 관람이 더욱 재밌어진다.

- 이용시간
  3월~10월 09:00~19:00
  11월~2월 09:00~18:00
- 야간개장
  7월 17일~8월 28일 09:00~22:00
  ☎ 02) 500-7335

온실식물원, 약용식물원, 산림전시관

서울대공원 식물원은 울창한 숲으로 둘러싸인 청계산자락에 위치하고 있으며, 총 1천 260여 종의 다양한 식물이 전시되고 있다.

아름다운 난초부터 무시무시한 식충식물까지 볼 수 있는 온실식물원은 아열대와 이국적인 분위기를 느낄 수 있는데 특이한 선인장, 다육식물류, 화려한 서양란과 양치식물류가 전시되고 있다.

약용식물원에는 우리나라 자생식물인 초본류와 관목류 외에도 다양한 식물들이 자연친화적으로 조성되어 있고, 표본전시실은 우리나라의 산이나 들에서 자라는 자생식물을 중심으로 식물의 생태나 습성, 사람들에게 유용한 식물을 분류·전시해서 식물에 대한 이해를 넓혀주고 있다. 이외에도 산림전시관에서는 우리나라 산이나 들에서 만날 수 있는 나무, 풀, 곤충, 버섯, 조류 등을 실물이나 모형, 표본 형태로 전시하고 있으며, 분재나 조각전시도 볼 수 있다.

장미원

서울동물원 옆에 있는 테마가든 장미원은 서울대공원 호수 주변에 있는데, 4백여 종 3만여 그루의 장미꽃이 장관을 이루고 있다. 장미가 만발하는 6월에는 사랑을 고백하려는 연인들이 많이 찾고 있다.

[테마가든]
- 어린이동물원&장미원
  대인 2,000원
  청소년 1,500원
  어린이 1,000원

어린이동물원

어린이들에게 동물과 자연을 사랑하는 마음을 심어주기 위해 마련한 열려 있는 자연학습장이다. 이곳에서는 여러 동물들의 생태와 습성을 배우고 다양한 동물을 체험할 수 있는 동물교실을 운영하고 있으며 풍산개, 진돗개, 삽살개, 나귀, 젖소, 마모셋원숭이, 일본원숭이, 슈리케이트, 다람쥐원숭이, 라마, 과나코, 토끼, 사슴, 염소 등에게 먹이를 주면서 동물을 직접 만져볼 수도 있다.

- 이용시간 09:00~18:00
- 11월~2월까지 일부 동물들은 실내에서 볼 수 있음

서울랜드

우리나라 최초의 테마파크로, 놀이시설과 위락시설이 체계적으로 조성되어 있다. 이곳에서는 매년 튤립, 벚꽃, 국화 등 화려한 꽃 축제가 열리고, 지구별무대, 풍차무대, 베니스무대 등에서는 각종 공연이, 주말과 공휴일에는 퍼레이드가 펼쳐진다. 야간개장 시에는 레이저쇼와 불꽃놀이 등도 볼 수 있어 풍성한 볼거리를 제공하고 있다.

- 이용시간
  개장 09:30
  폐장 18:00~22:00(계절별, 축제별로 야간개장 시행 중)
  ☎ 02) 500-7338

국립현대미술관

국립현대미술관은 총 4천여 점의 작품을 전시·소장하고 있다. 한국 근현대 미술의 흐름과 세계 미술의 흐름을 볼 수 있는 국내 유일의 국립미술관이며 국제적인 규모의 시설과 야외 미술관을 갖추고 있다.

- 이용시간
  3월~10월 10:00~18:00(주말 21시까지)
  11월~2월 10:00~17:00(주말 20시까지)
  ☎ 02) 2188-6000

그곳에 가보고 싶다면

서울랜드
국립현대미술관
과천저수지
장미원
서울동물원
어린이동물원
산림욕장

서울대공원 가는 길

🚇 4호선 대공원역

☎ 02) 500-7338

어린이를 위한 도심 속 테마파크
어린이대공원

서울시 교육청이 지정한 현장학습기관으로서, 어린이뿐만 아니라 어른들까지 즐겁고 다양한 체험을 할 수 있도록 꾸며져 있다.

어린이대공원은 넓은 녹지 공간에 동물원, 식물원, 놀이동산 및 다양한 공연시설과 체험 공간이 가득한 가족테마공원으로 자녀들과 즐거운 하루를 보내기에 좋다. 무료로 개방되어 있어 입장료 없이 모든 시설을 자유롭게 이용할 수 있다.

이곳에서는 백곰과 바다표범의 수중생활을 관찰할 수 있는 바다동물관, 앵무새를 직접 볼 수 있는 대형새장 앵무마을, 미어캣과 왈라비,

코아티, 사막여우 등의 동물들이 아기자기하게 모여 있는 꼬마동물마을 등 동물나라가 어린이들에게 인기가 높다.

음악에 맞추어 물줄기가 상하좌우로 움직이는 음악분수와 공원 한가운데에 있는 8천 석 규모의 객석을 갖춘 능동 숲속의 무대는 시민들에게 볼거리, 즐길거리를 제공하고 있다.

팔각당에 있는 캐릭터월드, 어린이 교통안전 체험관인 키즈오토파크는 에듀테인먼트 기능을 하고 있다.

뿐만 아니라 봄에는 벚꽃이 만개하고, 여름에는 시원한 숲 속 그늘에서 쉴 수 있으며, 가을에는 낙엽길을 거닐며 자연의 정취를 흠뻑 느낄 수 있는 사계절 내내 아름다운 공원이다.

[동물나라]
이용시간 10:00~17:00
[자연나라]
이용시간 09:00~17:00
☎ 02) 450-9381 동물학교
　02) 456-1911 동물 공연장
　02) 452-3775 동물 타기장

동물나라

어린이대공원 동물원에는 109종 3천 5백여 마리의 동물들이 있으며, 여러 동물들을 직접 볼 수가 있어서 어린이들이 특히 좋아하는 곳이다. 바다동물관, 앵무마을, 꼬마동물마을, 물새장, 맹수마을, 사슴마을, 원숭이마을, 초식동물마을, 물새마을, 열대동물관 등에서 다양한 동물들을 만나볼 수 있고, 동물 타기장에서는 낙타와 미니 말을 직접 탈 수도 있다. 또한 동물 공연장인 애니스토리에서는 동물들의 공연도 볼 수 있다.

자연나라

자연나라는 347종의 온실식물과 66종의 야생화가 전시되어 있는 식물원, 유입수량에 따라 연못이 변하는 환경친화적 습지인 생태연못, 수생식물을 관찰할 수 있는 환경연못, 바다동물관 뒤편 동산 산책로에 줄지어 있는 장승촌, 1백여 점의 각종 나무뿌리와 그루터기를 깎고 다듬어 만든 나무뿌리원 등으로 구성되어 있다.

재미나라

어린이의 창의력을 위해 만든 거꾸로놀이터, 숲속놀이터, 동화 속 이야기로 재미있게 꾸며진 오즈의 마법사 등 여러 가지 놀이터가 있으며 놀이동산인 아이랜드에서는 청룡열차, 바이킹, 대관람차 등의 놀이시설을 이용할 수 있다. 이외에도 물놀이장, 축구장, 풋살경기장, 테니스장이 마련되어 있다.

문화나라

독일의 발트뷔네 야외 공연장과 비교해도 손색이 없는 능동 숲속의 무대, 음악에 맞춰 물줄기가 시원하게 춤을 추는 음악분수 외에도 한국콘텐츠진흥원과 CTL네트웍스가 어린이들을 위해 세운 캐릭터월드 등으로 구성되어 있다. 특히 돔아트홀은 2천 석 규모를 가진 공연장으로, 유명 가수들의 콘서트나 뮤지컬을 볼 수 있다.

📞 1600-2556 캐릭터월드
02) 3437-2002 돔아트홀

순명비 유강원 석물

대한제국의 마지막 왕인 순종의 비 순명효황후 민씨의 능인 옛 유강원 터에 남은 왕릉 석조각이다.

순명효황후는 세자빈에 책봉되었으나 순종이 임금이 되기 전에 사망하여 유강원에 묘소를 마련하였다. 그 후 순종이 세상을 떠난 1926년에 지금의 유릉에 옮겨졌으며 순종의 계비였던 순정효황후가 사망하자 함께 모셔졌다.

순명효황후의 능을 마련했던 유강원 터에는 능 주위에 세웠던 20여 기의 석조물이 남아 있다. 뛰어난 조각솜씨뿐만 아니라 조선 후기 왕실의 석조각으로 역사적 가치가 매우 크다.

키즈오토파크 (어린이 교통안전 체험관)

어린이 교통안전 체험관은 3천 제곱미터의 부지에 운전 코스와 신호등 등을 배치해 어린이들이 교통문화를 직접 체험할 수 있는 시설을 갖춘 곳이다.

오토 가상 체험시설, 오토 체험 코스, 교통안전 면허시험장, 오토 부스 등 다양한 시설이 있으며 입체 동영상을 통해서 가상 체험, 안전띠 체험, 보행실습 등 다양한 교육프로그램을 체험할 수 있다. 교통안전 교육을 수료한 어린이들에게는 시험을 치른 후 어린이 교통안전 면허증를 발급해준다.

- 예약안내
www.kidsautopark.org
☎ 02) 455-7119, 7219

어린이대공원 가는 길

🚇 2호선 건대입구역
　5호선 아차산역
　7호선 어린이대공원역

🚌 간선 130, 302, 303, 320, 370, 721
　지선 2012, 2221, 3215, 3216, 4212
　좌석 9301, 9403
　일반 70, 119
　공항 6013
　마을 광진03, 광진04

☎ 02) 450-9311

서울이 주는 선물 6.

서울 근교

일산 호수공원

국내 최대의 인공호수와 어우러진

해질녘 멀리 보이는 달맞이섬과 월파정. 월파정과 벚꽃나무들이 호수에 반영되어 운치를 더한다.

일산 호수공원은 면적이 99만여 제곱미터에 이르는 동양 최대의 인공 호수공원이다. 깨끗한 물 관리를 위해 약 30만 제곱미터의 담수호에 잠실수중보 상류 상수원에 약품을 침전시켜 맑은 물을 담수(방류)하고 있다.

수변광장, 인공섬 등 공원을 순환하는 4.7킬로미터의 자전거 전용도로와 1천 50대의 주차 공간, 어린이놀이터, 자연학습장, 단장학(두루미), 음악분수 및 1백여 종의 야생화와 20여만 그루의 울창한 숲은 가족들을 위한 좋은 휴식 공간이자 자연을 배우는 학습장으로 각광받고 있다. 일산 호수공원에서는 3년 주기로 고양 꽃전시회와 고양국제꽃박람회가 개최되고 있는데, 우리나라뿐만 아니라 세계적인 꽃박람회 장소로 자리잡고 있다.

- 이용시간
  4~10월 05:00~22:00
  11~3월 06:00~20:00
  ☎ 031) 906-4557 일산호수공원
  031) 8075-4347, 4350 공원관리과

관광안내와 한류 홍보를 위해 설치된 고양 신한류홍보관.

길을 따라 이어지는 조각작품을 볼 수 있는 일산 호수공원은 연인들의 데이트 코스나 가족 휴식처로 안성맞춤이다.

노래하는 분수대

호수공원의 노래하는 분수대는 음의 고저에 따라 입력되어 있는 값으로 나오는 단순한 음악분수가 아니라, 음악에 맞추어 수동으로 분수 모양을 조합하여 조명과 각종 효과들을 연출하는 종합 창작예술이다. 분수대로 연출이 가능한 음악에 한하여 노래하는 분수대 홈페이지(music.gys.or.kr)를 통해 신청곡을 접수하고 있다.

- 4, 5, 9, 10월
  주말 및 공휴일 19:30~20:30
- 6월 주말, 공휴일 20:30~21:30
- 7~8월
  화요일~금요일 20:30~21:30
  주말 및 공휴일 20:30~21:30
  ☎ 031) 924-5822

화장실 전시관

동서양 화장실의 변천사를 한눈에 볼 수 있으며, 각종 화장실 관련 용품이 전시되어 있다.

　동서양의 화장실 문화를 담은 영상물과 터치스크린 2대에서는 각국의 이색적인 화장실을 소개하고 있으며, 화장실과 관련된 속담과 낙서 등의 볼거리도 제공하고 있다.

- 이용시간
  10:00~18:00
- 월요일 휴관
  (꽃박람회 기간 제외)
  ☎ 031) 961-2663
  　031) 905-1782

선인장 전시관

고양시는 선인장 화훼산업이 잘 발달되어 있는 전국 최대의 선인장 주산지다. 이곳의 선인장 전시관은 고양시 선인장 생산기술의 우수성을 홍보하고, 호수공원 내 휴식 공간과 자연학습장으로 활용하기 위해 고양시 농업기술센터에서 운영하고 있다. 1,000여 제곱미터의 유  리온실과 500여 제곱미터의 육묘장으로 구성되어 있다. 현재 약 2백여 종의 세계 희귀 선인장이 한곳에 있으며, 세계지도와 배의 모형을 통해 세계로 진출하는 고양시 선인장을 형상화시켰다. ☎ 031) 908-4525

고양시 국제꽃박람회

고양시 국제꽃박람회는 1997년 이래 3년마다 열리는 국제적인 규모의 꽃박람회다. 호수공원 안에서 열리고 있으며 넓은 호수공원 일대에서 창의적인 연출과 자연환경이 어우러져 더욱 아름다운 꽃박람회를 볼 수 있다.

'2012 고양국제꽃박람회'는 전시장을 런던올림픽과 연계해 '세계 꽃 올림피아드'를 주제로 꾸며졌으며, 40개국의 150개 업체, 국내 160개 업체를 초청해 사상 최대 규모로 치러졌다. ☎ 031) 908-7750~4

라페스타

라페스타는 365일 신나는 축제가 펼쳐지는 한국 최대의 스트리트형 테마 쇼핑몰이다. 라페스타 문화거리는 지하 1층, 지상 5층의 총 6개로 이루어진 보행자 전용도로이며 미국의 산타모니카거리, 일본의 신주쿠거리처럼 상업시설과 문화가 접목된 신개념의 문화·쇼핑 공간으로 패션아울렛, 패션소품, 푸드코트, 전문 식당가, 테마카페, 게임센터, 서점, 영화관 등이 입점되어 있다.

　이제까지의 대형 패션몰은 유동인구가 많은 지역에 밀집되어 거리문화를 제대로 감상하기 힘들었으나, 라페스타는 단순한 쇼핑 공간을 뛰어넘어 다양한 이벤트와 볼거리, 편안한 휴식 공간, 드라마와 영화촬영 장소로 호수공원과 연계해 국내 및 해외 관광객들이 찾고 있는 일산의 대표적인 관광 명소다. 또한 주변에는 롯데백화점, 홈플러스 등 대형 유통시설이 밀집한 중심 상권과 일산 동구청을 비롯한 관공서, 금융기관, MBC방송국 등이 있어 편리함을 더하고 있다.

☎ 031) 920-9600

그곳에
가보고
싶다면

일산 호수공원 가는 길

 3호선 정발산역

🚌 간선 706, 707
　지선 7727
　좌석 33, 108, 200, 770, 830, 1000, 1100, 1500, 2000, 2000-1, 3300, 8880, 9700,
　　　 9701, 9707, 9711, 9714, M7412
　일반 8, 11, 56, 66, 72, 88, 90, 96, 97, 150, 550
　마을 01, 010, 039, 056(도촌), 056(멱절), 056(서촌), 057, 061, 066, 070, 078, 080, 081,
　　　 082, 089

☎ 031) 909-9000

공원과 카페거리에서 즐기는
분당

넓은 호수 둘레를 잇는 율동공원의 산책로.

분당은 대부분 농지였던 곳이 택지개발계획에 의해 1990년대 초반에 건설된 신도시다. 계획된 신도시인 만큼 교통이 편리하고, 공원과 녹지가 곳곳에 배치되어 쾌적한 주거환경을 갖추고 있다. 특히 분당에는 율동공원과 중앙공원, 그리고 정자동 카페거리 등이 조성되어 있어 주민들의 문화공간이자 휴식처로 사랑받고 있다. 이외에도 청소년에게 직업 탐색의 기회를 제공해주는 한국잡월드, 분당에 위치한 한국토지주택공사에서 설립한 토지주택박물관, 어린이 환경전시관인 캐니빌리지 등 이곳 주민은 물론 인근 지역에서도 찾아오는 명소가 많다.

율동공원
율동공원은 넓은 호수와 잔디밭, 야산 등 원래의 자연을 그대로 살려 경치가 아름다운 공원이다. 이곳에 들어서면 4만여 평의 시원한 호수가 있는데, 이 호수를 둘러싸고 산책로와 자전거도로가 개설되어 있다. 호수 안에는 높이 45미터의 번지점프대가 설치되어 있어 스릴 넘치는 번지점프를 즐길 수 있다. 이곳 번지점프는 TV 연예오락 프로그램에 여러 번 방영되어 더욱 유명해졌다.
  이외에도 호수 내의 분수, 배드민턴장, 어린이놀이터, 사계절 꽃동산, 갈대밭, 조각공원, 책 테마파크 등의 다양한 시설을 갖추고 있어 계절에 관계없이 즐겁게 보낼 수 있다. 가족 단위 나들이객들이 주를 이루지만, 호수 주변으로 아늑한 카페들이 있어 밤이면 연인들의 데이트 코스로도 인기가 높다. ☎ 031) 702-8713

율동공원 책 테마파크

이곳은 자연 속에서 자유롭게 즐기는 독서 공간을 마련한 국내 최초의 책 테마파크다. 기존의 책 읽는 도서관 개념에서 벗어나 상상력과 독서의욕을 고취시키는 창조적인 공간으로 공연, 전시, 체험활동을 즐길 수도 있다.

책을 테마로 해서 다양한 조형물, 산책로, 조형벽, 책카페, 벤치조형물, 야외 공연장, 명상공원 등으로 이루어져 있다. 이곳으로 가는 길 주위의 넓은 잔디밭에는 조각작품들이 배치되어 있어 여유롭게 감상하며 이용할 수 있다.

☎ 031) 708-3588, 9088

율동공원 번지점프

번지점프는 남태평양 펜타코스트 섬 원주민들의 성인식 풍습에서 유래되었다고 한다. 이곳에서는 넓은 호수를 배경으로 스릴을 경험할 수 있는데, 번지점프가 최초로 개발된 뉴질랜드코드를 이용하고 있어서 원조 번지점프를 즐길 수 있다. 특별한 기술은 필요치 않고 두둑한 배짱과 용기만 있으면 누구나 도전할 수 있다.

[율동공원 번지점프]
- 이용시간 09:00~17:00
- 이용에 제한 있음. 현장 예약만 가능
- 요금 25,000원

[율동공원 가는 길]
🚌 일반 17, 17-1, 33, 119, 521, 520, 522
좌석 1150, 1151, 1500-2
마을 3, 3-2, 602-1
☎ 031) 704-6266

분당 중앙공원

중앙공원은 물레방아·잔디광장·상록수광장·역말광장 등 뛰어난 조경으로 영화나 드라마, 광고 촬영 장소로도 잘 알려져 있다. 이곳은 주변의 아파트단지와 육교로 연결되어 있으며 유모차 대여, 각종 체육시설 등 주민들이 편리하게 이용할 수 있도록 한 점이 돋보인다. 넓은 잔디밭 위에 세워진 야외 공연장에서는 각종 문화행사와 공연이 열려 또 다른 즐거움을 선사해주고 있다.

뿐만 아니라 이곳에는 수내동 가옥 등 지방문화재를 복원해놓았으며, 한산 이씨 묘역을 비롯해서 종친회 묘역이 수내동 가옥 뒤쪽에 자리잡고 있다. 이밖에도 고인돌 10개를 모아 만든 고인돌정원과 경복궁 경회루와 창덕궁 애련정을 본떠서 만든 돌마각과 수내정이 있어 도심 속에서 옛것을 감상하고 즐길 수 있도록 했다.

[중앙공원 가는 길]
- 일반 2, 33-1, 51, 101, 116, 220, 222, 310, 380, 720-2
- 좌석 102, 1005-1, 1121, 3500, 5500-1, 7007-1, 9000, 9001, 9401, 9401B, 9403, 9404, 9407, 9408, 8131
- 마을 3, 3-1, 3-2, 115, 602, 602-1
- ☎ 031) 729-4251~9

토지주택박물관

선사시대부터 현대에 이르는 한국의 토지 이용 변천사를 전시해놓은 박물관이다. 조선시대 물가정보가 자세히 기록된《심원권일기》, 재산 상속문서인《분재기》, 거래계약서인《명문》을 비롯해 토지대장, 토지와 주택 거래문서, 고지도와 지적도 등 토지와 건축에 관한 약 2만 5천여 점의 유물을 소장하고 있어 국내 최대의 토지 관련 전문 박물관으로 자리매김하고 있다.

특히 수렵과 농경시대부터 미래의 도시까지 모형물을 사용하여 입체적으로 재구성하였는데, 수원 화성과 평양성의 모습도 한눈에 살펴볼 수 있다.

- 이용시간 10:00~17:00
- 일요일, 공휴일, 10월 1일(창사기념일), 5월 1일(근로자의 날) 휴관
- ☎ 031) 738-8294

분당 맛집

정자동 카페거리

분당에는 아주 유명한 거리가 있는데 바로 정자동 카페거리다. 정자동 카페거리는 서울의 청담동 같은 고급스러운 분위기가 있는 곳으로 분당의 청담동, 일명 '청자동(청담동+정자동)'이라고 불리기도 한다.

정자동 늘푸른고등학교 옆 골목에서 금곡동 일대까지 이어지는 즐비한 주상복합 건물과 오피스텔 아래층에 연이어 있는 카페들은 아름답고 멋진 테라스로 이루어져 있어 마치 유럽의 노천카페에 온 듯한 착각이 들 정도로 이국적인 분위기를 느낄 수 있다. 골목 곳곳의 카페와 맛집들은 근사한 음식과 분위기를 만끽할 수 있는 곳으로 입소문이 자자하여 지역 주민은 물론 외지인이나 외국인들도 즐겨 찾는다.

이곳 테라스에서는 책 한 권 들고 브런치를 즐기는 사람들이 많고, 저녁에는 산책을 즐기기에 좋아 찾는 사람들이 점점 늘어나고 있다. 특히, 연인들의 데이트 장소로 안성맞춤이다.

춘자싸롱

프렌치 레스토랑답게 은은한 연녹색으로 인테리어가 눈에 띄는 유럽풍의 레스토랑이다. 신선함을 유지하고자 정해진 메뉴가 없이 그날그날 메뉴가 바뀌고 다양한 와인과 함께 식사를 즐길 수 있으며 호주산 청정우만을 사용한다.

- 영업시간 11:30~23:00
- ☎ 031) 719-6667

블루코스트

최고급 호텔 경력의 전문 조리팀이 숙련된 노하우를 바탕으로 만든 웰빙형 스시, 롤, 샐러드 중심의 맛과 멋이 풍부한 일식 퓨전 뷔페.
넉넉하고 쾌적한 실내와 11개의 고급스럽고 다양한 룸이 있어 가족 모임이나 크고 작은 연회를 편안하게 즐길 수 있다.

- 영업시간 11:30~15:00,
  17:30~22:00
☎ 031) 782-3200

벨라로사

정자역 4번 출구 쪽에 있는 이탈리안 레스토랑. 신라호텔 출신의 셰프가 운영하는 곳으로 식전빵부터 모든 것을 가게에서 직접 만든다. 시간에 따라 가격대별로 준비된 코스 요리가 인기 있으며 스파게티 코스는 샐러드, 식전빵, 스파게티, 커피가 나온다.

- 영업시간 09:00~23:00
☎ 031) 717-7282

그집

생활의 달인 '최강달인' 편에 출연한 수타장인으로 소문난 수내동 메밀국수집이다. 메밀국수는 양이 작은 게 흠이지만, 육즙이 듬뿍 든 손만두와 함께 먹으면 찰떡궁합이다. 쌀쌀한 날엔 돌냄비 우동을 추천한다.

- 영업시간 11:00~21:00
☎ 031) 718-5115

강화도

역사가 살아 숨 쉬는 작은 한반도

해상으로부터 침입하는 적을 막기 위해 조선 효종 7년에 만들어진 초지진의 모습.

한강과 임진강, 예성강 등 3개의 강이 만나는 하구에 자리한 강화도는 우리 민족의 역사와 흥망성쇠를 같이하며 영예와 치욕의 흔적들을 고스란히 간직하고 있는 섬이다. 때문에 아름다운 해안 풍경 외에도 섬 자체가 '역사의 보고'라 불릴 정도로 유서 깊은 유적과 유물이 즐비하다. 상고시대 단군이 쌓았다고 전해지는 마니산 참성단을 비롯해 구석기시대의 유물, 청동기시대 대표적 유물인 고인돌, 그리고 실록을 보관했던 정족산 사고 및 외규장각, 행궁 등이 있다. 그 밖에도 강화산성, 고려궁지와 진·보·돈대와 같은 국방유적이 많다. 이는 강화도가 개성과 서울에 가까운 곳에 위치한 섬이라는 특성 때문이다.

강화도에 남아 있는 역사의 흔적들은 한반도를 휩쓴 전란과 관계된 것들이 많은데, 이것을 통해 강화도가 요새지로서 중요한 역할을 해왔음을 알 수 있다.

이런 유적들은 주로 강화도 북부에서 볼 수 있다. 이렇게 강화도 북부가 역사의 숨결을 느낄 수 있는 곳이라면, 남부에서는 현존하는 한국 사찰 중 가장 오랜 역사를 가진 천년고찰 전등사를 돌아보며 멋진 해안 풍경과 갯벌을 볼 수 있다.

강화산성

강화산성은 1232년(고려 고종 19년)에 몽골의 제2차 침입에 대항하고자 착공되었다. 그러나 공사가 완공되기도 전에 강화도로 천도하는 사태가 발생되어 1234년부터 본격적으로 축성되었다.

내성·중성·외성으로 이루어져 있었는데, 내성은 현재의 강화성으로 둘레가 1천 2백 미터다. 중성은 내성을 지키기 위해 쌓았으며 1250년에 축성하였다. 외성은 1233년에 축조되기 시작했는데, 이 외성은 몽골군이 바다를 건너 공격하지 못하게 막는 중요한 방어 역할을 맡고 있었다. 그러나 1270년 개경으로 다시 천도한 후 몽골의 요청으로 성을 모두 헐게 되었다. 이 성들은 모두 토성이었으나 1677년에 강화유수 허질이 개축하면서 석성으로 쌓았다. 1709년에 강화유수 박권이 다시 개축했고, 조선 후기에 보수가 이루어졌다.

강화산성에서는 안파루(남문), 첨화루(서문), 망한루(동문), 진송루(북문) 4대문과 암문, 수문, 장대 등의 방어시설을 볼 수 있다. 구한말 병인양요, 신미양요와 강화도조약 체결 등 수많은 외세침략에 맞서 싸운 역사적 현장이기도 하다. ☎ 032) 1330 관광안내 콜센터

성문 안에서 바라본 강화산성 동문인 망한루.

동막해수욕장

마니산 남단에 위치하고 있는 동막해수욕장은 넓은 백사장을 수백 년 된 노송이 둘러싸고 있다. 이곳은 세계 5대 갯벌 중 하나로 게나 조개잡이, 머드팩놀이 등 갯벌 체험을 할 수 있다. 옆에는 분오리돈대가 있는데, 이 돈대에서 바라보는 일몰이 장관이다. ☎ 032) 937-4445

갑곶돈대

돈대란 높은 평평한 땅에 설치한 작은 규모의 군사기지로 성곽이나 변방에 구축하여 총구를 설치한 곳을 말한다. 갑곶돈대는 고려가 1232년부터 1270년까지 도읍을 강화도로 옮겨 몽고로부터 강화해협을 지키던 중요한 요새

☎ 032) 930-7076~7 갑곶돈대 매표소
　　032) 932-5464 관광안내소

로, 고려를 침공한 몽골군이 건너지 못하고 되돌아간 곳이기도 하다. 1977년에 옛터의 모습을 되살려 복원이 이루어졌다. 지금 돈대 안에 전시된 대포는 조선시대 것으로 바다를 통해 침입하는 왜적의 선박을 포격했던 것이다.

석모도 민머루해수욕장

영화 〈시월애〉와 〈취화선〉의 촬영 장소인 석모도의 유일한 해수욕장이다. 바닷물이 빠지면 나타나는 드넓은 갯벌이 있어 갯벌 체험장으로 이용되고 있다. 세계적인 희귀새인 저어새의 서식지로 알려져 있으며, 주변 경치가 아름답기로 유명해서 사진작가들이 즐겨 찾는 출사 장소이기도 하다. 특히 해질 무렵 낙가산에 오르면 아름다운 낙조를 감상할 수 있다. ☎ 032) 930-4510

고려궁지

고려궁지는 몽고의 침략에 줄기차게 항전하던 39년간의 고려 궁궐터다. 고려는 1232년에 몽골군의 침입에 대항하기 위해 도읍을 강화로 옮기고 궁궐과 관아를 지었다. 당시 불교문화의 정수인 팔만대장경이 이곳 강화에서 만들어졌고, 금속활자도 개발되었는데, 1270년 5월 몽고와의 강화가 성립되어 개성으로 환도하면서 성과 궁궐이 무너졌다. 조선시대에도 국난 시 강화도를 피난지로 정해 1631년 이곳에 행궁을 건립했는데, 병자호란 당시에는 강화성이 청나라 군대에 함락되는 치욕을 당하기도 했다. 그 후 고려궁터에 강화유수부 건물들이 들어섰으며, 현재는 동헌과 이방청이 남아 있다.

조선의 왕립도서관이었으며 고려궁지에 남아 있는 외규장각.

- 이용시간
  하절기 09:00~18:00
  동절기 09:00~17:00
- 연중무휴
- 입장료
  대인 900원 / 청소년 600원
  ☎ 032) 930-7078~9

마니산 참성단

마니산 정상에는 단군왕검이 하늘에 제사 지내기 위해 지었다고 전해지는 참성단이 있다. 사적 제136호인 참성단은 자연석을 다듬어 쌓은 제단이다. 삼국시대에는 왕들이, 고려시대에는 왕과 제관이 직접 찾아가 하늘에 제사를 지냈고, 조선시대까지도 제사의식이 계속되었다. 해마다 개천절에 제천행사가 열린다.

전등사

현존하는 한국 사찰 중 가장 오랜 역사를 가졌으며, 호국불교 근본도량으로 역사와 권위를 간직한 사찰이다.

전등사에는 오랜 세월 만큼 대웅보전, 약사전, 범종 등과 같은 유물이 많다. 보물 제178호인 현재의 대웅보전은 1621년(광해군 13년)에 지어졌는데, 정면 3칸, 측면 3칸의 목조 건물로 조선 중기 건축물 중 으뜸으로 꼽힌다. 내부에는 석가여래 삼존, 후불탱화 등이 보관되어 있다.

전등사에는 이러한 유물 외에도 꽃은 피어도 열매는 맺지 않는다는 2그루의 은행나무가 있다. 수령이 5백 년이 넘는 나무들로 한 나무는 노승나무, 다른 한 나무는 동승나무라고 불린다.

- 입장료
  대인 2,500원 / 청소년 1,700원
  어린이 1,000원
- ☎ 032) 232-5450

그곳에
가보고
싶다면

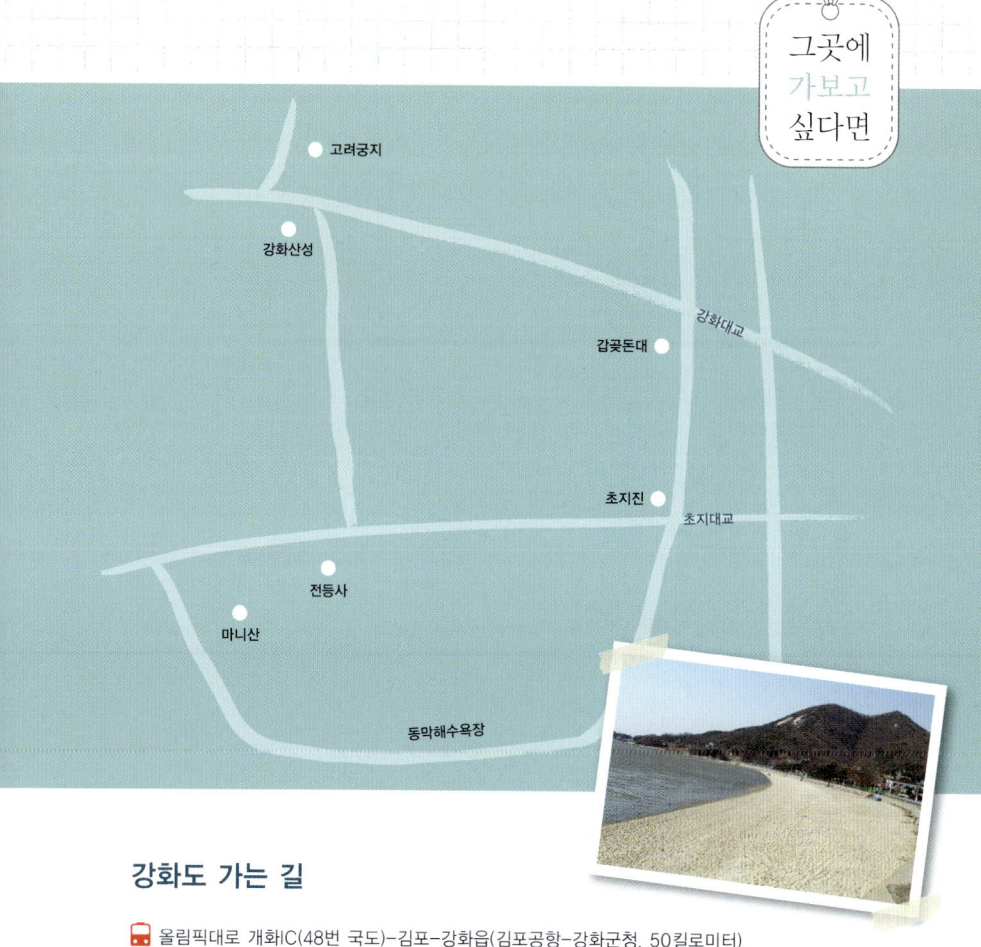

강화도 가는 길

🚆 올림픽대로 개화IC(48번 국도)-김포-강화읍(김포공항-강화군청, 50킬로미터)
　서울외곽순환고속도로 김포IC(48번 국도)-김포-강화읍
　김포 48국도-누산리에서 좌회전-양곡-대명리-강화초지대교-강화
　버스 및 여객선 등 다양한 교통수단 정보는 tour.ganghwa.incheon.kr 참조.

✓ **인천 시티투어 강화 코스(테마)**

선사시대와 백제, 고려시대 항몽, 근대 개화기로 이어지는 역사 체험과 전등사, 마니산, 동막해수욕장(갯벌) 등 자연의 비경을 감상할 수 있는 1일 관광코스다.

- 운행요일 : 토요일, 일요일(4월~10월)
- 운행시간 : 10:00~18:00(8시간 소요)
- A코스 : 인천역-강화역사관-고려궁지-용흥궁-강화 평화전망대-고인돌-인삼센터-인천역
- B코스 : 인천역-초지진-광성보-전등사-신원사(지)-농경문화관(강화 아르미애월드)-인삼센터-인천역

한류관광의 필수 코스
남이섬

남이섬은 1944년 청평댐을 만들 때 북한강 강물이 차서 생긴 경기도와 강원도 경계의 내륙에 있는 섬으로, 남이장군 묘의 이름을 따서 남이섬이라 불리기 시작했다고 전해진다. 1965년 수재 민병도 선생이 토지를 매입, 모래뿐인 불모지에 다양한 수종을 심기 시작하고, 1966년 경춘관광주식회사를 세워 종합휴양지로 조성하던 중 2000년에 주식회사 남이섬으로 상호를 변경해서 지금까지 관리해오고 있으며 이후 환경과 문화예술 관련 콘텐츠에 집중적으로 투자하고 있다.

KBS 드라마 〈겨울연가〉의 성공으로 일본을 비롯해서 대만, 중국 등 아시아권 관광객이 급증하면서 문화관광지로 탈바꿈하였고 최근에는 중동권 관광객들도 증가하고 있다.

　남이섬에는 넓게 펼쳐진 잔디밭과 밤나무, 자작나무, 은행나무, 단풍나무, 소나무 등으로 둘러싸인 자연환경은 물론 정성스럽게 가꿔온 수재원, 청평원, 이슬정원 등 소주제공원이 있어 아름다움을 더한다. 이밖에도 남이 도예갤러리·남이섬 유리갤러리·유니세프홀을 비롯한 전시관과 유니세프에코스테이지를 비롯한 공연장, 안데르센홀·상상낙원별천지와 같은 세미나실, 그리고 수상 레포츠까지 마련되어 있어 종합휴양지로서의 면모를 갖추었다.

　사계절 내내 아름다운 자연 속에서 젊은이들에게는 낭만을, 연인들에게는 추억을, 가족들에게는 즐거운 시간과 휴식 공간을 제공하고 있다. 특히 여러 곳에 길게 뻗어 있는 백자작나무길, 잣나무길, 메타세콰이어길 등의 숲길은 산책 코스로 그만이다.

남이섬 짚와이어

친환경관광 활성화를 위해 설치한 레저시설이다. 남이섬 가평나루에 설치된 높이 80미터의 타워에서 자라섬 방향으로 640미터, 남이섬 방향으로 940미터를 와이어로프를 이용해 무동력으로 활강하듯 내려가는 아시아 최대 규모의 와이어라이딩 시설이다. 1분 만에 남이섬에 도착할 수 있다.

- 이용시간
  동절기 09:00~18:00
  하절기 09:00~19:00
- 1, 3주 월요일 안전점검으로 운행하지 않음
☎ 031) 582-8091

남이장군 묘소

남이섬 선착장에서 곧게 뻗은 길을 따라 섬으로 들어가면 이 섬의 이름이 유래된 남이장군의 묘가 나온다. 원래는 섬 북쪽 언덕에 남이장군 묘라고 전해오는 돌무더기가 있었는데, 남이장군의 뜻을 기리고자 민병도 선생이 이곳에 봉분을 만들고 추모비를 세웠다. 노산 이은상 선생이 추모 글을 짓고 김충현 선생이 글씨를 써서 현재의 남이장군 묘로 조성되었다.

수재원

척박한 남이섬에 한 그루, 한 그루의 나무를 손수 심고 가꾼 남이섬의 설립자 고 민병도 선생을 기리기 위해 2003년 조성한 기념 공원이다. 공원 중앙에는 의자에 앉아 책을 읽다가 뛰어오는 어린아이들과 동물을 향해 환하게 웃으며 반갑게 손을 흔들고 있는 수재 선생의 동상이 있다. 이슬정원 쪽에는 선생의 일생이 실려 있는 기사가 있어 기사를 읽으며 그의 업적과 남이섬의 유래를 알 수 있도록 하였다.

메타세콰이어길

남이섬에서 아름답지 않은 곳이 없지만 흐트러짐 없이 곧게 뻗어올라간 이 길이 남이섬의 백미로 손꼽힌다. 언제와도 사계절 내내 아름답고 웅장한 자태를 자랑하는 메타세콰이어길은 〈겨울연가〉의 촬영 장소로 많은 이들에게 알려지게 되었다. 지금도 여러 드라마나 영화, 관광객들의 촬영 명소로 자리하고 있다.

은행나무길, 벗길

중앙광장에서 별장촌 초입으로 향하는 80여 미터의 은행나무길에는 가을이 되면 은행잎이 노랗게 물들어 장관을 이룬다.

벗길은 중앙광장에서 호텔 정관루로 향하는 벚나무길로, 벚꽃이 만발하는 4월 중·하순쯤이면 가족이나 친구, 연인과 함께 거닐며 사진 찍기에 안성맞춤인 곳이다.

남이섬 연못들

원래 남이섬에는 연못이 남이장군 묘 앞에 있는 것뿐이었는데, 2001년 이 연못을 연인들을 위해 '연지(戀池)'라 이름 짓고, 초옥공방 앞에 연못을 하나 더 만들어서 벌레들도 사랑을 나누는 놀이터로 만들어주자는 뜻으로 '곤지(昆池)'라고 이름 지었다. 이후 황금연못, 몽연지(夢蓮池), 피토지(避兎池), 연지(蓮池), 정관백련지(靜觀白蓮池), 유영지(柳影池) 등을 더 조성했다. 2010년 새롭게 탄생한 '환경농장 연련지'란 연못도 있는데, 이곳에는 삼성증권 사옥을 이전할 때 발생한 폐유리를 재활용해서 만든 유리메타 장식의 첫키스 다리가 있다.

유니세프홀

유니세프홀은 도깨비집을 리모델링해 아름다운 성으로 만든 곳이다. 개관 이래 상설전시와 함께 후원금 모금을 위해서 유아용 장난감, 조각퍼즐, 유니세프 카드 등의 상품을 판매하고 있으며 수익금 전액을 유니세프에 기증하고 있다.

위칭청행복원미술관

위칭청 선생은 독창적인 창작 세계를 개척한 중국의 대표적인 진흙인형 예술가로 잘 알려져 있다. 이곳은 위칭청 선생이 자신의 작품을 남이섬에 영구적으로 전시하고 싶다는 뜻에 따라 2008년에 문을 열었다. 행복원이라는 이름에 걸맞게 대부분의 진흙인형 작품들은 가족의 모습을 담고 있다.

노래박물관

국내 최초의 대중가요 전용시설인 노래박물관은 가요전시관, 악기 체험실, 녹음실, 다목적실, 야외무대 등과 편의시설을 갖추고 있다.

가요전시관에 있는 명예의 전당에는 시대별 전시와 함께 명예의 전당 등록자 10인의 프로필이 소개되어 있고, 세계민족악기전시관에서는 영화 〈마지막 황제〉의 음악감독이었던 중국의 작곡가 류훙쥔이 기증한 각 나라의 민속악기를 직접 볼 수 있다.

남이섬 즐길거리

남이섬에는 유니세프 나눔열차와 바이크, 전기자전거, 전기자동차로 섬 안을 돌아볼 수 있다. 전기자동차는 남이섬을 다니는 투어버스로 가이드의 설명이 덧붙여져 섬 전체를 여유롭게 일주할 수 있고, 바이크는 1인용, 2인용, 가족용이 있어서 일행에 따라 골라 탈 수 있다. 유니세프 나눔열차의 수익금 일정액은 유니세프한국위원회로 기부되어 어린이들을 위해 쓰인다.

[유니세프 나눔열차]
이용요금 편도 2,000원/유모차 1일 3,000원
[바이크]
이용시간 09:00~18:00
이용요금 1인용 3,000원/2인용 6,000원/
　　　　　가족용 10,000원
[전기자전거]
이용요금 30분 10,000원 / 1시간 18,000원
11세부터 이용 가능
[전기자동차]
남이섬 투어버스 5,000원(1인 기준) 20~25분 소요

고목식당

남이섬에서 가장 오래된 강원도 토속 식당으로 조약돌로 문양을 새겨넣은 하얀 회벽과 피죽을 널어 얹은 지붕이 눈에 띈다. 감자전에 도토리묵, 보리밥에 막국수를 동동주와 곁들이면 신선이 따로 없다.

- 영업시간 09:00~17:00 (주말은 21시까지)
- ☎ 031) 582-4443

남이섬 맛집

디마떼오

개그맨 이원승 씨가 KBS〈지구탐험대〉에서 전통 나폴리피자 만들기에 도전한 계기로 창업한 대학로의 디마떼오의 화덕피자를 남이섬에서도 맛볼 수 있다. 디마떼오의 피자는 나폴리 전통 맛을 고집하는 주방장이 직접 만들고 있다. 화산재 벽돌을 이용해 직접 만든 전통 참나무 화덕(포르노)에서 구워내며, 이탈리아에서 만든 지 3일 안에 공수해오는 후레쉬 모짜렐라 치즈를 비롯해 대부분의 식자재를 수입해서 사용하고 있다.

- 영업시간 11:30~22:00
- ☎ 031) 582-8822

화쟈이웬

남이섬과 중국과의 문화교류와 중국음식문화원의 역할을 겸하도록 기획된 정통 중화요리 전문점이다. 중국의 풍취를 느낄 수 있는 고풍스러운 인테리어와 베이징, 쓰촨, 광눙, 산눙 요리의 특색을 가미한 화가(花家) 연회 요리의 진수를 맛볼 수 있는 이곳은 남이섬을 찾는 각국의 관광객들에게 대륙 본고장의 맛을 소개하고 있다.

- 영업시간 10:30~20:00
  (평일, 주말 폐점시간 조정됨)
- ☎ 031) 580-8081, 8082

그곳에
가보고
싶다면

남이섬 가는 길

🚌 가평 시외버스터미널에서 남이섬선착장으로 약 10분 소요

🚗 • 46번국도 → 마석쉼터 → 청평 → 가평 → SK경춘주유소 사거리 우회전 → 남이섬선착장
• 춘천 → 의암터널 → 강촌삼거리 → 가평 → SK경춘주유소 사거리 좌회전 → 남이섬선착장
• 춘천IC → 46번 일반국도(서울 방면) → 강촌 → 가평오거리(좌측의 SK경춘주유소 끼고 좌회전)
→ 75번 일반국도 → 8백 미터 후 좌측의 현충탑끼고 좌회전 → 6백 미터 후 남이섬선착장 도착

🚆 ITX 청춘열차, 경춘복선전철을 타고 가평역에서 하차. 남이섬선착장까지 버스나 택시 이용

[남이섬 직행 셔틀버스]
• 운행시간 09:00~18:00
☎ 02) 753-1247~8

남한강에서 날개를 펼치고 힘차게 날아오르는
여주

넘실대는 물결이 운치 있는 남한강을 따라 낭만을 느끼며 여행을 떠나고 싶은 여주! 여주는 이와 같이 아름다운 남한강변을 끼고 서 있는 천년고찰 신륵사를 비롯해 세종대왕릉인 영릉, 명성황후 생가, 고달사지 등 문화 유적이 있어 더욱 빛나는 곳이다.

 아름다운 자연과 문화 유적 외에도 임금에게 진상했다고 알려진 여주 도자기와 명품 쌀, 고구마, 땅콩 등 여주의 특산물들은 여주를 찾는 이들을 더욱 즐겁게 해준다.

신륵사

여주를 대표하는 명소인 신륵사는 남한강의 운치를 제대로 느낄 수 있는 아름다운 경관과 오랜 역사만큼 많은 유물과 유적들을 간직하고 있는 사찰이다. 신라 진평왕 때 원효대사가 창건했다고 전해지며 고려시대 고승 나옹선사가 입적한 곳으로도 유명하다. 여주의 아름다운 8곳을 여주팔경이라고 하는데, 그

첫 번째가 바로 이곳이다. 신륵사를 일명 '벽절'이라 부르게 한 다층전탑이 묵묵히 남한강을 굽어보고 있으며, 나옹선사의 당호를 딴 정자 강월헌(江月軒)에서는 시인 묵객들이 시 한 수를 읊고 있는 것 같다. 남한강변의 수려한 경관과 다양한 유물 등 볼거리를 기반으로 1977년에 관광지로 지정되어, 많은 사람들이 찾고 있다.

✓ 신륵사 지구

우리나라에서 유일하게 산이 아니라 강을 끼고 있는 사찰인 신륵사는 영릉, 목아박물관과 함께 여주 관광코스로 각광받고 있다. 여주대교를 건너 신륵사까지는 드라이빙 코스로도 좋다. 갈대숲과 퍼팅놀이장, 여주도자기를 비롯한 토산품판매점, 놀이공원, 숙박시설, 주차장이 갖추어져 있어 편리하게 이용할 수 있다.

☎ 031) 887-2858 신륵사 관리소
　 031) 887-2068~9 여주군청 문화관광과

목아박물관(木芽博物館)

한국의 전통 목공예와 불교미술의 계승과 발전을 위해 설립된 사립 전문 불교박물관으로 무형문화재 제108호(목조각장)인 박찬수 선생이 설립하였다.

　한국의 전통 불교조각 기법을 보존하고, 새로운 기법으로 발전시키는 한편, 우수한 전통 공예문화를 후세에 알리는 데 목적이 있다. 불교와 관련된 문화유산과 현대의 불교 조각작품들을 한자리에서 감상하면서 선인의 기술과 장인정신을 직접 눈으로 확인해볼 수 있다. 불교회화, 불교유물, 목조각품 등 2천여 점의 작품들이 전시되고 있다.

　박물관은 야외 조각공원과 지하 1층, 지상 3층의 전시관으로 구성되어 있다. 전시관에는 불상, 불화, 불교 목공예품 등의 유물과 더불어 박찬수 관장의 불교 목조각과 목공예 작품들이 전시되어 있고, 야외 조각공원에는 미륵삼존대불, 비로자나불, 백의관음, 3층석탑 등이 조화롭게 배치되어 있다.

- 이용시간
  3월~10월 09:00~18:00
  11월~2월 09:30~17:00
  (마감 30분 전까지 입장 가능)
- 연중무휴
  (기타 박물관 사정에 따라 달라짐)
  ☎ 031) 885-9952

명성황후기념관

명성황후를 기념하고 왜곡된 역사를 바로 잡기 위해 건립된 기념관으로, 명성황후 생가 맞은편에 위치해 있다. 전시실에는 명성황후와 고종의 어진과 여러 유물, 그리고 같은 시기에 활약했던 여흥 민씨들의 유물과 관련 자료들이 전시되어 있다. 특히 명성황후의 친필과 시해당일 일본인이 사용했던 일본도(복제품) 등을 볼 수 있으며 앞마당에는 명성황후의 자주정신과 개화사상을 추모하기 위해 세운 조각작품들도 볼 수 있다.

명성황후 생가

이곳은 개화기에 뛰어난 외교력으로 자주성을 지키며 개방과 개혁을 추진하다 1895년 10월 8일 새벽, 일본인에 의해 시해당하며 파란만장한 일생을 마쳤던 명성황후가 출생하여 8세까지 살았던 집이다. 명성황후가 어렸을 때 공부했다는 방이 있었던 자리에는 탄생을 기념해 세운 '명성황후 탄강구리(明成皇后 誕降舊里-명성황후가 태어난 옛 마을) 비'가 세워져 있다. 비의 뒷면에는 순종의 글씨로 추정되는 '광무 8년 갑진 오월 어느 날 엎드려 눈물을 머금고 쓰다.'라는 비문이 새겨져 있다.

- 이용시간
  3월~10월 09:00~18:00
  11월~2월 09:00~17:00
- 1월 1일, 명절 휴관
- ☎ 031) 887-3576

영릉

유네스코 세계문화유산에 빛나는 영릉(세종대왕릉)은 세종대왕과 소헌왕후 심씨를 합장한 무덤이다. 영릉의 정문에 들어서면 오른쪽에는 세종대왕 동상이 있고, 왼쪽에는 세종대왕의 업적을 기리기 위해 1977년 건립한 세종전을 볼 수 있다.

세종전 앞의 야외 유물전시장에는 해시계, 천상열차분야지도, 자격루, 관천대, 측우기, 혼천의, 간의 등 15점의 각종 복원 유물들이 전시되어 있어 세종대왕 재위 시절의 과학기구들을 한눈에 볼 수 있다.

- 이용시간 :
  하절기 09:00~18:00
  동절기 09:00~17:00
- 월요일 휴관
- ☎ 031) 885-3123~4

매년 5월 15일에는 정자각 일원에서 세종대왕 탄신 숭모제전(崇慕祭奠-탄신일을 기념하여 올리는 제사)이 열리고, 한글날을 전후해서도 각종 행사가 열린다.

✓ 영릉의 특징

1446년(세종 28년)에 세종의 비 소헌왕후가 승하하자 당시 경기도 광주 헌릉 서쪽에 쌍실의 능을 조영하였다. 이때 오른쪽 석실은 세종을 위해 미리 만들어놓았다가 세종이 승하하자 합장하였다. 세조 때 영릉의 자리가 불길하다는 이유로 능을 옮기자는 주장이 있었으나 실현되지 못하다가 1469년(예종 1년)에 이곳 여주로 옮겨왔다. 입지는 풍수사상에 따라 주산을 뒤로 하고 산의 중허리에 봉분을 조영하였다. 좌측과 우측에는 청룡, 백호를 이루고 남쪽으로는 멀리 북성산을 바라보고 있는 명당이다.

현대도자미술관

여주는 흙이 고와 도자기로 명성이 높은 곳으로 국내 도자기의 60퍼센트를 생산하고 있다. 이러한 배경을 바탕으로 현대도자미술관이 설립되었는데, 우리나라 최초의 도자미술관이다. 현대도자란 청자, 백자, 토기 등 전통 도자기 색의 고정관념에서 벗어나 현대의 색으로 만든 도자기를 뜻한다. 이곳에는 제각기 다른 색을 자랑하는 도자기가 화려하게 전시되어 있다.

작가의 얼과 혼이 담겨 있는 도자기 약 1만 8천 점이 소장되어 있으며, 시험품도 약 1만 개가 전시되어 있다.

- 이용시간 10:00~17:00
- 연중무휴
- ☎ 031) 884-0950, 0940

여주 도자기그릇백화점

여주에 있는 도자기 직영 매장이다. 식당에서 쓰이는 그릇은 물론 일반 가정에서 쓰이는 쌀독, 화병, 찬통, 수저통 등 흙으로 빚은 제품과 작품들을 저렴한 가격으로 만나볼 수 있다.

☎ 031) 885-4141

여주 맛집

천서리 강계 봉진막국수

천서리란 지명은 신래천(神來川) 서쪽에 있는 마을이라는 데서 유래하였다. 천서리 막국수촌은 사적 제251호로 지정된 파사산성에 있는데, 전국적으로 유명해서 많은 사람들이 찾는다. 꿩고기 끓인 물과 동치미국물을 차례로 섞어 만든 냉육수에 메밀국수를 말아 먹는 국수를 천서리 막국수라고 한다. 그중 강계 봉진막국수는 먹을수록 살아나는 칼칼한 매운맛이 입맛을 당긴다.

- 영업시간 10:00~20:20
- ☎ 031) 882-8300

조선옥

돌솥쌀밥정식을 주문하면 중복되는 메뉴 없이 밥과 장을 포함해 고추장아찌, 콩, 조개젓갈, 된장국, 계란찜 등 26가지의 반찬과 음식이 한상차림으로 나온다. 찰기가 흐르는 여주의 쌀밥을 직접 맛볼 수 있다.

- 영업시간 11:00~21:30
- ☎ 031) 883-3939

한국 속의 중국
인천 차이나타운

인천역에서 내려 자유공원 쪽을 바라보면 우뚝 솟은 패루를 시작으로 중국풍 거리인 인천 차이나타운이 시야에 들어온다.

인천 차이나타운은 1883년 인천항이 개항되고 1884년 청나라의 치외법권 지역으로 지정되면서 중국의 독특한 문화가 생겨난 곳이다. 과거에는 중국에서 수입된 물품들을 파는 상점들이 주를 이루었으나 현재는 중국 음식점들이 대부분이다. 이곳은 인천의 명소로서, 해마다 관광객이 늘고 있으며 중국인들과 인천 시민들이 함께 어울려 새로운 문화를 만들어가고 있다.

의선당(義善堂)

의선당은 '의를 지키고 착하게 살라'는 뜻에서 붙여진 중국식 사당이다. 약 1백 년 전 황합경이라는 스님이 세운 곳으로, 이곳에는 사후 안식을 기원하는 관음보살, 돈을 벌어준다는 관우상, 자식을 점지해준다는 삼신할미상, 중국을 왕래할 때 뱃길의 안녕을 보살펴주는 용왕상, 원행길이나 산길을 보호해준다는 호산할아버지(산신령)까지 총 5분이 모셔져 있다.

불교와 도교 풍습이 섞여 있어 독특한 분위기를 느낄 수 있다. 중국 명절인 춘절(春節)·중양절(重陽節, 연축제)·중추절(中秋節)에는 작은 축제가 열린다.

차이나타운에서 가장 중국적인 의선당. 이국땅에서 단합하며 살아가는 화교들의 정신적 쉼터다. 국내에서 중국 무술을 처음 알린 곳으로도 유명하다.

삼국지 벽화거리

우리가 흔히 알고 있는 《삼국지(三國志)》는 나관중이 쓴 《삼국지연의(三國志演義)》를 말한다. 《삼국지》를 즐겨 읽는 나라는 한자 문화권인 중국, 일본, 한국, 베트남이라고 한다.

차이나타운의 청일 조계지 계단을 올라가서 밑으로 난 길 양쪽 벽면에는 삼국지의 주요 장면을 설명과 함께 타일로 제작하여 장식한 벽화가 있다.

이곳의 벽화는 인천에 거주하는 만화가가 80개의 《삼국지》 명장면을 수천 장의 타일에 나눠 그려 모자이크식으로 150미터에 이르는 벽에 붙인 것으로, 《삼국지》의 내용을 압축해서 그림으로 잘 요약해놓았다. 유비, 관우, 장비, 조조, 제갈공명의 이야기와 주요 장면이 해설과 같이 있어 재미있게 읽으며 거리를 걸을 수 있다.

《삼국지》 이야기가 150미터 길이의 벽화 속에 그대로 담겨 있다.

다채로운 공연과 특별기획전, 그리고 국내 유일의 차이나타운과 연계를 통해 생활 속의 문화쉼터로 자리잡은 한중문화관. 지하 1층, 지상 5층 규모의 중국풍 건축양식으로 기획전시실, 한중문화전시관, 우호도시홍보관, 정보검색실 및 도서열람실, 공연장 등의 시설이 있다.

- 이용시간 09:00~18:00
- 월요일, 1월 1일, 명절 휴관
- ☎ 032) 760-7864

한중문화관

인천광역시 중구청이 인천 차이나타운의 활성화를 위해 2005년에 건립한 한중문화관은 한중 양국의 역사와 문화교류의 중심 역할을 담당하고 있다.

  이곳은 갖가지 공연이나 특별전과 함께 중국차 시음, 중국 의상 입어보기 등의 중국문화 체험코너, 중국역사 체험코너, 한국과 중국의 역사를 배울 수 있는 도서열람실이 있어 중국을 직접 방문하지 않아도 다양한 중국 문화를 느끼고 체험할 수 있도록 여러 가지 볼거리와 유익한 정보를 제공하고 있다.

패루

마을 입구나 대로를 가로질러 세운 탑 모양의 중국식 전통 대문을 패루(牌樓)라고 한다. 비슷한 직업을 가진 사람들이 모여 살던 동네 입구에 세웠는데, 외지 사람들이 패루의 형태만 봐도 그 동네에 어떤 사람들이 모여 사는지 알 수 있었다고 한다.

차이나타운 입구에 있는 제1패루는 폭 17미터, 높이 11미터 크기의 기둥 4개와 7개 지붕으로 되어 있으며 중화가(中華街)라는 글씨가 차이나타운인 것을 나타내준다. 이곳의 패루는 인천광역시 중구와 자매결연을 맺은 중국 산동성 웨이하이시가 우정을 두텁게 하기 위해 기증한 것으로 세계 어느 차이나타운에도 없던 일이라고 한다.

공자상

과거 청일 조계지 경계로 사용되었던 계단 중앙을 기준으로 중국 쪽을 보면 인천항을 굽어보고 있는 공자상을 만날 수 있다. 4.5미터 높이의 이 석상은 인천시 중구청이 중국 칭다오시 시남구로부터 기증받은 것이다.

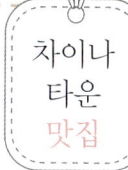

십리향

십 리 밖에서도 향기가 난다는 차이나타운 옹기병 화덕만두. 일명 항아리만두라고도 부르는데, 기름지지 않으며 담백하고 쫄깃한 맛이 특징이다.

- 영업시간 12:00~20:00
☎ 032)762-5888

복래춘

차이나타운에서 3대에 걸쳐 80년 이상 영업해온 중국 전통 과자 전문점이다. 고소하고 담백한 맛의 공갈빵과 겉은 바삭하고 속은 부드러운 다양한 종류의 월병이 인기가 높다.

- 영업시간 09:00~21:00
☎ 032) 772-3522

중국제과 담

중국제과 전문점이다. 녹차와 팥, 파인애플, 8가지 견과류가 들어간 팔보월병 등의 월병과 펑리수, 포춘쿠키 같은 다양한 중국 과자들을 맛볼 수 있다. 선물용으로 좋은 포장제품을 따로 판매하고 있다.

- 영업시간 11:00~20:00
☎ 032) 773-8800

공화춘

공화춘은 우리나라 최초의 짜장면을 만든 곳이다. 원래 공화춘의 자리로 추정되는 곳에 지금은 짜장면박물관이 들어섰고, 현재는 자유공원 올라가는 길 쪽에서 영업하고 있다.

- 영업시간 11:00~23:00
☎ 032) 765-0571

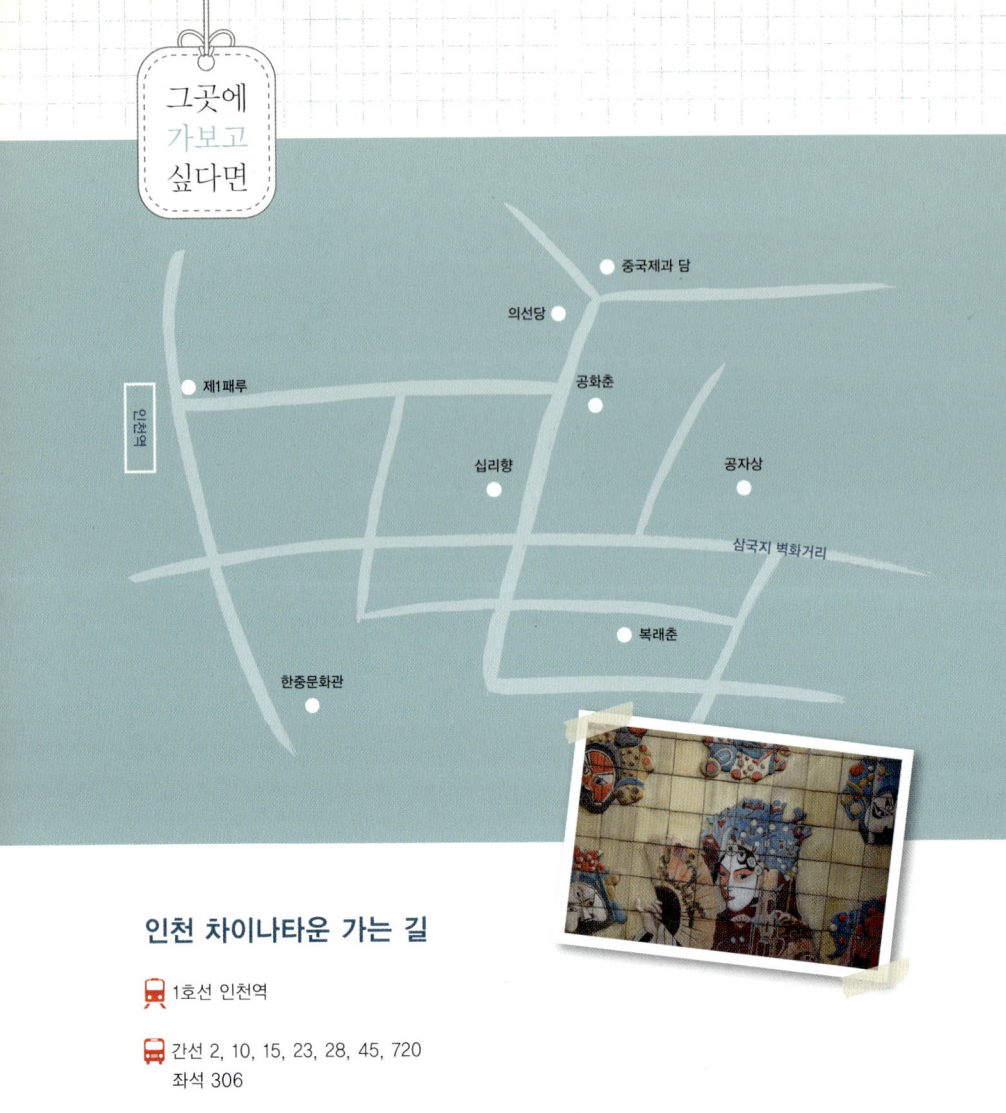

인천 차이나타운 가는 길

🚇 1호선 인천역

🚌 간선 2, 10, 15, 23, 28, 45, 720
좌석 306

☎ 032) 810-2851

서울이 주는 선물 7.

스타트

서울의 명소를 한번에 둘러볼 수 있는
서울 시티투어버스

 연간 6백만 명의 관광객이 방문하는 세계적인 관광도시 서울을 색다르게 즐기는 방법은 바로 서울 시티투어버스를 이용하는 것이다. 서울 시티투어버스는 서울의 인기 관광지와 쇼핑지를 하나로 묶어 5대 궁궐인 경복궁, 창덕궁, 창경궁, 덕수궁, 경희궁과 N서울타워, 청와대, 남산골 한옥마을, 인사동, 대학로 등 도심 명소, 남대문, 동대문, 명동 등 유명 쇼핑타운까지 모두 한 코스에 담았다.
 광화문을 기점으로 정해진 코스를 순환운행하는 셔틀버스로, 시티

투어버스 1일 이용권을 구입한 후 원하는 정류장에서 하차해서 관광한 후 다음 버스를 타고 여행을 계속할 수 있다. 전 차량은 대형버스이며 일반버스보다 의자 간격이 넓어 더욱 편안하다.

다국어 음성안내 시스템으로 시티투어가 지나는 각 관광지에 대한 소개와 안내정보를 개별 좌석마다 제공하고 있다. 시티투어버스 티켓만 제시하면 당일에 한하여 박물관, 전시관, 공연장 등을 무료로 입장하거나 할인받을 수 있다.

✓ 시설과 서비스

- 다국어 음성안내 시스템
  좌석마다 설치된 헤드폰을 통해 4개 국어(한국어, 영어, 일어, 중국어)로 자동 관광 안내.
- LCD 모니터 : 좌석마다 관광지에 도착하기 전 해당 장소에 대한 정보 설명.
- 통역 가이드
  외국어가 가능한 통역 가이드를 한 명씩 배치(일본어, 영어, 중국어 중 최소 한 개 언어 가능).
- 시티투어버스의 운행 코스와 탑승 정보가 설명되어 있는 안내지도 리플릿 제공.

✓ 탑승 장소와 이용방법

- 출발 장소
  5호선 광화문역 6번 출구 동화면세점 앞
- 시티투어버스는 일정한 간격으로 운행(1층 버스는 30분 간격, 2층 버스는 1시간 간격)하고 있다.

	코스명	운행시간	출발 간격	순환시간
1층 버스	도심순환 코스	9:00~ 21:00 (막차 19시)	30분	약 2시간
	야간 코스	20:00(1회 운행)	-	약 1시간 반
2층 버스	청계천·고궁 코스	10:00~17:00	1시간	
	야간 코스	20:00(1회 운행)	-	약 1시간 반

- 각 코스 모두 광화문 동화면세점 앞을 기점으로 순환.
- 월요일 휴무(월요일이 공휴일인 경우는 정상 운행).
  단, 여름휴가 기간(7월 4주부터 8월 15일)은 휴무 없음.
- 도심순환 코스는 여름휴가 기간 중에는 20분 간격으로 출발.
- 야간 코스는 논스톱 운행(중간 정류장에서 승차와 하차 불가).
- 청계천·고궁 코스는 이용객이 많은 시기(1/2/4/5/7/8/10/12월)는 아침 9시부터 운행.
- 청계광장 행사 시 차량 출입 제한으로 덕수궁, 청계광장은 지나가지 않음.

✓ 이용요금 안내

	코스명	성인	고교생 이하
1층 버스	도심순환 코스	10,000원	8,000원
	야간 코스	5,000원	3,000원
2층 버스	청계천·고궁 코스	12,000원	8,000원
	야간 코스	10,000원	6,000원

- 할인 안내(중복할인 불가)
  10인 이상 단체 이용 시 10퍼센트 할인.
  보호자가 동반하는 5세 미만 어린이 1명 무료 탑승.
  티머니 카드로 결제 시 5퍼센트 할인(고급형 티머니 카드만 가능).
  KR패스 소지 외국인 15퍼센트 할인.
  현금영수증 발급 가능.

- 승차권 구입처
  시티투어버스 탑승 시 가이드에게 직접 구입.
  코리아나호텔 옆 티켓박스 ☎ 02) 777-6090

서울 시티투어버스 가는 길

 5호선 광화문역

 간선 101, 150, 402, 405, 501, 506, 602,
    700, 703, 707
지선 1020, 1711, 7016, 7017, 7018, 7019, 7021, 7022, 7212, 8000
좌석 909, 1000, 1100, 1200, 1900, 2000, 2500, 5000, 5005, 8100, 8600, 8880,
    9000, 9080, 9401, 9701, 9703, 9709, 9710, 9714, M7106, M7111
일반 111, 1002,
공항 6002, 6005, 6701
순환 90S투어, 91S투어
마을 종로02, 종로09, 종로11

서울 시티투어버스

서울 시티투어버스는 1층 버스와 2층 버스로 아름다운 서울의 모습을 주간과 야간에 볼 수 있도록 하였다.

1층 버스 도심순환 코스는 27곳의 정류장을 순환하며 원하는 정류장에 하차하여 관람한 후 다음 버스를 타면 된다. 1층 버스 야간 코스는 조명으로 치장한 또 다른 서울의 모습을 볼 수 있도록 했다. 2층 청계·고궁 코스로는 청계천을 지나 창덕궁을 비롯한 고궁과 인사동까지 둘러볼 수 있다. 2층 버스 야간 코스는 한강을 끼고 있는 서울의 아름다운 야경을 제대로 볼 수 있도록 했다.

✓ **1층 버스 도심순환 코스**

광화문 ⇨ 덕수궁 ⇨ 남대문시장 ⇨ 서울역 ⇨ USO ⇨ 용산역 ⇨ 국립중앙박물관 ⇨ 전쟁기념관 ⇨ 미군용산기지 ⇨ 이태원 ⇨ 크라운호텔 ⇨ 명동 ⇨ 남산한옥마을/한국의 집 ⇨ 그랜드앰배서더 ⇨ 국립극장 ⇨ N서울타워 ⇨ 하얏트호텔 ⇨ 타워호텔 ⇨ 신라호텔 ⇨ 동대문시장 ⇨ 대학로 ⇨ 창경궁 ⇨ 창덕궁 ⇨ 인사동 ⇨ 청와대 앞 ⇨ 국립민속박물관 ⇨ 경복궁

✓ **1층 버스 야간 코스**

광화문 ⇨ 덕수궁 ⇨ 마포 홀리데이인, 국회의사당, 서강대교, 강변북로, 성수대교, 한남대교 ⇨ N서울타워 ⇨ 청계광장

✓ **2층 버스 청계·고궁 코스**

광화문 ⇨ 덕수궁 ⇨ 청계광장 ⇨ 청계천문화관 ⇨ 황학교(서울풍물시장) ⇨ 대학로 ⇨ 창경궁 ⇨ 창덕궁 ⇨ 인사동 ⇨ 역사박물관 ⇨ 농업박물관 ⇨ 광화문

✓ **2층 버스 야간 코스**

광화문 ⇨ 서소문 ⇨ 마포대교 ⇨ 여의도 ⇨ 강변북로 ⇨ 반포대교 ⇨ 올림픽대로 ⇨ 영동대교 ⇨ 한남대교 ⇨ 남산순환로 ⇨ 남산도서관 ⇨ 숭례문 ⇨ 청계광장

서울역
대한민국의 수도 서울의 관문

우리나라 모든 기차의 출발점이자 종착점인 서울역의 모습.

대한민국의 대표적 기차역인 서울역은 경부선과 경부고속철도(KTX), 경의선의 시종착역으로 하루 평균 9만여 명이 이용하는 대한민국 수도 서울의 관문이라고 할 수 있다. 한국 철도의 중추 노선이 모두 이곳에서 출발하고 있으며, 철도가 있는 모든 역에 연결되어 있는 우리나라의 대동맥 같은 곳이다. 경부선은 종착역인 부산역까지 거리가 441.7킬로미터이며, KTX로는 408.5킬로미터, 경의선은 도라산까지 55.6킬로미터로 되어 있다.

1900년 경성역으로 출발했으며 광복 후 1년 뒤인 1946년에 서울시라는 명칭이 정식으로 공포되면서부터 같은 해 11월 1일부터 경성역도 서울역으로 이름이 바뀌었다. 우리나라의 근현대 역사와 그 길을 같이 하고 있는 서울역은 경제성장에도 빠질 수 없는 역할을 맡아왔다.

2004년 KTX 개통 후에는 서울에서 부산까지 2시간 40분 만에 갈 수 있어 비행기를 빼고는 가장 빠른 교통수단으로 많은 시민들이 찾고 있으며, 특히 2010년부터는 인천국제공항까지 연결되는 공항철도가 개통되어 편리함을 더하고 있다. 10개 역에 정차하는 일반열차와 서울역과 인천공항을 논스톱으로 운행되는 직통열차가 있다.

과거에는 경부선 외에도 호남선·전라선·장항선 등 모든 장거리 열차가 서울역에서 운행되었으나 2004년 4월 KTX가 개통된 뒤부터 호남선·전라선·장항선은 용산역에서 출발하게 되었다. 지하철 1호선과 4호선이 연계되어 있어 이용이 편리하며 신축역사에는 백화점이 입점하고 주변에 대형 할인점이 들어서는 등 여행과 쇼핑을 겸할 수 있는 복합공간으로 조성되었다.

실로암불가마사우나

실로암불가마사우나는 서울역 서부역사 뒤쪽에 위치한 지하 1층, 지상 5층 규모의 대형 찜찔방이다. 건물 전체를 모두 이용해서 다양한 시설을 갖추고 있으며 스파, 네일케어, 스포츠 마사지, 한방 좌욕 등을 할 수 있다.

찜질방 시설로는 소금찜질방, 산소방, 얼음방 등 다양한 테마로 구성되어 있다.

☎ 02) 364-3944~5

롯데마트

롯데마트 서울역점은 역무시설과 할인점이 연계되어 원스톱 쇼핑을 할 수 있도록 되어 있다. 기차와 전철, 마을버스 및 여러 지역의 버스노선을 이용할 수 있는 교통 중심지에 위치하고 있어 접근이 편리하다. 명동과도 가까워 일본이나 중국 관광객들이 많으며 4층에는 세탁소, 수선실과 같은 편의시설도 있다.

☎ 02) 390-2500

문화역서울 284 (구 서울역사)

서울역사는 동경대 교수였던 일본인 쓰가모토 야스시(塚本靖)가 설계하고, 1922년 6월에 착공하여 1925년 9월에 준공되었다. 당시 신축된 건물은 규모도 매우 컸지만 지붕의 돔과 독특한 외관으로 장안의 화제가 되기도 했었다. 현재 문화역서울 284라고 이름을 붙인 이유는 이곳이 사적 제284호로 지정되었기 때문이다.

  이곳은 우리나라 근현대사와 역사를 같이 하는 상징적인 공간이다. 처음에는 경성역으로 출발했는데 광복을 맞이한 뒤에는 서울역으로 개명되었고, 한국전쟁 때에는 역사의 일부가 파괴되었다가 다시 복구되었다. 이후 서울역사는 수도 서울의 급격한 발전과 함께 늘어나는 수송량을 감당하기 위하여 1960년대에 남부·서부 역사를 신설, 본 역사와 구분하여 사용하였다. 2004년 새로운 민자역사가 신축되면서 구 역사를 문화재로서 복원하기 위해 공사를 시작했고, 2011년 복합문화공간 문화역서울 284라는 명칭으로 재탄생했다. 1층 중앙홀은 공연·전시·이벤트·카페 등을 위한 공간으로, 2층은 공연·전시·세미나·회의 등을 위한 다목적홀로 이용되고 있다.

- 이용시간
  4~9월 11:00~20:00(주말 21시까지)
  10~3월 11:00~19:00(주말 20시까지)
- 월요일, 1월 1일, 명절 당일 휴관
- ☎ 02) 3407-3500

콩코스(갤러리아백화점)

콩코스는 하나의 패션그룹에 있는 여러 브랜드를 한꺼번에 모은 '패션컴퍼니 숍'과 키덜트를 위한 캐릭터 숍 '하비스퀘어' 등 콩코스에서만 볼 수 있는 새로운 형태의 매장들로 구성되어 있다. 서울역과 연결되어 있어 바로 쇼핑이 가능하고 서울역을 이용하는 고객들을 대상으로 다양한 이벤트와 사은행사를 진행하기도 한다.

- 이용시간 11:00~20:30
  (금요일~일요일 30분 연장 영업)
- 02) 390-4114

프랑스문화원

프랑스 문화를 한국에 소개하고, 양국의 문화교류에 이바지할 목적으로 세워진 곳으로, 적선동과 사간동에 이어 서울역 옆 봉래동에 자리 잡았다. 다양한 종류의 도서·DVD 등이 소장된 미디어도서관, 프랑스로 유학을 원하는 학생들을 위해 다양한 자료를 제공하는 캠퍼스프랑스 등이 있어 유익하게 이용할 수 있고, '카페 데 자르'에서는 부담 없는 가격으로 프랑스 요리를 맛볼 수 있다.

[캠퍼스프랑스]
월요일~목요일 09:30~18:30
금요일 9:30~16:30
점심시간 12:00~14:00
[미디어도서관]
월요일~토요일 11:00~21:00
일요일 휴관
[카페 데 자르]
월요일~토요일 15:00~17:00
(저녁은 예약제로 운영, 일요일 휴무)

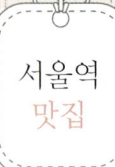

서울역 맛집

명동할머니국수

오랫동안 변하지 않는 맛과 가격으로 많은 사람들이 좋아하는 분식 전문점이다. 국수류를 주 메뉴로 부담 없는 가격에 맛있는 음식을 먹을 수 있다. 서울스퀘어 지하 1층에 있다.

- 영업시간
  평일 08:00~20:30
  토요일 11:00~19:00(일요일 휴무)
- ☎ 02) 6456-8787

베니건스

지하철에서 서울역 역사로 이어지는 KTX광장 에스컬레이터를 타고 올라오면 바로 베니건스 매장이 보인다. 서울역점은 바로 옆에 서울역과 롯데마트가 있기 때문에 유동인구가 많아 조금 기다려야지만 자리를 잡을 수 있다. 각종 카드 할인 혜택을 받을 수 있어 주로 젊은층이 많이 찾고 있다.

- 영업시간 11:00~23:00
- ☎ 02) 362-9700

에릭케제르

프랑스의 유명한 베이커리의 국내 분점으로, 천연발효종을 사용하여 전통적인 방법으로 빵을 만든다. 샌드위치와 프티푸르, 크로와상과 제철 과일을 이용한 타르트까지 다양한 종류의 빵을 맛볼 수 있다. 서울역 콩코스 식당가 4층에 위치해 있다.

- 영업시간 07:00~23:00
- ☎ 02) 390-4160~1

티원

콩코스 식당가 4층에 위치한 티원에서는 한화호텔&리조트 중식당 '도원'의 노하우를 바탕으로 하는 개성 있는 중식의 맛을 볼 수 있다. 서울역 안에 있어서 수도권은 물론 전국 어디서나 편리하게 찾아올 수 있어 가족 모임이나 소규모 모임 장소로 좋다.

- 영업시간 11:30~22:00
- ☎ 02) 392-0987

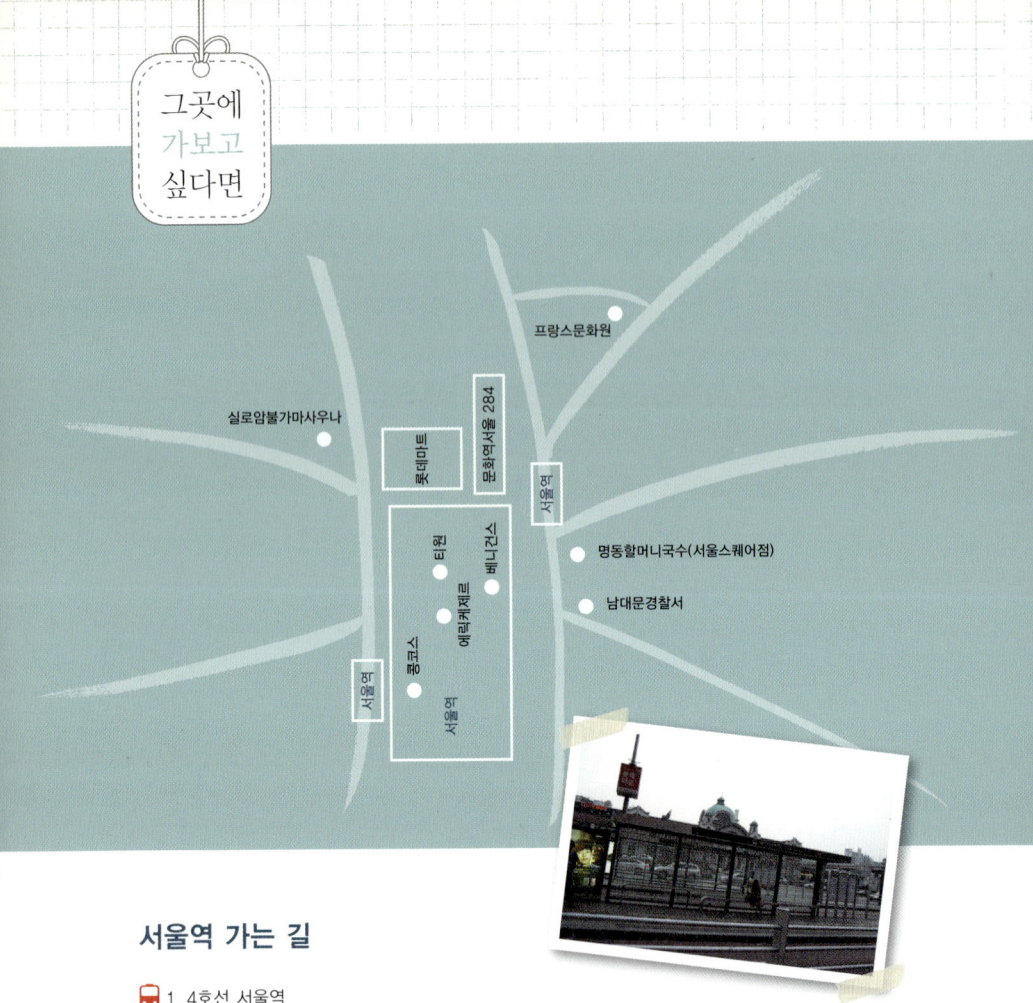

서울역 가는 길

🚇 1, 4호선 서울역
　공항철도 서울역

🚌 간선 100, 150, 151, 152, 202, 421, 502, 506, 507, 750A
　지선 1711, 7011, 7013A, 7013B, 7016, 7017, 7021, 7022, 7024
　좌석 1000, 1005-1, 1100, 1150, 1200, 2000-1, 5000, 5005, 5007, 5500, 5500-1,
　　　 5500-2, 5500-3, 8100, 8880, 9000, 9401, 9401B, 9710, M4108, M5107, M5115
　공항 6001, 6015, 6050, 6702
　순환 03, 05, 90S투어
　마을 용산02, 용산04, 서대문06, 종로11

☎ 02) 3780-0590~5

편리한 교통과 쇼핑의 즐거움이 있는
용산역

용산역사는 전자전문점, 할인점, 백화점 등의 쇼핑몰과 영화관 등 다양한 문화시설이 갖추어져 있다.

용산역, 지하철 용산역과 바로 연결되어 있고 신용산역도 가까이 있어 누구나 쉽게 방문할 수 있는 용산역사. 이곳에는 패션관, 문화관, 리빙관, 디지털전문점 등을 갖추고 있는 아이파크몰이 있어 마음껏 쇼핑을 즐길 수 있다. 아이파크몰에서는 쇼핑뿐 아니라 문화, 엔터테인먼트, 외식 등 다양한 여가 활동을 한꺼번에 즐길 수 있는데, 이렇게 쇼핑과 문화를 한꺼번에 즐기는 것을 몰링(malling)이라고 한다. 현재 이러한 몰링 문화는 세계적인 쇼핑 트렌드로 자리잡고 있는데, 이곳 아이파크몰도 몰링의 대표적인 곳이라고 할 수 있다.

  푸드코트를 비롯한 여러 종류의 음식점, 호프, 바 등이 있어 모임 장소나 외식 장소로 손색이 없고, 3층에는 이벤트파크가 있어 다채로운 공연과 패션쇼 등이 펼쳐지고 있으며, 아이맥스·4DX·스위트박스·골드 클래스 등을 갖춘 멀티 플렉스 용산 CGV에서는 색다르게 영화를 감상할 수도 있다. 또한 패션관 7층 옥상공원에는 미니 축구를 할 수 있는 풋살경기장이 개관해 어린이들에게도 큰 즐거움을 주고 있다.

• 이용시간
패션관 10:30~20:30
리빙관/문화관
10:30~20:00
☎ 02) 2012-0101

이마트

아이파크몰 지하 1, 2층에 있는 이마트는 브랜드 침구 전문 매장, 수입주방 전문 매장, 웰빙상품 전문 매장과 친환경식품 전문 매장은 물론 맞춤 쌀도정이 가능한 E방앗간 등 새로운 개념의 식품관도 갖추고 있다.

- 이용시간 09:30~24:00
- ☎ 02) 2012-1234

디지털전문점

국내 최대의 전자전문점으로 아이파크몰에 위치해 있다. 3층에서 8층까지 각 층별로 디지털 소형가전, 대형가전, 노트북, 컴퓨터, 이동통신 등 모든 전자제품들을 한눈에 볼 수 있고, A/S 센터에서는 관련 기기에 대한 서비스도 받을 수 있다.

- 이용시간 10:30~20:00
- ☎ 02) 2639-1234

이바돔

아이파크 백화점 리빙관에 있는 이바돔에서는 국내산 옻칠을 한 나무소재의 전통 칠기제품들을 판매하고 있다.

  전통 칠기제품들은 건강을 생각하고 웰빙을 선호하는 사람들뿐만 아니라 외국인들에게도 많은 관심을 받고 있다.

- 이용시간 10:30~20:00
- ☎ 02) 2012-3315

용산 드래곤힐스파

드래곤힐스파는 용산역 광장 바로 옆에 위치해 있으며, 지하 1층부터 지상 7층까지 숯가마, 휘트니스센터, 스파, 수영장(미르폭포), 사우나, 야외 영화관까지 다양한 시설로 구성되어 있다. 도심 한가운데에 있어 내국인뿐 아니라 외국인들도 많이 찾고 있다. 드래곤힐스파 메인홀은 황실을 재현해놓은 용화전으로 꾸며져 있는데, 이곳을 방문한 모든 고객을 황제, 황후로 모신다는 뜻으로 용화전에서는 기념촬영도 가능하다.

스포츠 마사지, 발 마사지, 경락, 경혈지압 등을 체험할 수 있는 로얄오키드스파(24시간)는 신체에 누적된 각종 피로를 풀 수 있는 공간으로 되어 있고, 맨하탄 휘트니스센터에서는 휘트니스, 골프, 수영, 승마를 할 수 있는 시설이 갖추어져 있다.

이곳에는 외국 손님의 방문이 워낙 많아 모든 시설이나 안내문이 영어, 중국어, 일본어로 표기되어 있다. 또한 24시간 외국인 접객이 가능한 지배인을 배치하여, 외국 손님들이 방문했을 때에도 안내를 받는데 전혀 불편함이 없으며 더욱 즐겁고 편안한 휴식 공간을 제공하고 있다.

- 이용시간 24시간
  주간 05:00~20:00
  야간 20:00~05:00
- 연중무휴
- 이용요금
  주간 10,000원 / 야간 12,000원
  주말 및 공휴일 12,000원
  ☎ 02) 792-0001

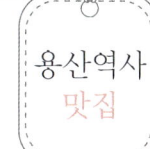

미타니야

용산전자상가 지하에 있는 미타니야에서는 일본인 주방장이 직접 만든 돈가스와 우동을 맛볼 수 있다.
돈가스와 우동, 도시락 등의 다양한 메뉴가 준비되어 있다. 돈가스는 생 빵가루를 이용하여 바삭하고 담백하고, 과일과 채소를 올리브기름에 섞어 만든 야채소스는 맛이 향긋하다.

• 영업시간 10:30~23:00, 17:00~22:00
☎ 02) 701-0004

호아센

호아센은 베트남어로 '연꽃' 이라는 뜻이며, 최고의 요리사에게 주어지는 영광의 상징이기도 하다.
깔끔한 맛의 베트남 쌀국수 전문점으로 용산역 전문 식당가 5층에 위치해 있다. 베트남 쌀국수를 한국인의 입맛에 알맞게 퓨전화시킨 음식점으로 고기 육수에 쌀로 만든 면과 소고기 고명을 올린 쌀국수, 신선한 야채로 쌈을 싸먹는 월남쌈이 대표 메뉴다.
호아센은 베트남의 궁중요리사 가문의 음엔 쾅티엠으로부터 캘리포니안 포의 요리법을 그대로 전수받아 선보이고 있다.

• 영업시간 11:00~22:00
☎ 02) 2012-1490

그곳에 가보고 싶다면

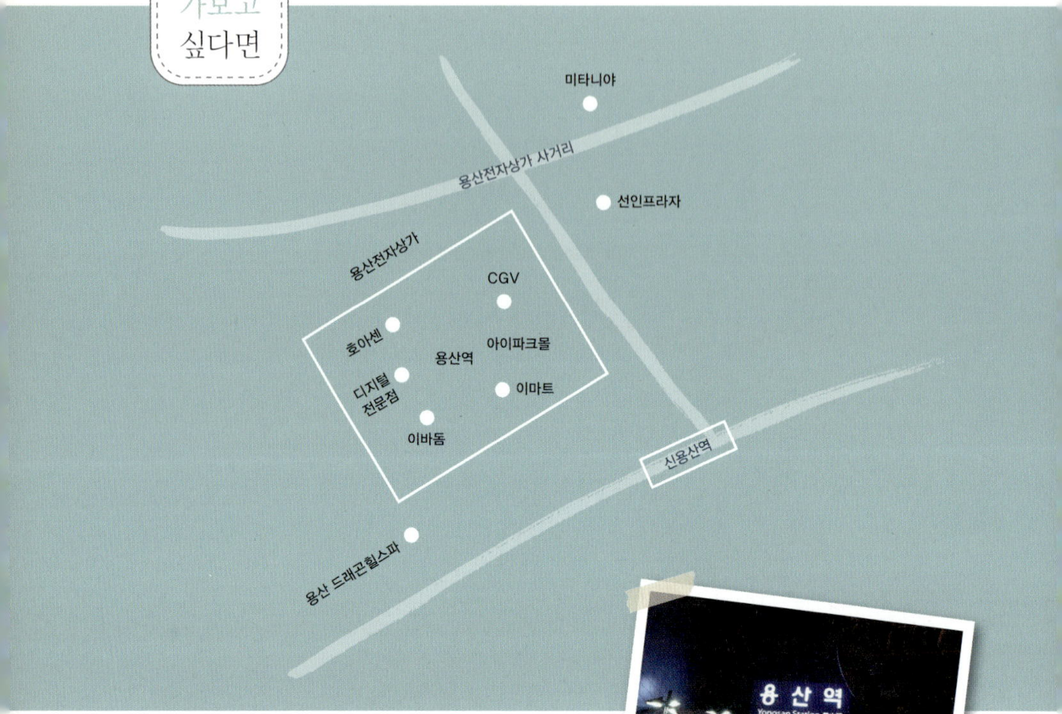
미타니야
용산전자상가 사거리
선인프라자
용산전자상가
CGV
호아센
아이파크몰
용산역
디지털 전문점
이마트
이바돔
신용산역
용산 드래곤힐스파

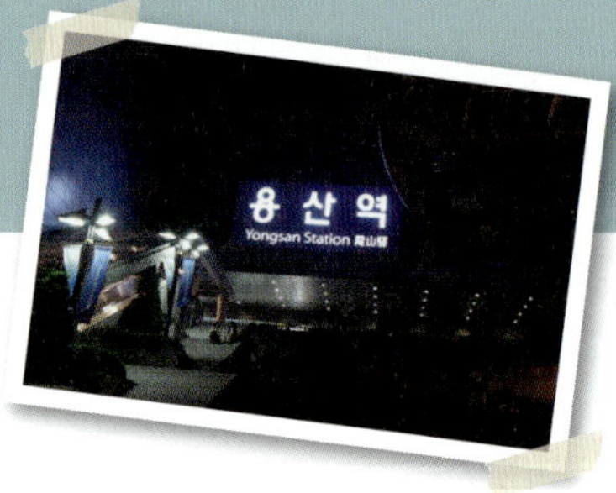
용산역
Yongsan Station

용산역 가는 길

1호선 용산역
4호선 신용산역

간선 100, 150, 151, 152, 500, 502, 506, 507, 750A, 752
지선 0017, 0018, 2016, 5012, 7016
공항 6001, 6050
순환 90S투어
마을 용산03

터미널과 유통센터가 만나는
강남고속버스터미널

강남고속버스터미널은 경부선, 구마선, 영동선이 운행되는 서울고속버스터미널과 호남선이 운행되는 센트럴시티터미널을 통칭한다.

서울고속터미널에는 의류전문 도매상가, 혼수·커튼 도매상가, 꽃 도매상가 등이 있고, 센트럴시티터미널에는 신세계백화점 강남점, JW 메리어트호텔 서울, 메가박스 센트럴점, 푸드코트 등이 있어 편리하게 이용할 수 있다.

혼수·커튼 도매상가

이곳의 혼수·커튼 도매상가에서는 주로 침구나 커튼, 주단 등을 팔고 있으며 서울고속버스터미널 2층과 4층에 있다.

혼수상가에서는 고급 혼수세트를 갖춰놓고 있으며, 도매 시세의 10퍼센트 안팎의 마진을 남겨 시중보다 약 20퍼센트 저렴하게 거래된다. 터미널을 이용하는 지방 상인들과 소비자들도 많이 찾아오는데, 이곳에서 물건을 사면 고속버스를 이용해 전국 각지에 무료로 배달해주기도 한다.

- 영업시간 09:30~17:30 (일요일 휴무)
- 3, 7호선 고속버스터미널역에서 하차. 조흥은행 출구 또는 경부선 출구 이용
- ☎ 02) 537-4511

신세계백화점

'가까이에 있는 유럽'을 표방하는 품격 있고 모던한 신세계백화점 강남점은 브랜드 중심이 아닌 성별, 나이에 따라 브랜드를 재구성하는 편집 매장을 도입하여 자유롭고 편리한 쇼핑을 누릴 수 있다.

다양한 종류의 레스토랑을 만날 수 있는 10층 식당가와 맛과 규모로 명성 높은 지하 푸드코트는 쇼핑의 즐거움을 더해 준다.

- 영업시간 10:30~20:00
- 식당가 10:30~20:30
- ☎ 1588-1234

꽃 도매상가

서울고속터미널 3층에 위치한 꽃 도매상가는 전국 최대의 꽃 도매상가다. 이곳에서 일반 소비자들이 사가는 물량은 전체 거래량의 5퍼센트 정도에 그친다.

꽃 이외에도 꽃병 같은 부자재도 한꺼번에 구입할 수 있다. 가격은 반입물량이나 꽃의 상태에 따라 매일매일 차이가 나는데, 일반 소비자들도 시중 소매꽃집보다 30~50퍼센트 정도 저렴하게 살 수 있다.

- 영업시간 01:00~13:00
- 일요일 휴무
- ☎ 02) 535-2118

뉴코아 아울렛

고속버스터미널역과 신세계백화점 강남점 인근에 위치한 뉴코아 아울렛은 강남권의 대표적인 아울렛 쇼핑몰로 손꼽힌다. 국내외 유명 브랜드를 취급하는 패션전문관과 대형 할인마트인 킴스클럽으로 구성되어 있다. 이밖에도 문화센터와 각종 편의시설 및 식당가, 고객쉼터가 있어 더욱 여유롭고 편리한 쇼핑을 즐길 수 있다.

- 뉴코아 아울렛 10:30~22:00
- 킴스클럽 08:00~24:00
- (2, 4주 일요일 휴무)
- ☎ 02) 530-5000

국립중앙도서관

1945년 개관한 우리나라를 대표하는 국립중앙도서관. 국내에서 출간되는 모든 도서와 간행물이 모이는 이곳은 국내 최대 규모인 약 850만 권의 장서를 보유하고 있다. 국가의 지적 문화유산을 수집하고 체계적으로 정리하여 다음 세대에게 전달하는 역할을 하고 있는 도서관이다.

- 이용시간 09:00~18:00(자료신청 17시까지)
- 2, 4주 월요일, 일요일을 제외한 공휴일 휴관
  (단, 명절 기간 중 일요일 휴관)

반포대교 달빛무지개분수

서울 반포대교에 설치된 달빛무지개분수는 반포대교 570미터 구간 양측 총 1천 140미터에 380개 노즐을 설치해 수중펌프로 끌어올린 한강 물을 약 20미터 아래 한강 수면으로 떨어뜨리는 새로운 개념의 분수다. 분수가 떨어지는 모양이 낮과 밤에 서로 달라 색다른 모습을 즐길 수 있다.

 달빛무지개분수는 매년 4월부터 10월까지 하루 3~7회(회당 15분씩) 가동된다. 야외무대와 생태관찰원, 피크닉 공간도 마련되어 있다.

- 분수 가동시간
  평일 12시, 20시, 21시(매회 15분)
  휴일 12시, 17시, 20시, 20:00~21:30
  (매회 15분)
  ☎ 02) 3780-0578

강릉집

맛깔난 양념으로 무쳐내는 싱싱한 우럭회무침의 씹는 맛이 일품이다. 고소한 들깨 미역국이 입맛을 끌어당기며 자연산 다시마로 만든 쫀득한 국수와 얼큰한 우럭매운탕은 감탄을 자아내게 한다. 15가지 한약재로 달여진 한방차까지 이어지는 푸짐한 코스는 미식가들을 만족시키기에 충분하다.

- 영업시간 11:40~22:40
- ☎ 02) 533-3833

아웃백스테이크하우스

캥거루, 부메랑, 코알라 등 호주의 자연을 콘셉드로 한 인테리어가 독특한 스테이크 전문 패밀리 레스토랑이다. 스테이크, 샐러드, 파스타 등 다양한 메뉴를 즐길 수 있다.
센트럴시티 내의 장애인용 화장실과 주차장을 이용할 수 있고 주변에 호텔, 백화점, 영화관 등이 있다.

- 영업시간 11:30~23:00
- ☎ 02) 592-2771

수라온

250여 석의 대규모 한정식 전문점. 옛날 수라산을 기본으로 다양한 가격대의 메뉴가 있는 수라온은 한정식과 함께 흥겨운 전통 공연을 볼 수 있다. 비즈니스 접대, 상견례, 돌잔치 등 각종 모임 장소로도 좋다.

- 영업시간 12:00~15:00, 18:00~22:00
- ☎ 02) 595-0202

강남고속버스터미널 가는 길

🚇 3, 7, 9호선 고속터미널역

🚌 간선 142, 143, 148, 342, 360, 401, 462, 540, 642, 643
　　지선 3414, 3422, 3423, 4212, 4318, 5413, 6411, 8541
　　좌석 9408, 9501, 9500, 9510, 9800, 9802
　　공항 6000, 6020, 6040, 6703
　　마을 서초01, 서초02, 서초10, 서초13, 서초14, 서초21

전통과 현대가 공존하는
서울시티투어

초판 1쇄 인쇄 2012년 7월 30일
초판 1쇄 발행 2012년 8월 5일

지은이 | 한국관광공사
펴낸이 | 김경수
기획, 책임 총괄 | 박향미
편집 | 배은경, 최현숙
편집 디자인 | 김수진, 김미자
마케팅 | 정은진
사진 | 한국관광공사, 김유범, 이동엽, 우혜은, 김현수, 강은미
제작 | 팩컴 AAP(주)
펴낸곳 | 팩컴북스

출판등록 | 2008년 5월 19일 제 381-2005-000074호
주소 | 463-867 경기도 성남시 분당구 정자동 159-4 젤존타워 2차 8층
전화 | 031-726-3666
팩스 | 031-711-3653
홈페이지 | www.pacombooks.com
값 | 17,000원

ISBN 978-89-97032-11-2 14980
ISBN 978-89-97032-09-9 (세트)

*이 책은 팩컴코리아(주)가 저작권자와의 계약에 따라 발행한 것이므로 본사의 서면 허락 없이는 어떠한 형태나 수단으로도 책의 내용을 이용하지 못합니다.

*이 도서의 국립중앙도서관 출판시도서목록(CIP)은 e-CIP홈페이지(http://www.nl.go.kr/ecip)와 국가 자료공동목록시스템(http://www.nl.go.kr/kolisnet)에서 이용하실 수 있습니다.   (CIP제어번호 : CIP2012003069)